ELSINOR
VERLAG

Klaus Weise

Sommerleithe

Roman

Elsinor

Ein besonderer Dank gilt
Barbara und Stefan Weidle
und meiner Cousine Ingrid.

Bibliografische Information der Deutschen Nationalbibliothek
Die Deutsche Nationalbibliothek verzeichnet diese Publikation in der Deutschen Nationalbibliografie; detaillierte bibliografische Daten sind im Internet über www.dnb.de abrufbar.

1. Auflage 2021

Lektorat: Ludger Tolksdorf, Bonn

Die Abbildungen auf dem Schutzumschlag und auf Seite 309 befinden sich im Privatbesitz des Verfassers; das Bild auf dem Umschlag und dem Buchdeckel zeigt den Vater Hans Weise, das Bild auf Seite 309 die Mutter Charlotte Weise.
Reproduktion der Fotos: Franz Heinbach, Bonn

Satz und Umschlaggestaltung: Elsinor Verlag, Coesfeld
Printed in Germany
ISBN 978-3-939483-57-1

Sommerleithe

Wortbegehung einer Kindheit diesseits und jenseits der Zonengrenze

Inhalt

Eine Geschichte als wahr zu bezeichnen,
ist eine Beleidigung für Kunst und Wahrheit zugleich.

Vladimir Nabokov:
Vorlesungen über westeuropäische Literatur

Wenn die Natur aus ist, das ist, wenn die Natur aus ist.
Wenn die Welt so finster wird,
daß man mit den Händen an ihr herumtappen muß,
daß man meint, sie verrinnt wie Spinneweb.
Das ist so, wenn etwas ist und doch nicht ist,
wenn alles dunkel ist und nur noch ein roter Schein im Westen,
wie von einer Esse. Wenn …
Die Schwämme … da, da steckt's. Haben Sie schon gesehen,
in was für Figuren die Schwämme aus dem Boden wachsen?
Wer das lesen könnt.

Georg Büchner: Woyzeck

1.

Poor boy, you're bound to die

Es begann mit einem Spaß. In einem weit zurückliegenden Damals.

Das Licht wurde ausgeknipst, zwei kräftige Männerhände packten mich, hoben mich nach oben unter die Decke, als wäre ich leicht wie eine Feder, und ich, reflexartig den Schwung ausnutzend, streckte meine Arme aus, umfasste einen schwarzen Räucherspieß, hielt mich fest – und hing im Himmel. In einem Himmel aus Schinken, Wurst und Speck.

Da hing ich nun. Wo niemand jemals vor mir hing. Ganz oben. Ich. Herrscher über ein riesiges Reich. Über den roten Wolf, über Kutter, Kühlhaus, Messer, Hackklotz, Wurstkessel und Räucherkammer, über alles und alle, die mir dienten, damit aus Schweinehälften und Rindervierteln, aus Kälbern, Färsen, Zicklein und Spanferkeln entstehe, was alle wollen und brauchen: etwas zu essen. Nein. Nicht etwas. Sondern Fleisch und Wurst. Und nicht irgendwelches Fleisch und irgendwelche Wurst, sondern das beste Fleisch und die beste Wurst weit und breit. In Lusan, in Gera und darüber hinaus. Ich war der König, der kleine König der elterlichen Metzgerei.

Innerhalb weniger Sekunden wurde ich aus der Welt, in der man mit den Füßen auf festem Boden steht, erhoben in eine andere Welt, eine Welt, in der der Körper schwebt, die Beine und die Füße baumeln und der Kopf auf faszinierende Art verwirrt und berauscht ist.

Und wenn der Boden unter mir auch nicht verschwunden ist, sondern nur sehr, sehr weit weg, erscheint es mir, als hinge ich, wenn nicht im Himmel, so doch zumindest im halben Himmel, im Metzgerhimmel als der Vorstufe zum Himmel.

Wer durfte, wer konnte das in meinem Alter schon erleben! Ich halte mich fest an einem Stock, schwarz wie Ebenholz. Doch nicht ängstlich, wie sich Erwachsene an der Haltestange unter dem Dach der Straßenbahn festhalten würden, wenn plötzlich unter ihren Füßen der lange Gang mit den vollbesetzten Sitzen verschwände, sich mit Fahrer und Schaffner in bedrohliche Tiefe entfernte, in die hinabzustürzen den sicheren Tod bedeutete.

Nein, ich hatte keine Angst, sondern war kraftvoll und stolz. Denn neben mir hingen keine verängstigten Fahrgäste einer Straßenbahn, sondern ihres Wertes und ihrer Würde sich bewusste und sich erhaben fühlende Würste, Schinken und Speckseiten. Sollten sie sich über meine unerwartete Anwesenheit, über das Eindringen eines Fremdlings in ihr Revier gewundert, geärgert oder gefreut haben, so ließen sie sich das, souverän wie sie waren, nicht ansehen und anmerken. Ich glaube, sie waren verwundert, denn noch nie hatte sich ein menschliches Wesen in ihr Reich gewagt. Außer eben ich. Jetzt. Um sie mit meiner Anwesenheit zu grüßen und ihre Anerkennung zu bekommen für mein mutiges Vordringen in ihr Fleischerreich. Meine Freude war riesig. Und ich glaube gespürt zu haben, dass man sie hier oben nach der ersten Verwunderung über meine unerwartete Tat durchaus mit mir teilte.

Tief zu meinen Füßen saßen keine Menschen im Abgrund einer Straßenbahn, sondern dort lag, wie ich ohne hinunterzublicken wusste, in mattem Glanz ein dunkler, einsamer und gnadenlos harter Steinfußboden, der meinen ganzen Mannesmut herausforderte. Denn so schnell die Arme mich gegriffen und in den Himmel gehievt hatten, so schnell senkten sie sich hinab und verschwanden im dunklen Licht der Abendstunde – statt zur Sicherheit neben mir zu verharren, um mich, sollten meine Finger abrutschen und ich in die Tiefe stürzen, aufzufangen, zu retten und auf sicheren Grund zu stellen. Und mit den Armen verschwanden auch die Körper und die lachenden Gesichter der beiden Männer in der Dunkelheit, die schon aus den Ecken kroch, während es draußen noch taghell war. Ich hörte die Tür ins Schloss fallen, hörte, wie der Schlüssel gedreht und das Schloss verriegelt wurde.

Dann war Stille. Ich lauschte in sie hinein – und hörte nichts. Der Raum lag in trägem Dämmerlicht und schwieg. Doch die

Faszination, die Freude und der Stolz, hier oben hängen zu dürfen, wurden von der langsam sich ausbreitenden Finsternis geschluckt. Angst beschlich mich – und die Frage: Wie lange würde ich hier oben hängen können, ohne abzustürzen? Soeben noch ein über sich selbst hinauswachsender Abenteurer, war ich nun ein Gefangener, abgehängt im Gestänge einer Welt, die nicht für mich bestimmt war und die ich gerade deswegen neugierig hatte erobern wollen.

Ich war allein. Verlassen. Eingesperrt. Wo war meine Mutter? Auf sie konnte ich mich immer verlassen. Es brauchte keinen Anlass. Hatte ich etwas ausgefressen: Sie war für mich da. Wollte ich sie einfach nur umarmen und ihr einen Kuss geben: Sie war für mich da. Wo war sie, jetzt, als ich sie brauchte?

Mein Vater und sein Geselle Oswald waren Späßen nicht abgeneigt. Sei es, dass mein Vater mich fragte, was er wohl in der verschlossenen Hand halte, und sie dann, wenn ich dreimal falsch geraten hatte, öffnete und ich ein Schweineauge anschaute, das mich anschaute, sei es, dass Oswald – mit Schweineohren am Kopf statt seiner eigenen – aus dem Dunst und Dampf der Wurstküche hervorkam und zur Begrüßung grunzte. Überraschungen dieser Art war ich zwar nicht gewohnt, aber sie waren mir auch nicht gänzlich unvertraut. Mich jedoch unter die Decke zu hängen, zu verschwinden, die Tür von außen abzuschließen, damit mich niemand finden und befreien konnte, und mich wie Wurst, Schinken und Speck austrocknen zu lassen, das war neu. Und lebensbedrohlich – wie die vielen anderen Gefahren, vor denen mein Vater mich immer wieder mit bildhaft-eindringlichen Beschreibungen gewarnt hatte, in die ich mich jedoch allzu gerne mit meiner Phantasie hineinbegab und die auszuschmücken mir ein schauriges Vergnügen bereitete.

Doch das hier war kein Spiel. Es war Wirklichkeit. Kein ängstlich-sehnsüchtiges Gespinst meiner Einbildungskraft, kein Traum, aus dem erwachend ich mich in der behaglichen Wärme meines Bettes im behüteten Elternhaus wiederfinden würde. Im Gegenteil: Mein spielerischer Übermut war verflogen, und was übrig blieb, war pure, zu Erstarrung geronnene Angst. Würde ich meinen Griff lockern in der Hoffnung, aus einem schrecklichen Traum ins weiche Federbett zu fallen und nach dem kurzen Schock des Erwachens beglückt über meine Rettung in die lange Nacht hinein zu schlummern, so würde ich vom Himmel hinabstürzen und mir beim Aufschlagen auf der Erde sämtliche Knochen brechen.

Was nun? Was tun? Ich musste mich festhalten, festhalten, solange ich konnte, das war klar. Aber wie lange würde ich mich festhalten können? Und wenn ich abstürzen würde und zerschellen auf dem steinharten Fußboden, wären fehlende Kraft und mangelnde Willensstärke meine eigene Schuld. Es gab kein Ungeheuer, gegen das ich zu kämpfen, kein Gespenst, das ich zu vertreiben und keinen Drachen, den ich mit dem Schwert oder einer Lanze zu durchbohren hatte, nein, ich war mein eigener Feind, und es lag allein an mir, wie lange ich mich am Räucherspieß würde festhalten können. Noch konnte ich. Noch hatten meine Hände die Kraft, mich im Himmel des Fleischerreiches baumeln zu lassen und sich dem dunklen Sog, der meinen Körper länger und länger werden ließ, zu widersetzen und mich vor dem Absturz zu bewahren. Noch.

Alles um mich herum war ruhig und friedlich, ganz so, als würden die Würste, Schinken und Speckseiten, der Raum und all seine Gegenstände sich zur Ruhe begeben, langsam in einen tiefen Schlaf sinken und den Ereignissen eines neuen Tages entgegenträumen. Doch diese Behaglichkeit konnte ich nicht teilen. War ich doch, wenngleich bleich vor Angst, weder eine weiß gekalkte Zervelatwurst noch, auch wenn mir das Blut in den Kopf geschossen war, ein roter Nussschinken. Ich war: beides. Da ich mich aber nicht selber sehen konnte, konnte ich nicht wissen, wie das aussah: gleichzeitig beides zu sein.

Schwester Salami und Bruder Schinken hatten es bequem, denn sie brauchten sich nicht festzuhalten. Sie wurden gehalten – von Bindfadenschlaufen, durch die schwarze Spieße gesteckt waren, welche mittels einer eisernen Gabel, befestigt an einem langen Holzstab, von starken Männerhänden in das Gestänge unter die Decke gehängt worden waren. Auch war ich keine von den vielen mit weißen Fettflocken gemusterten Mettwürsten, die sich mit braun glänzender Haut wie geknetete und abgeschnürte hungrige Riesenschlangen um Räucherspieße wickeln konnten, um sicheren Halt und Überlebenshoffnung zumindest für die kommende Nacht zu finden. Nein, ich war ein Junge, der zwar ziemlich stark war oder sich so vorkam, aber möglicherweise nicht stark genug, um eine ganze Nacht wie eine Fledermaus am Wurstspieß hängend schlafen zu können. Außerdem, fiel mir ein, jagen Fledermäuse nachts und schlafen am Tag. Nein, es gab kaum Hoffnung zu überleben.

Und die Hoffnung schwand umso mehr, je ruhiger es wurde im Raum. Die Geräusche des Tages waren längst verweht, und die Stille der Nacht hatte sich schleichend ausgebreitet wie die Dunkelheit im Schatten der Dämmerung. Alles war so friedlich, dass es mich nicht überrascht hätte, jetzt die sanfte und geliebte Stimme meiner Mutter zu hören, die mir ein Lied zur guten Nacht singt … wäre da nicht die pochende Panik in meinem Herzen.

Wie lange ich in diesem verführerischen, doch nun mein Leben bedrohenden Himmel hing, weiß ich nicht. Es kam mir unendlich lange vor. Meine Haut, ausgetrocknet zu einer luftgeräucherten Schwarte, zu gelb-bräunlichem Pergament – ein harter Naturdarm, in dem mein schwindendes Leben, mein vertrockneter Körper Saft und Seele aushauchten – war mit Kleidern und Schuhen verwachsen. Ich war eingetrocknet auf die Größe einer Salami. Mein Kopf, ein Schrumpfkopf mit dem Gesicht eines greisenhaften Kindes, wirkte wie aus dem Himmel auf die Schultern gefallen, dort verwachsen mit zwei ausgestreckten, verdorrten dünnen Ärmchen, die in nichts an die geschmeidigen Muskeln und die saftigen Sehnen der Jugend erinnerten, sondern nur an den vertrockneten Mörtel und Staub greisenhafter Alterserstarrung. Kopf, Arme und Rumpf waren zudem umhüllt von einem Geflecht übereinander gewobener Spinnennetze, welche diese menschliche Ruine davor schützen sollten zu zerbröseln, damit sie, sollte es jemals wieder regnen, zu neuem Leben erwachen könne.

Ich atmete nur noch einmal pro Tag, einmal ein, einmal aus, und mein Herzschlag hatte sich diesem Rhythmus angepasst. Meine Hände sind mit dem schwarzen Spieß verwachsene Krallen, von denen ich befürchten muss, dass auch sie bald pulverisiert werden und als feiner Staub auf das Leben unter ihnen herniederrieseln.

Und ist mein Körper auf dem Steinfußboden aufgeschlagen, zerborsten und sein Staub aufgewirbelt wie die Sporen, die ein zertretener Pilz in einer langsam unsichtbar werdenden Wolke auf weite Reise schickt, dann werde ich nicht mehr sein. Dann werden meine Eltern und meine Geschwister schon sehen, was sie davon haben, mich nicht gerettet zu haben, dann werden sie nur noch sagen können: Es war einmal ein König, ein kleiner König …

Man hatte mich vergessen. Die Würste und Schinken neben mir kamen und gingen. Ich war es müde, mich mit ihnen zu befreunden. Ich reduzierte die Energie, die ich benötigte, um zu leben, wie es Schildkröten tun im Winterschlaf. Ob ich nun langsam zerbröselte oder, solange noch ein wenig Lebenssaft in mir gärte, doch noch heruntergenommen und im Laden von der Aufschnittmaschine in hauchdünne Scheiben geschnitten und teuer verkauft würde, war mir egal. Ich wusste, die Gefühle und mit ihnen Schmerz und Hoffnung hatten meinen Körper längst verlassen.

Die Lethargie als Ergebnis des endlosen Hängens wurde nur noch übertroffen von der Wiederkehr des Lebens unter mir. Dort wurde gearbeitet, gelacht, gestritten, geliebt, Geld gezählt, doch nie bekam ich einen Blick, der mir gesagt hätte, ich weiß, dass es dich da oben noch gibt, dass du da bist, wir haben dich nicht vergessen, und deine Zeit wird kommen. Nichts von alledem. Obwohl vorhanden, existierte ich nicht mehr. Als hätte es mich nie gegeben. Manchmal, wenn das zarte Licht der Morgensonne den Raum erhellte, die Schläfer in Wohnungen und Häusern an der Hand nahm und sie vom Schlaftraum der Nacht in den Lebenstraum des Tages führte, wünschte ich, es würde mich verwandeln in eine Urne ganz aus meiner eigenen Asche und mit sonst nichts drin als diesem weichen Licht.

Ich fürchtete mich nicht mehr vor dem Tod und auch nicht mehr vor dem Sterben. Das sanfte Licht der Morgensonne würde mir für immer scheinen und mich erwärmen, mir Trost und Hoffnung spenden. Und wenn das Leben mich vergessen hat, bescheint mich doch das Licht des Todes in meiner Urne. Ob es mir für immer hier scheint oder mich mitnimmt auf seine Reise – mir ist beides recht.

Denn ich wollte wissen, wohin die Reise ging. Da hörte ich von irgendwo, aus Vergangenheit oder Zukunft, die vertraute Stimme meiner Mutter: «Im Westen ist es kalt.» Mit dieser Vorausahnung hatte sie recht, wie sich später herausstellen sollte. Auch wenn es im Westen manchmal heiß zu- und hoch herging.

2.

… das kommt vom Rudi-Ralala

Samstagabends gingen die Gesellen unserer Metzgerei im gegenüberliegenden Gasthaus *Zur Kanne* feiern. In dessen Tanzsaal mit dem schönen Namen *Paradiso* – eine Verbeugung vor dem Hit «Paradiso unterm Sternenzelt» aus den frühen 60er Jahren, auf Deutsch gesungen von der amerikanischen Sängerin Concetta Rosa Maria Franconero, bekannt unter dem Namen Connie Francis –, spielte eine Band, es wurde getrunken und getanzt, und meine Schwester, ihre Freundin Monika und ich lagen bei uns im Fenster und beobachteten. Der Feldstecher meines Vaters half uns dabei. Besonders begehrt war er von Renate und ihrer Freundin bei langsamen Liedern. Nie, außer an Abenden wie diesen, sah ich meine Schwester jemals durch ein Fernglas schauen.

Was wir nicht sehen konnten, mussten wir uns denken. Ich spürte körperlich, dass Renate und Monika in ihrer ergänzenden Phantasie mir weit voraus waren und über Dinge tuschelten, die ich mir, selbst wenn ich mehr als bloße Flüsterfragmente gehört hätte, aus Mangel an pubertären Erfahrungen noch lange nicht hätte ausmalen können.

Auch unsere Eltern gingen samstagabends aus. Zweimal im Monat trafen sie sich mit Freunden zum Kegeln in der Wirtschaft *Im Pütt*. Lag *Zur Kanne* mit dem Tanzsaal *Paradiso* nur einen Steinwurf von der Straßenfassade unseres Hauses und der Metzgerei entfernt, so hätte ich mit demselben Stein in entgegengesetzter Richtung den oberirdischen und fensterlosen Tunnel der zu *Im Pütt* gehörenden Kegelbahn treffen können, jenseits der Mauer, die unseren großen Garten umzäunte und in die am oberen Ende spitze Eisenpickel und bunte Glasscherben einzementiert waren. Diese sollten Einbrecher davon abschrecken, in unser neu erworbenes Reich – Metzgerei, Laden und Wohnhaus – einzudringen, um Würste und Schinken zu stehlen, die Geldkassette zu entwenden, die mein Vater allabendlich an seiner Schlafseite unter dem Kopfende des Ehebettes versteckte, und, sollte er sie nicht freiwillig herausrücken, ihm den Schädel einzuschlagen.

Doch auch die Flucht aus unserem Reich sollte so verhindert werden. Mit einiger Regelmäßigkeit unternahmen unsere beiden Schäferhunde, wenn sie aus ihrem Zwinger in den für sie abgezäunten Teil des Gartens durften und sich unbeobachtet fühlten, den Versuch, das Reich zu verlassen, anstatt es zu bewachen und gegen Eindringlinge zu verteidigen. Mehrmals gelang es Axel und Pluto, mit einem Satz auf die Mauer und mit einem weiteren von der Mauer in die Freiheit zu springen. Doch immer endete ihre Flucht im Zwinger des Tierheims in der Nähe des Mülheimer Flughafens, und jedes Mal, wenn ich sie mit meinem Vater von dort abholte, um sie aus dem einen Zwinger zu befreien und wieder in den Zwinger der Metzgerei zu sperren, überlegte ich, welches Hundeleben sie, hätten sie es frei wählen dürfen, wohl lieber gehabt hätten. Vermutlich wären sie gern, friedlich nebeneinander im Flugzeug sitzend, ins Paradiso für Hunde geflogen.

Wieder zu Hause, versuchte mein Vater, ihnen mit dem Stock den Sprung in die Freiheit aus dem Körper zu prügeln. Das tat weh. Auch mir. Es war ungerecht. Denn sie hatten nichts anderes getan als wir: aus dem Eingesperrtsein in die Freiheit zu entfliehen. Außerdem war es erfolglos. Wieder und wieder versuchten sie, dem Gefängnis des Gartens zu entkommen, der für mich, auch weil in ihm ein schöner Kirschbaum stand, ein Paradies war. Aber Hunde essen keine Kirschen. Schade.

Anfänglich glaubte ich, in dem langen Bau jenseits der Mauer fänden Schießübungen statt. Und dem war ja auch so! Doch wurde nicht mit Pistolen- und Gewehrkugeln geschossen, sondern mit kindskopfgroßen Kugeln, die, wenn sie trafen, die Kegel mit lautem Lärm auseinanderstieben ließen und von denen zweifellos der Ausdruck «mit Kind und Kegel» abstammen musste.

Die Eltern waren also kegeln im Gasthaus *Im Pütt*. Ihr Verein trug den verheißungsvollen Namen *Die Holzköppe*. Auch Renate und Monika trugen etwas mit verheißungsvollem Namen – etwas, das für weibliche Teenager dieser Tage üblich war, und vermutlich nicht nur für sie: ein Nachthemd namens Babydoll mit kurzen Ärmeln und kurzen Beinen, beides gepuffert, versteht sich. Dadurch schienen mir ihre Arme und Beine länger zu sein als sonst: als wüchsen sie, mit Händen und Füßen als Blüten und lackierten Finger- und Fußnägeln als matten, pastellkreidig stumpfen, aber an der Oberfläche glänzenden Blütenblättern, aus den mit Stoff bedeckten Zonen ihres für mich geheimnisvollen Körpers heraus wie Blumenstängel aus einem mit Blumenerde gefüllten Stoffsack.

Monika hatte schwarzes Kräuselhaar und einen Silberblick. Sie schielte. Aber sehen konnte sie trotzdem. Mit dem rechten Auge. Nicht nach innen, sondern nach außen, was sie intelligenter, weil weitblickender aussehen ließ als ein zur Nasenspitze gebrochener Blick. Ihre und meiner Schwester Augen verfolgten Rudi, den Vorgesellen unserer Metzgerei, wenn er fast jeden frühen Samstagabend mit seinem silbergrünen VW-Käfer-Cabriolet vom Hof fuhr, manchmal, um eine Dame von irgendwoher abzuholen und anschließend mit ihr im gegenüberliegenden *Paradiso* zu verschwinden, meist aber ganz einfach, um die wenigen Meter vom Hof der Metzgerei zum *Paradiso* mit dem Wagen zurückzulegen und dabei von möglichst vielen Gästen gesehen zu werden – von den weiblichen mit Bewunderung und von den männlichen mit Neid. Unseren Beobachtungen nach zu urteilen, hielten Rudis Techtelmechtel selten länger als drei bis vier Wochen. Dann tauschte eine neue Dame mit der alten zuerst den Vordersitz des VW und, zu späterer Stunde, die Rückbank, falls die Gesellenstube gerade anderweitig belegt war. Denn in diesem Fall wurde der Wagen kurzerhand wieder auf dem Metzgereihof geparkt, dort, wo er auch während der Arbeitszeit immer stand. Um nun die praktische Anwendung der Rücksitze in Augenschein nehmen zu können, brauchten Renate, Monika, das Fernglas und ich nur von unserem Zimmer, das zur Straßenseite gelegen war, umzuziehen ins elterliche Schlafzimmer, das uns einen perfekten Blick auf und in den VW eröffnete, solange die Eltern noch kegeln waren.

Eine akustische Untermalung dessen, was im Wageninneren, besonders auf der Rückbank des Cabriolets, geschah, bot das

Winseln und Jaulen unserer beiden Schäferhunde Axel und Pluto. Unter dem Glasdach im Hof der Metzgerei, gleich neben dem Parkplatz für Rudis Cabriolet, stand ein Wellblechverschlag, in dem die geputzten Knochen bis zu ihrer wöchentlichen Abholung gelagert wurden. Ein unglaublich stinkiges und in der Sommerhitze Maden ausbrütendes Paradies für die Ratten, die sich durch nichts davon abschrecken ließen, von den Knochen die Fleischreste abzunagen – weder samstagnachts von den Geräuschen, die Rudi und seine Begleiterin von sich gaben, noch von der eifersüchtigen Begleitmusik der beiden Schäferhunde oder von der tagtäglichen Geschäftigkeit der Metzgerei.

Axel war der Aggressivbeißer, Pluto der Angstbeißer. Ihn mochte ich mehr als Axel, den ich wegen seiner Unberechenbarkeit immer ein wenig fürchtete. Ja, Pluto hatte ich richtig in mein Herz geschlossen; er war mein Hund; er hörte mir geduldig und verständnisvoll zu, wenn ich sein weiches Kopfhaar streichelte und ihm, den angenehmen Geruch seines Fells in der Nase, meine Sorgen ins Ohr flüsterte. Schlug mich mein Vater, was gelegentlich vorkam, doch immer zu Unrecht, kläffte Pluto ihn an und war kurz davor, ihn zu beißen, traute sich aber nicht, sondern beließ es beim Zähnezeigen. Mein Vater wusste, Pluto würde nicht zubeißen, nahm einen Räucherspieß und verdrosch ihn, bis er sich mit angelegten Ohren und eingezogenem Schwanz davonmachte.

Da die Hunde tagsüber in ihre große Gartenparzelle gesperrt waren, konnten sie die Ratten in dem Knochenverschlag nicht vertreiben. Das übernahmen, wenn es meinem Vater «zu bunt» wurde – so formulierte er es immer gerne, wenn sich bei ihm Wut und Zorn, die er nicht bewältigen konnte, angestaut hatten –, er und die Gesellen. Sie schnappten sich Stöcke und erschlugen die Ratten, die sie erwischen konnten. Danach war der Betriebsfrieden wiederhergestellt. Der eine summte bei der Arbeit ein Liedchen, der andere sang einen Schlager, und mein Vater pfiff, ein wenig neurotisch wie in einer Schleife gefangen, immer und immer wieder die gleichen sieben Töne einer selbst erfundenen Melodie vor sich hin, von deren Schlichtheit allein er immer wieder aufs Neue ergriffen war. Diese Eigenkomposition, zuverlässig seine einzige, klang folgendermaßen: Da-da – da-da-da – da-da. Und wieder: da-da – da-da-da – da-da und so fort …

Die Ratten waren also erschlagen, am Freitag war geschlachtet worden, das nervöse und ertragreiche samstägliche Ladengeschäft war bedient, die Arbeitsräume gesäubert, und ich hatte die wöchentlichen Einnahmen der Ladenkasse gezählt: Das Papiergeld wurde, sortiert nach Zehn-, Zwanzig-, Fünfzig- und Hundertmarkscheinen, in verschiedenfarbige Banderolen gesteckt, die Münzen wurden in einen Münzzähler aus Bakelit gestapelt und in festes, unterschiedlich müdes grau-bunt gefärbtes Papier eingewickelt und meinem Vater präsentiert – stolz war ich, wenn der Gesamtbetrag 10 000 DM überstieg. Kurzum, ein friedlicher Nachmittag lag still über der Metzgerei … bis der Abend kam, die Eltern endlich aus dem Haus waren und meine Schwester, Monika und ich auf dem Fensterbrett in Anschlag lagen und darauf lauerten, die Gesellen bei ihren nächtlichen Vergnügungen zu beobachten.

Star des Samstagabends, nicht nur für uns, war Max. Typ James Dean, nur bayerisch, stolzierte er in Anzug mit weißem Hemd und dunkelblauer Strickkrawatte, Pomade – entweder war es *fit* aus der blauen, *Wellaform* aus der rot-weißen oder *Brisk* aus der roten Tube, und manchmal glänzte das Haar dermaßen, dass er vermutlich alle drei Haarcremes gleichzeitig benutzt hatte – im schwarzen Haar, das er zu einer geschwungenen und die männliche Stirn weit überragenden Tolle gestaltet hatte, Richtung Wirtschaft über die Straße und verschwand in der Musik und den bunten und sich drehenden Lichtern des Tanzsaales. Die Lieder waren uns nur allzu vertraut; wir konnten sie mitsingen und taten es auch. Mal war die Stimmung im Saal ausgelassen, ja, wild, dann verwandelte sie sich, angeregt von «Samenziehern» genannter Musik, in eine wuschige und kuschlige Atmosphäre, in der die Körper der Tanzenden, wie von einem Magnet angezogen, nicht anders konnten, als sich mit Armen, Beinen und Händen in ständig fließenden Bewegungen zu umschlingen und einander die Zungen möglichst tief im Rachen zu versenken, als wollten sie sich mit Haut und Haaren verschlingen.

Der *Dual*-Schallplattenspieler, dessen Deckel zugleich Lautsprecher war, hatte uns mit seiner Zehnfach-Single-Wechselmechanik musikalisch und gesanglich bestens trainiert. Renate – es war die Zeit der toupierten Hochfrisuren und der riesigen *Taft*-Spraydosen, die flächendeckend Westdeutschlands Familien vergifteten – hatte ihn zur Konfirmation geschenkt bekommen, und der charmant-zackige Onkel Wolfgang Kraft aus Zuffenhausen hatte ihr als erstes Plattengeschenk den Schlager «Du wirst rot, wenn ein Mann zu dir sagt, du bist wunderschön, und dir Rosen schenkt. Du wirst rot, wenn ein Mann zu dir sagt, dass er Tag und Nacht nur an dich noch denkt ...» von Ivo Robić mitgebracht. Natürlich hat sie die Platte sofort aufgelegt und ist – ich habe mich gewundert, wie schnell so etwas gehen kann – tatsächlich rot im Gesicht angelaufen, ziemlich rot.

Wolfgang Kraft, ein DDR-Flüchtling wie wir, beeindruckte durch sein flott-forsches Auftreten, gute Manieren, charmantes Lächeln, die perfekte Fasson-Frisur seines kurzen, drahtigen Blondschopfs, der selbst beim Tauchen nicht aus der Form geraten wäre, und einen noch perfekteren, auf seinen Körper zugeschnittenen Anzug. Doch das Wichtigste war: Er arbeitete bei Daimler-Benz. Und fuhr auch einen. Und ausgerechnet dieser Mann, dem, wie Mutti es einmal sagte, die Herzen der Frauen zuflogen und der mit einer Schallplatte das Gesicht meiner Schwester röter färben konnte, als ich es je gesehen hatte, ausgerechnet er wurde seines Glücks im Westen beraubt, als er eines Tages mit seinem Mercedes ins Drahtseil einer Straßensperre raste, das nicht nur das Dach von seinem Wagen abtrennte, sondern auch seinen Kopf vom Hals.

Wir – Renate, Monika und ich – sangen also schon die Texte zur Musik der Kapelle im *Paradiso* mit, während Rudi noch in seinem Cabriolet, kaum zu glauben, aber wahr, die etwa neunzig Meter von der Metzgerei zum Tanzvergnügen fuhr. Wahrscheinlich waren es von seinem überglasten Parkplatz bis zum Hoftor und von dort über die Straße insgesamt eher sechzig Meter, die er fuhr. Aber er fuhr, er musste fahren, denn er wollte sein schnittiges Cabriolet vor dem Eingang zum Tanzlokal präsentieren, um den jungen Frauen zu imponieren und die lästige Konkurrenz zu disqualifizieren und abzuschütteln. Stand sein Wagen am Sonntagvormittag nicht auf dem Platz unter dem Glasdach im Hof, dann hatte Rudi aushäusig übernachtet – auch das war gelegentlich der Fall. Rudi war relativ klein, hatte schütteres Haar und – die beiden oberen Schneidezähne waren übereinandergestellt – ein leicht verschmitztes Lächeln. Er kam aus Ostfriesland. Und war, so hieß es, für einen Ostfriesen erstaunlich oft gut gelaunt. Besonders am Samstag. Denn der Samstag war, wie gesagt, der Ausgehtag der Gesellen. Zudem wurde samstags nur bis zum frühen Nachmittag gearbeitet, und schon am Tag zuvor, am Freitag nach der Arbeit, hatte es Löhnung gegeben – in bar.

Liefen die Geschäfte gut, hatte auch mein Vater gute Laune, witzelte herum und ließ, spendabler Chef, der er war, den Lehrjungen und die Gesellen an seiner Freude teilhaben: Dann gab es einen Schein obendrauf. Wenn nicht, die vereinbarte Summe. Das Ritual des Lohnabholens hatte eine strenge Ordnung. Die Reihenfolge orientierte sich an der Höhe des Verdienstes. Der Sieger kam zuletzt. Und Sieger war Woche für Woche Rudi. Der Vorgeselle. Verlierer, immer, der Lehrjunge Harald. Damit sich aber, so das raffinierte Kalkül meines Vaters, jeder als potenzieller Sieger fühlen konnte, weil er entweder wegen guter Leistung zusätzlichen Lohn erhalten hatte oder, wenn nicht, zumindest so tun konnte als ob, ließ mein Vater alle in der Küche antreten und warten, bis auch der Letzte anwesend war: gewaschen, geduscht, die Haare – bei Rudi waren das nicht so viele – gekämmt und manierliche Zivilkleider angezogen.

Von seinem Büro aus, hinter dem schweren Schreibtisch sitzend, die geöffnete Geldkassette neben sich, mit Ausblick auf den Hof der Metzgerei, überwachte mein Vater das Antreten. Erst wenn er einen Vornamen aufrief, durfte der Angesprochene aus der Küche eintreten ins Büro. Mein Vater griff in die Geldkassette, holte einen Briefumschlag hervor, der mit dem entsprechenden Vornamen beschriftet war – eines der wertvollen und wenigen von meinem Vater höchstpersönlich handschriftlich erstellten

Dokumente –, öffnete das Kuvert, nahm die Geldscheine heraus und blätterte sie, einen nach dem anderen, mit Gönnermiene auf den Schreibtisch. Nein. Er entfaltete sie. Kostbar. Wie einen Fächer aus Geld – sah, wenn es Anerkennungsgeld für besonderen Einsatz gab, verschmitzt lächelnd seinem Gegenüber ins Gesicht, um seinerseits aus dessen Gesicht die Belohnung für die Belohnung zu kassieren.

Wie gesagt, Rudi, der Vorgeselle, war der Letzte im Ablauf dieser Zeremonie, denn er verdiente am meisten. Er wäre nur von einem Meister übertroffen worden, aber den brauchte es nicht im Betrieb, denn Meister war mein Vater selber. Aber selbst mit einem Meistergehalt wäre mein Vater nach der Zeit der anfänglichen Entbehrungen und Erniedrigungen im Westen nicht zufrieden gewesen. Es entsprach nicht seiner Mentalität, nur Meister zu sein. Er wollte sein eigener Chef sein. Und das war er.

Also Rudi; er war der Letzte, der seinen wöchentlichen Lohn bekam. Doch das hatte neben dem Vorteil, am meisten zu verdienen, auch einen nicht zu unterschätzenden Nachteil. Denn er musste, nachdem ein Geselle nach dem anderen vor ihm aus dem Büro getreten war, in den Gesichtern lesen, ob der Chef heute spendabel oder geizig sei. Und das war nicht ganz einfach. Manchmal strahlten die Gesichter, manchmal waren sie betrübt. Oder schienen so. Denn oft machten sich die Gesellen einen Spaß daraus, Rudi, den Vielverdiener und beneideten Cabriolet-Fahrer, auflaufen zu lassen, indem sie die Enttäuschung über den verweigerten Zuschlag auf dem Rückweg in die Küche mit einem Lächeln quittierten oder die Freude über einen zusätzlichen Geldschein mit schlechtgelaunter Miene. Gänzlich überfordert war Rudi, wenn sich im stirnrunzelnden Lächeln eines Kollegen Freude und Enttäuschung zu vermischen schienen. Aus Rache für Rudis schnittiges Cabriolet hatten sich die Gesellen im Lauf der Zeit zu wahren Meistern der mimetischen Verstellung perfektioniert, und wenn es die Arbeit erlaubte, hielten auch Mutti und die Verkäuferinnen sich unter irgendeinem Vorwand in der Küche auf, um dieser Freitagnachmittagskomödie als Publikum beizuwohnen.

Ob die Prämie, wenn es eine gab, unterschiedlich hoch oder bei jedem gleich hoch ausfiel – mit Ausnahme des Lehrjungen natürlich –, blieb das ewige Geheimnis meines Vaters. Er wollte keinen Zank unter den Gesellen, und außerdem, so meinte er, würden sie sich mehr anstrengen, wenn sie nicht wüssten, wie viel genau, mit oder ohne Zuschlag, jeder verdiene.

Wie auch immer. Rudi und sein Augapfel von silbergrünem VW-Cabrio waren versorgt mit frischem Geld für Arbeit und gute Dienste in der alten Woche, und endlich konnte die Fahrt ins Wochenende beginnen. Jedoch kostete es Rudi mehr Zeit, das große Hoftor zu öffnen, den Wagen auf die Straße zu fahren, auszusteigen, das Hoftor von innen zu schließen, durch ein kleines hölzernes Tor auf die Straße zu gelangen, erneut in den Wagen einzusteigen, als, saß er endlich darin, zur Stätte des samstagabendlichen Vergnügens zu fahren. War er dann etwa fünfzehn Sekunden später am Ziel angekommen, parkte er den Wagen möglichst direkt vor dem Eingang, stieg stolz aus, zündete sich eine *HB* an und schaute sich um, denn er wollte wissen, wer ihn gesehen und bewundert hatte bei seiner Ankunft mit dem im ganzen Stadtteil einzigartigen Schlitten. Manchmal würdigte er auch uns eines Blickes, hob zum Zeichen, dass er uns gesehen hatte, die Hand und verschwand anschließend im *Paradiso*, dem bunten Karussell der Hormone – die, wie ich erst später erlebte, nach ihrer eigenen Musik tanzen und nicht ausschließlich zum Takt der jeweiligen Musik und der sie intensivierenden Lichteffekte.

Rudi war nun für uns unsichtbar – wie er vermutlich meinte. Doch dies war ein Irrtum. Ein großer Irrtum. Denn er konnte ja nicht wissen, dass wir ihn im bunten und trotz aller Lichteffekte, die die 60er Jahre hergaben, irgendwie hilflos-spießig wirkenden Licht dieser Zeit immer noch beobachteten. Mit dem Fernglas unseres Vaters. Es erlaubte uns Einblicke in eine Welt, die für meine Schwester und ihre Freundin so aufregend wie erregend sein musste. Nicht anders konnte ich die aufsteigende Röte unter der Schminke ihrer Wangen deuten und die Tatsache, dass ich nur selten den Feldstecher benutzen durfte, insbesondere bei langsamer Musik. «Und dein Herz – wie es schlägt, wenn er sagt, dass ihm nichts so gut wie dein Mund gefällt …» Mir erschien diese Welt interessant, aber nicht ganz verständlich. «Doch nimm das alles nur nicht so schwer und denke stets daran: Mit siebzehn fängt das Leben erst an!» Wieso erst mit siebzehn? Lebe ich etwa nicht? Ich verstehe das nicht. Wieso siebzehn? Denn so ein Cabriolet fahren wie Rudi, das darf man erst mit achtzehn!

Im Grunde unverständlich, der Text. So unverständlich wie die schwarzen Haare, die eines Samstagabends aus Monikas leicht gespreizten Beinen zwischen der Innenseite ihres rechten Oberschenkels und dem gepufferten Saum des Babydoll-Höschens herausschauten und mich irgendwie entsetzt und doch fasziniert zurückschauen ließen. So viele schwarze Haare! Woher kamen die? Wo gab es diesen Haarwuchs? Zwischen den Beinen eines Mädchens? Einer jungen Frau? Nein. Monika war kein dem Zoo entlaufenes Affenweibchen, auch wenn sie schielte, denn dann hätte sie ja überall Haare haben müssen. Auch nicht die abnorm behaarte Frau mit langem Bart aus dem Zirkus. Nein, Monika war Monika, ein ganz normales Mädchen. Aber die dunklen Haare zwischen ihren Beinen, so etwas hatte ich noch nie gesehen. Ich musste hinschauen. Ob ich wollte oder nicht. Ich konnte den Blick nicht abwenden. Klar, da *unten rum* waren dunkle Haare, schwarz bei Vati und braun bei Mutti. Aber doch nicht bei uns, bei uns Kindern. Und als Monika meinen verstört-faszinierten Blick bemerkte – der mich bannte und festhielt wie der gefrorene Metallmast der Straßenlaterne im Winter, den wir als Mutprobe vorsichtig mit der Zungenspitze berührten und an dem wir festklebten und von dem wir uns nur schmerzhaft befreien konnten, indem wir versuchten, ihn mit unserem Atem aufzutauen –, als Monika also diesen Blick bemerkte, spreizte sie die Beine ein wenig weiter auseinander, ganz so, als genieße sie die Überlegenheit, mir etwas zu zeigen und gleichzeitig etwas anderes vor mir verbergen zu können.

Doch damit nicht genug. Sie war stolz darauf und ließ mich das spüren, etwas zwischen ihren Beinen zu haben, wovon ich in meinem Alter, wie sie vermutlich meinte, nur träumen konnte.

Aber weder träumte ich davon, noch verspürte ich Lust, davon zu träumen. Im Freibad, wenn wir auf der Wiese lagen, hatte ich schon oft den Mädchen zwischen die Beine geschaut, denn ich wusste, dass da etwas anders sein musste als bei mir. Doch ich konnte das andere nicht sehen; denn es gab nichts zu sehen. Außer dem schmalen Stoffstreifen des Badeanzugs zwischen den Beinen, hinter dem sich unmöglich irgendetwas Großartiges verbergen konnte. Und doch war mir klar, dass auch sie *da was haben* mussten, nur wusste ich nicht genau, was. Dass etwas fehlte und gleichzeitig etwas anderes da sein sollte, ohne dass man es sehen konnte, blieb ein tiefes, nicht aufzuklärendes Geheimnis. Unter Wasser hatte ich den Mädchen gelegentlich zwischen die Beine gefasst, um herauszufinden, was da wohl sei, denn was man nicht sieht, kann man ja vielleicht fühlen. Aber es gab nichts zu fühlen. Außer dem nassen Stoff des Badeanzugs. So beschloss ich, dass das Ganze – den Mädchen unter Wasser dorthin zu fassen, wo es nichts zu fassen gibt – eine Mutprobe unter uns Jungens war, bei der ich mittat, um vor den anderen nicht als Feigling dazustehen.

Aber so etwas wie bei Monika hatte ich noch nie gesehen, und nie hätte ich vermutet, dass da unten so etwas wachsen könne. Wachstum ist nur möglich, wo die Sonne scheint, und dass bei Monika da unten die Sonne scheinen sollte, das konnte ich mir nicht vorstellen. Andererseits: Auch Champignons wachsen im Dunkeln. Ich war machtlos: Ich konnte den Blick zwischen Monikas Schenkel nicht abwenden – und entdeckte zu spät, dass sie mich längst im Visier hatte. Ich war mir unsicher, ob sie mich, weil ich ja nach links schaute, also dorthin, wo rechts zwischen Haut und Babydoll der schwarze Haarstrunk hervorlugte, also zu der Seite, auf der ihr rechtes Auge nach rechts außen wegschaute, ob sie also mit ihrem gebrochenen Blick wirklich sehen konnte, wohin genau ich schaute, so wie ich mir auch im Unklaren darüber war, ob sie, wenn sie durch den Feldstecher sah, sah, was Renate und ich sahen, oder ob sie mit dem rechten Auge nach außen um die Ecke gucken und etwas meiner Schwester und mir Verborgenes erspähen konnte. Als ich die Augen hob, rannte mein Blick in den ihren, und mir schien, als lächelte Monika und genoss, was sie in mir verursacht hatte und wovon ich, im Gegensatz zu ihr, bestenfalls den Anflug einer Ahnung hatte, die zu benennen mir die Worte fehlten.

Meist bin ich irgendwann eingeschlafen und habe den Höhepunkt verpasst, dem meine Schwester und Monika – Hermann mit Familiennamen – den ganzen Samstagabend entgegenfieberten: Mit welcher Bekanntschaft würde Max die Freitreppe emporsteigen und im sogenannten Gesellenzimmer verschwinden, und mit welcher würde Rudi in den VW steigen? Waren es dieselben wie am vergangenen Samstag oder neue, und wenn neue – so galt es vermutlich herauszufinden – , welche war die attraktivere von beiden, und was hätten sie, Renate und Monika, zu tun, um ebenso attraktiv zu sein wie diese? Vielleicht wussten meine Schwester und ihre Freundin, was nun, war die Tür verschlossen, auf der Stube über dem Arbeitsraum, in dem tagsüber Rinderviertel und Schweinehälften mit Messer und Säge zerlegt wurden, geschah. Ich wusste es damals nicht. Und ebenso wenig wusste ich, was im Volkswagen geschah, nur, dass die beiden Schäferhunde immer zu winseln und zu jaulen begannen, als wollten sie auch gerne einmal in Rudis schickes Cabrio steigen, um woandershin zu fahren.

Ich erinnere mich aber, dass meine Mutter und die Putzfrau, Frau Schubert – die komischerweise, sie waren ja keine Zwillinge, sondern Mann und Frau, die gleiche grüne Lederjacke trug wie ihr Mann, vielleicht gab es sie im Doppel billiger – die Betten der Gesellen mit weicher, blümchenverzierter Baumwollbettwäsche bezogen, die kuscheliger war als die mir vertraute weiß gestärkt harte. Ich bat Mutti, auch mein Bett mit dieser Bettwäsche zu beziehen, die sich auf der Haut so zart anfühlte – und sie, lieb wie sie war, tat es.

Walter Diercks war der Wirt der Lasterhöhle *Paradiso*, in der die Kapelle, das sich drehende bunte Licht, Zigaretten, Alkohol, Lippenstift, pomadisiert glänzende und trocken hochtoupierte Haare, miteinander verschlungene Körper und neugierige Hände ihr Bestes gaben und in der die eine oder andere feste Beziehung angebandelt wurde. Aber nicht für ihn. Nicht für Walter. Er war geschieden, hatte einen Sohn, einen recht dicklichen Sohn, und zwei kälberähnliche schwarz-weiß getupfte Deutsche Doggen, und, das war das Besondere, er fuhr einen Ford Taunus 17 M, genannt *Die Badewanne*. Sie war nicht nur moderner und schöner als unser Opel Rekord 1. 7 L, der zwar über Weißwandreifen verfügte (wichtig, weil sie Sauberkeit demonstrierten), über vier Türen, Schiebedach und Blaupunkt-Autoradio, aber vor allem hatte sie, worauf es ankam: Sie fuhr schneller. Und gab damit sogar noch an: Sie hatte einen Tacho mit einer unglaublichen 160-km/h-Anzeige anstelle der läppischen 140 km/h, die der Tacho unseres Opels als Höchstgeschwindigkeit versprach. Nur 140 Sachen anstelle der sagenhaft schnellen 160! Jeder Popel fährt 'nen Opel, sagte mein Vater gern, und deswegen konnte ich nie verstehen, warum er sich ausgerechnet einen langweiligen Opel gekauft hat und nicht die wahnsinnig moderne Badewanne auf vier Rädern. Oder zumindest etwas Exotisches wie einen Ford Zodiac, den ich in Holland sah, wenn wir zur Nordsee fuhren oder nach Venlo, um Butter, Schokopaste und Schokostreusel einzukaufen.

Und noch etwas hatte Walter Diercks meinem Vater voraus: Auf der Herrentoilette der Gastwirtschaft gab es einen Automaten, den es auf unserem Klo nicht gab. Es war kein Zigarettenautomat – der stand in der Gaststube –, es war ein Automat für *Pariser*. Steckte man eine Mark hinein, konnte man eine Packung mit drei Parisern herausziehen. Ich wusste nicht ganz genau, wozu sie da waren, die Pariser, hatte allerdings aufgrund meiner Beobachtung und der Auskunft der Älteren einen vagen Eindruck. Wir konnten ihnen begegnen, wenn wir besonders hart geschossene Bälle aus der Hecke hinter unserem Bolzplatz, der an den Garten der Wirtschaft angrenzte, herausklauben mussten. Dort hingen sie unansehnlich im Gestrüpp, schlaffe, trüb verschmierte, hauchdünne und hell gelblich schimmernde Gummischläuche. Einmal habe ich meinen Vater gefragt, als wir nebeneinanderstehend auf der Herrentoilette pinkelten – auch wenn die Eltern im *Pütt* mit ihren *Holzköppen* kegelten, besuchte er gelegentlich das *Paradiso*, weil Walter Diercks guter Kunde war und er bei ihm im Gegenzug Rechnung machen musste –, was aus diesem Automaten herauskomme. Er wich aus, indem er sagte, das wisse er auch nicht, vermutlich Zigaretten, aber da er nicht rauche, könne er das nicht mit Bestimmtheit sagen. Aber mit Bestimmtheit lügen, das konnte er. Er hat gelogen. Vati hat mich angelogen. Obwohl ausgerechnet er immer gesagt hat, in der Familie lüge, belüge und betrüge man sich nicht, sondern erzähle sich immer alles. Die Wahrheit.

Gut, dass ich es genauer wusste. Mir aber nichts anmerken ließ.

3.

Pari Banu

Die pochende Panik in meinem Herzen … ließ die wunderschöne klare Stimme einer Fee aus 1001 Nächten erklingen. Sie schwebte einher, und bunte, sanft im Wind wehende Tücher von Seide umwehten ihren Körper. Eine hübsche Melodie voller Anmut umschmeichelte mein Ohr, und die Schönheit ihres Feengesichts verzauberte meine Augen – wie sie jeden Sterblichen verzaubern würde, der sie zu sehen und zu hören bekäme. Schwebend und schwerelos war sie erschienen, stand sie vor mir in der Luft und sang für mich und meine Brüder Speck und Schinken und für meine Schwestern, die Würste, und der Blick ihrer Augen versprach uns das Paradies ewiger Glückseligkeit – wenn wir ihr nur folgen würden …

Jegliche Angst vor dem Absturz war verflogen. Noch hielt mich der feste Griff meiner Hände davon ab, vom Wursthimmel auf den Steinboden zu fallen, doch ich spürte bereits, wie sich meine Hände langsam lockerten, um der Fee zu folgen, wohin sie mich auch entführen würde. Doch bevor ich die Hände öffnen konnte, entdeckte ich in ihrem Gesicht das Gesicht meiner Schwester, als hätte es sich in einer tieferen Schicht hinter dem ihren verborgen. Auch sie lächelte, doch so, als hätte ich soeben den Griff meiner Hände gelöst und wäre nun ganz in ihrer Macht – als könnte sie mich abstürzen lassen, oder als sollte ich, von ihr bezirzt, ihr doch vertrauen und ihr durch die Lüfte in alle Schönheiten dieser und anderer Welten folgen … damit sie mich zu guter Letzt doch noch auf dem steinharten Fußboden unseres Fleischerreiches zerschellen lassen konnte? Die Wiederkehr der immer gleichen und schönen Melodie, die sich in einem sanften Kreis drehte und drehte und die mich und jeden, der sie hätte hören können, langsam eingelullt, schläfrig und willenlos gemacht hätte, machte mich stutzig. Reflexartig, wie ich den schwarzen Spieß gegriffen hatte, als Oswalds Arme mich in den Fleischhimmel hoben, verschloss ich meine Finger zu einer Faust, um mein Leben in den Händen zu behalten und nicht unmerklich in den Schlaf zu sinken und abzustürzen.

Meiner Schwester war nicht zu trauen. Vier Jahre älter als ich, war sie mir überlegen. Sie durfte in die Schule, ich musste in den Kindergarten. Ich spürte die Gefahr, die mir drohte, von beiden Seiten, von meiner schwindenden Kraft und von meiner mich in den Schlaf lullenden Schwester. Also versuchte ich, mich hochzuziehen, damit sich meine Beine irgendwo im Gestänge unterhaken könnten und ich Halt fände, um die Arme zu entlasten. Aber die Deckenkonstruktion begann zu wackeln, und neben mir krachten zwei Spieße in die Tiefe … Der Blick nach unten offenbarte ein Schlachtfeld: die richtungslosen Wegweiser weiß gekalkter Zervelatwürste, Mettwürste wie abgetrennte Gliedmaßen, Schinken, die auf dem Fußboden der Metzgerküche lagen wie gefallene Soldaten. Blitzartig wurde mir klar: Es gab keine Rettung. Bald würde auch ich hinunterkrachen, zerplatzen und verstreut auf dem Steinboden liegen; nur dass ich Knochen hatte, die beim Aufprall zerschellen würden, ohne dass sie je ein Arzt wieder zusammenflicken und reparieren könnte. Und selbst wenn ich irgendwie überleben sollte, was unwahrscheinlich schien beim Anblick des Gemetzels am Boden, würde es mir nicht gelingen, mit zersplitterten Knochen zum Fenster zu robben, mich mit Armen und Händen zur Fensterbank hochzuhieven, das Fenster zu öffnen und mich zu befreien – oder zumindest um Hilfe zu rufen.

So vertraut ich auch war mit all den lufttrocknenden Fleischfreunden, die stets unter der Decke hingen, noch nie hatte ich zwischen ihnen gehangen, und noch nie hatte ich mit ihnen von oben hinabgeschaut auf ihre Brüder und Schwestern, die ich aus scheinbar sicherer Höhe hatte abstürzen lassen bei dem Versuch, mich zu retten, und die nun, ihrer stolzen Würde beraubt, kärglich und unordentlich verstreut auf dem Fußboden lagen, den die Friedel, unser buckliges und nicht mehr junges Mädchen für alles, diesen wie jeden Abend geschrubbt hatte und dessen nassen

Glanz keiner mehr mit den Schmutzspuren seiner Schritte besudeln durfte. Denn zweifellos war es eine Würde, nicht sofort, wie manche ihrer frischfleischigen Geschwister, verzehrt zu werden, sondern zuvor in stiller Ruhe trocknen zu dürfen und haltbar gemacht zu werden, also länger zu leben als diese.

Von meinem Vater wusste ich, was hier oben wie lange zu hängen hatte; ich kannte die Trockenzeiten von Wurst und Schinken, bevor sie verkauft werden konnten. Doch meine eigene Trockenzeit kannte ich nicht. Ich wusste nur, dass etwas umso teurer wird, je länger es an der Luft trocknet. Denn trocknendes Fleisch verliert Wasser, und für dieses vertrocknete Wasser, das sich in Luft auflöst, also für Luft, muss der Kunde im Laden bezahlen. Er, mein Vater, kaufe ja auch keine vertrockneten Schweine, sondern bezahle für ihr Lebendgewicht, mit Wasser im Fleisch und Blut in den Adern. Trotz dieser Erklärung fand ich es immer ungerecht, dass jemand für etwas bezahlen muss, das nicht mehr da ist, das sich in Luft aufgelöst hat, denn die Luft gehört schließlich allen.

Wieso hatte mein Vater, der mich ihm gegenüber zu bedingungslosem Vertrauen erzogen hatte, wieso hatte ausgerechnet er Oswald nicht daran gehindert, mich in den Wursthimmel zu hängen und dort so lange hängen zu lassen? Als sein Chef hätte er es ihm doch verbieten können. Oder ihn davon abhalten, schließlich war er stärker als Oswald. Oder etwa nicht?

Er musste doch wissen, dass ich keine Bindfadenschlaufe habe, und wenn ich eine hätte, wo sollte die sein? Etwa um den Hals geschlungen? Da wäre ich erstickt. Oder sie hätte mir den Hals gebrochen. Und mir eine Bindfadenschlaufe um die Füße zu wickeln, als könnte man mich beliebig lange kopfunter an einen Räucherspieß hängen, auch das wäre nicht praktikabel, denn mir wäre das Blut in den Kopf gestiegen und schließlich aus Augen, Ohren, Nase und Mund herausgeflossen.

Fragen bedrängten mich; und da ich die mich umschwirrenden und sich verknäuelnden Fragezeichen nicht entwirren und auflösen konnte, fühlte ich mich bald noch hilfloser, verlassener und einsamer, als ich es ohnehin schon war. Wieso hat Vati Oswald nicht daran gehindert, mich im Himmel aufzuhängen?

Ja, schlimmer noch – sein Lächeln hat ihn als Oswalds Komplizen, wenn nicht gar als seinen Anstifter, verraten. Wieso ist er mit Oswald, sogar währenddessen noch merkwürdig lächelnd, aus dem Raum geschlichen? Wieso ist das Licht ausgeschaltet worden? Und wieso die Tür verschlossen? Es konnte nur eine Antwort geben: Ich sollte langsam vor mich hin sterben, ohne mich selber retten zu können oder von anderen gesehen und aus meiner Not befreit zu werden.

Doch was habe ich verbrochen? Wofür soll ich bestraft werden? Und wenn schon der Himmel aussieht wie die Hölle, wie wird dann erst die Hölle aussehen? Etwa wie die Räucherkammer unserer Metzgerei? Um in die Hölle zu kommen, muss man am Leben sein. Also werde ich den Sturz überleben. Doch noch nie ist jemand aus der Hölle zurückgekehrt. Wie lange wird das Leben in der Hölle wohl dauern? Ewig. Wie lang dauert ewig? Eine Ewigkeit. So lange, wie ein kleiner Vogel, der alle hundert Jahre einmal seinen Schnabel wetzt am höchsten Berg der Welt, Zeit benötigt, den Berg abzuwetzen, bis er flach ist wie der Strand am Meer. Aber was beginnt dann hinter dieser Ewigkeit? Eine neue Ewigkeit. Weil eine Ewigkeit kein Ende hat. Hinter der Ewigkeit gibt es nichts. Noch nicht einmal ein Nichts. Wenn die Ewigkeit ein Nichts wäre, dann könnte es sie ja nicht geben. Da es sie aber gibt, muss sie etwas sein, und wenn sie etwas ist, muss sie auch ein Ende haben.

Vielleicht langweilt sich die Hölle irgendwann mit mir, wirft mich in eine feuchte und dunkle Ecke und lässt mich sterben?

Auf all diese Fragen gibt es nur eine Erklärung: Ich lebe. Und hierfür soll ich bestraft werden. So viele Menschen, jeden Tag immer wieder neu, leben nicht! Sie leben einfach nicht. Obwohl sie da sind. Aber sie kommen nicht ins Leben. Bleiben in den Bäuchen der Frauen verborgen. Im Dunkel. Und doch könnten sie leben. Es gibt viel mehr Menschen auf der Erde, die nicht leben, als Menschen, die es ins Leben geschafft haben. Genauso gut hätte ich versteckt bleiben können im Leben, und an meiner Stelle hätte ein anderer, von mir aus auch eine andere, das Licht der Welt erblickt. Ich habe die Grenze vom bloßen Da-Sein ins

Leben überschritten – und dafür werde ich bestraft. Weil ich jemand anderem das Leben weggenommen, also gestohlen habe. Das ist der Grund, warum ich im Himmel hänge. Um in die Hölle zu kommen. Aus Gründen der Gerechtigkeit, als Erziehungsmaßnahme des Lebens? Und die Hölle, das kann nur die Räucherkammer unserer Metzgerei sein.

Wo bleibt Mutti? Wieso kommt sie nicht, nimmt einen Stuhl, stellt ihn unter mich, steigt herauf, hebt mich aus dem Gestänge, umarmt mich, gibt mir einen Kuss, zaubert aus den Seitentaschen ihrer grünen Strickjacke zwei Paar knallroter Kirschen hervor, hängt sie mir über die Ohren, gibt mir einen zweiten Kuss und lächelt mich an? Wieso geschieht nicht, was zu geschehen hat? Wieso tut sie das nicht? Wo bleibt sie?

Ich war fünf Jahre alt, damals – und seit fünf Jahren König. Naja, vielleicht auch erst vier oder viereinhalb oder vierdreiviertel, aber auf jeden Fall ein König, ein kleiner König. Über drei Königreiche. Und mein zweites Königreich war die elterliche Metzgerei in Gera, Ortsteil Lusan.

Die Dunkelheit ängstigte mich. Obwohl es keine wirkliche Dunkelheit war. Denn Straßenlicht fiel in den Raum, und ich und die gleichgültig vor sich hin hängenden Würste und Speckseiten warfen stumpfe Schatten – oder lebendige, schwankende, wenn Autos vorüberfuhren und das Licht ihrer Scheinwerfer durch den Raum wandern ließen. Dann – als könne ich mit den Bewegungen die Vorüberfahrenden auf mich und meine Lebensgefahr aufmerksam machen – bewegte ich mich, zappelte vorsichtig mit den Beinen, schwenkte, mal mehr, mal weniger, den Körper hin und her, doch stets darauf bedacht, dass weder meine Hände von dem schwarzen Spieß abrutschten noch dieser aus dem Himmelsgestell herausbrach. Doch sie sahen mich nicht, nicht die Kraftanstrengung des Festhaltens, nicht meine Angst vor dem Absturz.

Und sollte mein Schatten mich sehen, so beachtete er mich nicht. Er war einfach nur da und wollte weiter nichts, außer nur da zu sein. Wieso löste er sich nicht von meinem Körper, wanderte durchs Fenster auf die Straße, um dort wild herumzufuchteln, damit jemand käme und mich vom heranschleichenden Tod befreite? Der Schatten meines Körpers lebte durch mich, war mein dunkles, losgelöstes Ich: Gäbe es mich nicht, gäbe es ihn auch nicht. Er würde gnadenlos vom Licht geschluckt. Wieso erschien ihm sein Leben, das ich ihm spendete, so bedeutungslos, dass er nichts unternahm, mich zu retten und, indem er mich rettete, auch sich? Doch er war Knecht, tat stur, was mein Körper ihm befahl, ohne jegliche Anteilnahme und eigenen Willen zu handeln.

Und wenn schon mein Schatten faul und blöd und träge war, wieso wollten dann nicht wenigsten die Schatten von Wurst und Speck und Schinken ausbrechen aus ihrer beengten Existenz und dem engen Raum ihrer Gefangenschaft? Wieso wollten sie nicht ihr schwarzes Licht nach draußen in die Weite scheinen lassen oder auch nur auf einen kleinen Spaziergang schicken durch ein Fenster oder einen Gardinenspalt im Aufenthaltsraum, um eine ihnen verborgene Welt zu entdecken und sie für mich um Hilfe zu bitten?

Sie kannten nur die Welt hier drinnen und schienen zufrieden zu sein mit ihrem dummen Glück. Ich kannte die Welt da draußen, kannte den Weg, den ich nach Hause zu gehen hätte, und würden sie mich befreien, ich nähme die Wurst- und Schinkenschatten mit in die Sommerleithe, sie dürften sich zu uns an den Tisch setzen und mit uns zu Abend essen von all dem, was ihnen hier im spärlichen Licht der Straßenlaterne und der vorüberfahrenden Autos verheißungsvoll, aber unerreichbar entgegenleuchtete.

Oder waren sie gar nicht dumm, sondern stellten sich nur so, registrierten stumm, was um sie herum geschah, verständigten sich in einer für die Menschen unhörbaren und, selbst wenn diese sie hören würden, unverständlichen Geheimsprache, die sie, sollten sie es wollen, jederzeit aufscheinen lassen könnten wie das Menetekel in der Bibel auf der Wand: Mene Mene Tekel Upharsin. Aber sie wollten nicht. Und so blieb alles, wie es war.

Je länger ich hing, umso blasser wurde meine Phantasie; und im bald aufziehenden Schimmer der Morgensonne würden die

Schatten erbleichen. Weg aus meinem Kopf! Ihr Schatten, weg! Haut ab! Los! Verschwindet! Denn ich will nur eines: mit meinen Füßen wieder auf der Erde stehen.

Was sich bewegt, lebt; und was lebt, hat Antlitz, hat Gesicht. Augen beginnen silbern zu glänzen, Schweineköpfe glotzen mich an, verziehen ihre Rüssel und grunzen. Schweineohren wachsen zu Elefantenohren und richten sich auf. Was haben sie vor mit mir? Sind sie, die den Tod schon erlebt haben, neugierige Zaungäste meines nahenden Todes? Und kündigt sich nicht grollend und Lichtblitze vorausschickend draußen am Himmel ein Unwetter an, dessen Spektakel meine Reise ins Ungewisse begleiten wird? Meine Hände, die mich festhalten sollten, um mich vor dem Untergang zu bewahren, werden feucht, beginnen zu schwitzen, und der kalte Schweiß des sich anschleichenden Todes mischt sich mit der immer heißer werdenden Glut meiner Angst. Das am Räucherspieß klebende Fett beginnt zu schmelzen, fließt als heißes Öl an meinen Armen herunter, verbrüht meine Haut, sammelt sich als siedend heiße Fettbrühe in meinen Schuhen, und der schwarze Holzstock über mir, an dem ich mich festhalte und der mich hält, verwandelt sich langsam in eine rot glühende Eisenstange, während meine Hände kälter und kälter werden, betäubt von der erfrierenden Hitze und der Glut des Eises.

Es gibt keine Rettung. Niemanden, der die Tür aufschließt, das Licht anknipst und mich befreit aus meinem Geängste und dem Gestänge meiner Pein. Ich bin allein.

Wie gern läge ich jetzt in meinem Bett! Selbst ein schweres Gewitter, vor dem ich mich schon immer unglaublich fürchte, im Bett über mich ergehen zu lassen, wäre besser, als hier zu hängen. Wie viel lieber würde ich, von Bettwäsche umhüllt und verborgen, das Grauen unberechenbar einschlagender Blitze ertragen, das grelle Zittern eines unwirklichen Lichts, diese schrecklichen, alles erhellenden und die Augen erblinden lassenden Sekunden samt dem gleichzeitig peitschenden und knallenden Donner, der, kaum ist er verklungen, sich mit steigernder Wut wieder und wieder laden und blitzschnell wie eine zum Biss hervorschnellende Kobra entladen kann, um irgendwann weiterzuziehen, sich in der

Ferne zu verlieren und das Gefühl zu hinterlassen, ich sei noch einmal davongekommen.

Blitz und Donner, das weiß ich, haben Kraft und Gewalt, mich, mein Bett, mein Schlafzimmer, unser Haus, ja, unsere Familie, wenn nicht gar ganz Gera zu vernichten, aber – sie tun es nicht! Sie drohen nur. Um weiterzureisen. Vielleicht haben sie uns unter dem Grollen heranpolternder Gesteinsbrocken und dem Getöse von Paukenschlägen im Licht des Blitzes betrachtet und uns für unwürdig befunden, von ihnen vernichtet zu werden, um sich ihrer Macht würdigere Opfer zu suchen? Stärkere, an denen sich ihre eigene Stärke hätte austoben können? Oder schwächere, um sie verächtlich zu bespötteln?

Neben einem vom Blitz gespaltenen Baum zu stehen, der in Flammen aufgeht, neben verkohlten Kühen auf der Weide oder zerstörten Häusern, aus denen Menschen flüchten, deren Haare und Kleider brennen und die aussehen wie verzweifelt fortrennende Fackeln auf Beinen – all das wäre mir lieber, als hier oben zu hängen. Bedrängt von grunzenden Schweinefratzen.

Schweine fressen alles. Auch mich? Einst hatten die Tiere, die jetzt tot und in Würste und Schinken verwandelt neben mir hängen, Gesichter und Leben, sind herumgesprungen und haben sich des Lebens gefreut. Nun sind sie tot, doch ihre Geister – so etwas gibt es, wie ich aus den Geschichten meiner Mutter weiß, die sie meiner Schwester, Klaus und mir vor dem Einschlafen vorgelesen hat – leben und wollen sich nun an mir rächen. Aber rächen wofür? Was habe ich ihnen getan? Ich habe sie nicht getötet. Oswald und mein Vater haben sie getötet. Sollen sie doch Oswald und meinen Vater neben sich hängen und für ihre Ermordung bestrafen und quälen.

Ich esse ohnehin lieber frisches Brot, bestrichen mit Butter und bestreut mit Salz oder Schnittlauch, als belegt mit dem Fleisch, das jetzt neben mir hängt. Mit einer Ausnahme: Nichts geht über eine Scheibe Brot mit grober Leberwurst. Wenn man die Leberstückchen im Mund spürt, sie mit der Zunge am Gaumen zerdrückt zu einem feucht-mehligen Brei und die Leber ihren Geschmack entfaltet, dann ist dieser Genuss die Veredlung des altehrwürdigen Fleischerhandwerks in Perfektion. Aber weder können die Würste und Schinken, inmitten derer ich hänge, dieses mein Geheimnis wissen noch ahnen. Wie und woher auch?

Oswald! Vor ihm, der mich zuerst zu meiner Freude, dann zu meiner Trübsal himmelhoch gehängt hatte – so freundlich er mir gegenüber war in Gegenwart meiner Eltern –, hatte ich mich, wenn ich mit ihm allein war, immer ein wenig gefürchtet. Außerdem schien er mir, fühlte er sich von mir unbeachtet, etwas Andersartiges auszustrahlen, etwas Finsteres, Verborgenes. Seinem wulstigen Gesicht, seinen wie mit Daumen, Zeige- und Mittelfinger nach vorne gekneteten Augenwülsten samt wuscheliger Augenbrauen, seinen nach außen gestülpten, viel zu dicken Lippen, den drahtigen kurzen Haaren – die mich immer an den Dutt aus silbernem Draht erinnerten, mit dem Mutti die Tiegel säuberte –, von denen er, obwohl er jünger war als mein Vater, schon viele verloren hatte und unter denen die Schädeldecke hervorschimmerte, aber ganz besonders seinem Lächeln – konnte ich all dem trauen? Oder war es nur eine Verstellung wie bei Rotkäppchen und dem Wolf?

Nichts half. Weder schlimmere Ängste zu beschwören noch meine verzweifelte Situation mit den bunten Bildern meiner Phantasie zu verzieren und zu beschönigen.

Was nur, was hatte ich getan? Was verbrochen, dass ich sterben musste? Noch nie hatte ich den Tod gefühlt. Jetzt war er da.

4.

«Im Westen ist es kalt»

Da nahmen mich die Hände meiner Mutter, pflückten mich aus der Krone des Fleischbaumes und legten mich behutsam ins warme Wasser einer Mulde, in der sonst Wurstmassen vermengt, der Glitsch vom Naturdarm gespült, Schweinezungen von behaarten Fleischerarmen ellenbogentief in großkalibrige Kunstdärme gestopft wurden, die gefüllt waren mit warmer, noch flüssiger roter und mit weißen Speckwürfeln versetzter Blutwurstmasse – und in welcher zur Vorweihnachtszeit Mutti den Teig für die Christstollen ansetzte.

Mein Körper sog das Wasser auf, pumpte sich voll mit Flüssigkeit, die Haut wurde geschmeidig, Schuhe und Kleider wuchsen aus mir heraus, und ich wurde wieder der, als den ich mich kannte. Muttis Hände hoben mich aus der Mulde, das Wasser troff von mir ab, und ehe ich es mich versah, stand ich auf dem Küchentisch – alles war trocken – und wurde von meiner Mutter angezogen. Doppelte Unterhose, doppeltes Unterhemd, ein Hemd, ein Pullover, eine lange Hose und eine warme Jacke. Wieso das? Es war Sommer. Ich frug Mutti, warum ich die Kleider in Schichten übereinander tragen solle, da würde ich doch bestimmt schwitzen, und bekam zur Antwort, in einem Ton, der keine Nachfrage, geschweige denn Widerspruch erlaubte: «Im Westen ist es kalt.»

Im Westen ist es bestimmt nicht kalt, dachte ich. Denn was sollte ein Urlaub im Westen, bei Onkel Willi und Tante Maria, wenn bei uns zu Hause die Sonne schien?

Mutti öffnete die Haustür. Draußen auf der Straße wartete schon das Taxi. Und Vati, Renate und der Fahrer warteten daneben. Längst war das Reisegepäck im Wagen verstaut. Ich ließ Muttis Hand los und ging zu ihnen. Doch Mutti blieb vor der Haustür stehen und schaute zu uns. Was ist? Will sie nicht mitkommen? Irgendetwas stimmt nicht. Die Urlaubsfreude fehlte.

Vati ging zu ihr, flüsterte ihr etwas ins Ohr und schaute Mutti noch einmal an. Sein Blick war streng. Wo blieb seine ausgelassene Fröhlichkeit, mit der er uns sonst beschenkte, wenn wir in den Urlaub fuhren? Dann kam er zurück zum Taxi.

Sie schaute ihm nach. Und blieb vor der Tür stehen. Was war geschehen? Wollte sie nicht mit uns in den Urlaub fahren? War sie misstrauisch, weil das Taxi gar nicht wie ein Taxi aussah? Fürchtete sie sich davor, von Vati und Renate diesmal wirklich zu Tode gekitzelt zu werden, wie es letztes Jahr in den Ferien fast geschehen wäre, wenn ich nicht eingegriffen und es verhindert hätte? Mein Vater hatte das Taxi erreicht und schaute noch einmal zurück. Zu ihr? Zum Haus? Würde er jetzt zornig? Aber nichts dergleichen geschah. Auch er stand da. Wir standen einfach alle nur da: Vati, der Taxifahrer, Renate, ich und Mutti. Nur, dass sie woanders stand als wir. Irgendwie waren wir alle ratlos.

Dann drehte sie sich um und wandte uns den Rücken zu. Was tut sie? Sie schaut auf die Tür. Die sie doch schon so viele Male gesehen hat. Nichts war neu, nichts hatte sich verändert. Die Tür war, was sie immer war. Eine Tür. Eine Haustür. Die Tür zu unserem Haus. Durch die wir nach dem Urlaub unser Haus wieder betreten würden. Und wenn sich sonst nichts verändert hatte – Mutti hatte sich verändert. Mein Vater wurde ungeduldig. Und auch der Taxifahrer wollte nicht länger auf der Straße herumstehen. Er wollte endlich einsteigen und losfahren.

Würde Mutti jetzt den Hausschlüssel aus der Handtasche nehmen, die Tür aufschließen, ins Haus gehen und sie hinter sich verschließen? Für immer darin verschwinden? Würde Vati ihr folgen, und alles würde wieder werden und bleiben, wie es immer war in unserem Haus? Nur ohne Urlaubsreise. Oder würde er ohne sie wegfahren? Und was geschähe dann mit Renate und mir? Wir schauten uns an. Würden wir bei Mutti bleiben oder mit Vati allein in den Urlaub fahren? Oder sollten wir uns trennen, um weder Vati noch Mutti allein zu lassen? Doch wer sollte bei Mutti bleiben, wer bei Vati? Dann geschah die Erlösung. Mutti drehte sich zu uns um, kam durch den Vorgarten zum Taxi, stieg ein, und wir fuhren los.

Da geschieht etwas Unerwartetes. Was hat es zu bedeuten? Wir sind noch nicht lange unterwegs, als der Fahrer ein außerhalb von Gera gelegenes Waldschwimmbad ansteuert und hält. Wir Kinder schauen uns an und sind verunsichert. Jetzt steigen wir aus, bekommen von Mutti zwei Badetaschen in die Hand gedrückt, und Vati kauft an der Kasse vier Eintrittskarten. «Zwei Erwachsene, zwei Kinder.» Renate ist beleidigt. Sie ist kein Kind mehr. Zumindest will sie nicht mit mir auf eine Stufe gestellt werden. Vati zahlt. Er hat passendes Geld.

Man muss sich das vorstellen: Gleich zu Beginn der Reise, lange bevor wir das Urlaubsziel erreichen, gehen unsere Eltern mit uns ins Freibad! Aber weder darf Renate ihren Badeanzug noch ich meine Badehose anziehen.

«Was soll das?», denke ich bei mir, «warum gehen wir dann ins Schwimmbad?»

Und schon kommt die Antwort: «Mutti hat zu Hause etwas vergessen, und da ist es doch besser, hier auf sie zu warten, als mit ihr hin- und herzufahren», sagt unser Vater und fügt hinzu: «zumal, wenn ich euch jetzt ein Eis spendiere.»

Das Eis schmeckt gut. Trotzdem kann ich es nicht genießen. Denn ich befürchte, dass Mutti nicht zurückkommen wird, so komisch, wie sie sich heute früh benommen hat. Sie würde allein in unserem Haus zurückbleiben. Aber warum? Und sie würde traurig sein, dass ich nicht bei ihr bin und sie tröste. Vielleicht würde sie sogar weinen?

Doch kaum haben wir unser Eis beendet, geschieht erneut etwas sehr Merkwürdiges. «Nehmt die Taschen und folgt mir!», spricht mein Vater, kaum sichtbar die Lippen bewegend, und dann, als habe er sich mit dieser Art zu sprechen verdächtig gemacht oder ein Geheimnis verraten – aber welches? –, in einem Tonfall, der entspannt wirken soll, es aber nicht ist: «Wir suchen einen ruhigen Fleck, an dem wir unsere Decke ausbreiten können.»

Renate und ich folgen ihm – und sind überrascht, hinter einer Hecke jenseits des Zaunes, der das Waldschwimmbad umschließt, den Taxifahrer zu sehen, der doch Mutti nach Hause und zurück fahren sollte. Was ist passiert? Ein Unfall? Wo ist Mutti? Ist ihr etwas zugestoßen? Ist sie verunglückt? Ist sie tot?

Der Fahrer nickt meinem Vater zu, und mein Vater nickt zurück. Renate und ich wissen noch immer nicht, was geschehen ist. Der Taxifahrer tritt hinter der Hecke hervor, einer Haselnusshecke, aus deren Ästen und Zweigen sich leicht Pfeil und Bogen schnitzen lassen, geht zu einem Eisentor, schließt es auf, unser Vater befiehlt leise: «Geht!», wir gehorchen, und Vati folgt uns. Der Taxifahrer verschließt das Tor. Vati blickt sich um. Als wolle er sich vergewissern, dass uns niemand beobachtet hat.

Hinter der Wegbiegung steht das Taxi. Mutti sitzt auf der Rückbank. Ich lasse den Badebeutel fallen und laufe zu ihr. Sie öffnet die Wagentür, ich werfe mich in ihren Schoß und weine. Vor Freude. Und aus Angst. Was dieser merkwürdige Tag, der mit keinem bisher erlebten zu vergleichen ist, noch alles bringen wird.

Ich saß vorn zwischen Fahrer und Vater, die beiden Frauen saßen hinten. Es muss ein Wartburg 311 gewesen sein, mit dem wir fuhren. Ich weiß dies, denn der Fahrer erfüllte mehrmals meine Bitte, den Wagen zu beschleunigen, sodass die Tachonadel zu meiner Freude die magische Geschwindigkeit von 100 km/h anzeigte. 100 km/h, welch eine Geschwindigkeit! Unser Dreirad fuhr höchstens 50 km/h, wenn überhaupt, und knatterte dabei mit einem Höllenlärm vor sich hin, der, wenn das Dreirad hätte sprechen können, bedeutet hätte: Bitte, bitte quält mich nicht, ich kann nicht mehr! Außerdem hätten meine Schwester und ich samt unserem Gepäck auf der Ladefläche sitzen und darauf achtgeben müssen, dass nicht nur wir, sondern auch die Koffer und Taschen in den Kurven nicht hinunterrutschten. Denn wenn das Dreirad, das keine Federung zu haben schien, durch Schlaglöcher fuhr, hopsten wir wegen der Erschütterung jeweils für Momente unfreiwillig in die Luft und wären Gefahr gelaufen, dass in der Sekunde, in der wir mit dem Gepäck ohne Kontakt zur Ladefläche in der Luft schwebten, das Dreirad unter uns und den Koffern hinwegführe und wir auf der Straße, oder – wenn eine Kurve hinzukäme – im Straßengraben landeten und unsere Eltern weiterführen, ohne es zu bemerken.

Im Wartburg fühlte ich mich sicher, und die schnelle Fahrt bereitete mir Freude. Eigentlich schade, dass Vati keinen Wartburg kaufen konnte, weil der so lange Wartezeiten hatte. Warum uns das Taxi aber nach Ostberlin fuhr und nicht zum Geraer Bahnhof, damit wir von hier mit dem Zug nach Berlin hätten weiterfahren können, blieb trotz der Erklärung der Eltern, so sei es komfortabler, merkwürdig.

Was soll's. Jedes Mal, wenn die Tachonadel 100 km/h anzeigte, freute ich mich, denn ich zählte mit, wie oft der Wagen diese ungeheure Geschwindigkeit auf unserer Fahrt nach Berlin erreichen würde. Manchmal kam eine Kurve, ein anderes Mal ein entgegenkommendes Fahrzeug, dann eine Ortschaft, der Fahrer musste abbremsen und ich auf den nächsten Höchstgeschwindigkeitsrausch hoffen. Glückte dieser, schaute ich freudig erregt zu meiner Mutter. Sie lächelte mich an. Doch ihr Lächeln war nicht ehrlich. Auch meine Schwester schien die Freude am Rausch der Schnelligkeit nicht zu teilen. Wusste sie, weil sie älter war, mehr als ich? Es herrschte eine gedrückte Stimmung im Wagen. Mein Vater bemühte sich, sie mit Gesprächen aufzulockern, in die er den Taxifahrer zu verwickeln suchte, doch dieser wollte sich nicht mit überflüssigen Gesprächen von der Konzentration auf die Geschwindigkeit ablenken lassen. Da hatte er natürlich recht. Denn reden konnte man ja immer – so schnell fahren nur höchst selten.

Es waren schöne Alleen, durch die wir fuhren. Die Bäume, die Wolken, der Himmel, die Landschaft – alles spiegelte sich auf dem Lack der Motorhaube und in der Windschutzscheibe und rauschte an uns vorüber, ohne dass ich mich daran sattsehen konnte. Irgendwann, ich war wohl eingeschlafen, hielt der Wagen an, und ich erwachte. Pipi machen und Butterbrote essen – und schon ging die Fahrt weiter Richtung Berlin. Wir passierten Leipzig, ohne Tante Marie und Onkel Fritz zu besuchen. Wie lange die Fahrt dauerte, die aus irgendeinem Grund über Landstraßen und nicht über die Autobahn führte, weiß ich nicht, aber irgendwann kamen wir in Berlin an. Ich war wieder eingeschlafen und erwachte erst durch die Stille des Motors, der abgeschaltet worden war oder seinen Geist aufgegeben hatte. Verloren wie ein gejagtes Tier am Ende seiner Kräfte, stand unser Taxi auf einem weiten grauen Platz, sichtbar für alle und zum Abschuss freigegeben. Doch die wenigen Autos, die vorüberfuhren, und die wenigen Menschen, die mehr über den Platz huschten, als dass sie gingen, nahmen von uns nicht die geringste Notiz. Weder schienen wir willkommen zu sein noch zu stören. Wir waren nicht vorhanden. Wir existierten nicht.

Auch den Gebäuden, die mich auf den ersten Blick annehmen ließen, sie umzingelten uns, und wir seien in eine Falle geraten, waren wir gleichgültig – und vielleicht noch nicht einmal das. Wie Verwundete waren sie mit sich selbst beschäftigt. Hilflos. Sollten sie Menschen überhaupt zur Kenntnis genommen haben, dann, um sie abzuweisen. Zu schwer trugen sie an ihrer eigenen Last, als dass sie sich auch noch um Menschen hätten kümmern und sie aufnehmen können. Schon beim Eintreten eines Kindes wären sie in sich zusammengestürzt.

Aber nicht nur der Wartburg bewegte sich nicht mehr und war stumm, sondern auch wir hielten inne und schwiegen. Die Blicke unserer Eltern waren nicht fröhlich – anders als sonst, wenn wir in Urlaub waren. Belastet. Als erwarte uns etwas Schreckliches. Es herrschte eine gespannte Ratlosigkeit. In der jedes Wort tödlich sein konnte. Also dachte ich nur, ohne es auszusprechen: Was war geschehen?

«Sind wir schon im Westen?», frug Renate völlig unbekümmert, und in ihrer Stimme klang mit: hoffentlich nicht!

«Nein. Frag nicht so viel», war die knappe Antwort meines Vaters.

«Aber in West-Berlin?», bohrte ich nach. Und bekam keine Antwort. Und wunderte mich. Aber meine Frage zu wiederholen, traute ich mich nicht. Also schwieg ich und wartete. Wir würden ja wohl nicht die ganze Zeit auf diesem blöden Platz herumstehen. Zumal es zu regnen begonnen hatte. Komisch, dieser Urlaub. Und wieso fahren wir in den Westen, zu Onkel Willi und Tante Maria, wenn es dort kalt ist? An der Ostsee schien fast immer die Sonne. Ich war mir sicher, dass Renate mehr wusste als ich. Aber ich fand keine Gelegenheit, sie zu fragen, ohne dass die Eltern es gemerkt und ihr die Antwort vermutlich verboten hätten.

Und was würde Klaus jetzt denken, wenn er dabei wäre?

5.

Frau Pavel

Bevor ich verraten kann, was es in Walter Diercks Lokal abgesehen von den Kondomen und den paradiesischen Gefilden sonst noch zu sehen gab oder auch nicht zu sehen gab – etwas extrem Augenfälliges und von mir nie Gesehenes –, muss ich mich zuerst dem Balkon von Frau Pavel widmen, dem obersten des Hauses, das die Kneipe *Im Pütt* und deren Wurmfortsatz, die Kegelbahn, beherbergte.

Das Gebäude war ein Ende der 50er, Anfang der 60er Jahre errichteter vierstöckiger Neubau und in mehrerlei Hinsicht das genaue Gegenteil des Altbaus, in dem wir wohnten. Dort gab es – jedenfalls stellte ich mir das so vor – gekachelte Bäder mit Dusche, Badewanne und Bidet (wobei ich von einem Bidet nicht die geringste Ahnung hatte, außer dass es, so meine Mutter, «nur etwas für Frauen ist»). Und es gab dort im Gegensatz zu unserem Altbau eine Zentralheizung: keine Ölöfen, wie ich – wer sonst – sie in der kalten Jahreszeit einmal täglich mit je einer Kanne Öl füllen und, waren sie ausgegangen, mit geknickten und aufrecht stehenden wächsernen Ölofenanzünderblättchen neu entzünden musste, ohne dass es dabei zu Verpuffungen, also kleinen Explosionen kam; all dies war nie zu bewerkstelligen, ohne dass ich ein wenig Öl verschüttete und den Rest des Tages mit stinkigen Ölfingern herumlief und den Ölgestank mit den Frühstücksbrötchen und Pausenbroten zerkaute und herunterschluckte.

Neu an den Wohnungen dieses Neubaus, also auch der Pavel'schen, war zudem, dass sie flache Zimmerdecken besaßen, die nicht, wie in Altbauten damals üblich, durch das Einziehen einer Zwischendecke aus Presspappe erst noch verflacht werden mussten. Über Bedeutung und Wichtigkeit dieser Zwischendecken, die sich damals jeder, der es sich leisten konnte, in seinen Altbau einziehen ließ, war ich mir lange nicht im Klaren.

Doch mit dem Einsetzen der Pubertät und einer verschärften gesellschaftlichen Empfindung für die Jahre vor '68, die verlogenen Jahre, kam ich darauf, dass in diesem über unseren Köpfen schwebenden Zwischenreich der Krieg, seine Verbrechen und die Erinnerungen daran weggeschlossen waren – verbannt in luftiges Vergessen, doch jederzeit bereit, durch die dünne, porös werdende und somit nicht erinnerungsresistente Pappe hindurchzurieseln. Und es rieselte. Und rieselte ... bis die 68er-Bewegung, vorbereitet und begleitet von der Beatmusik auf BFBS und Hilversum 3 und mitgeschnitten auf dem Grundig TK 17L, dieses Provisorium der Verdrängung zum Einsturz brachte.

In der obersten Etage dieses Hauses also, dessen rückwärtige Fassade von unserem Garten, der Wurstküche und dem Hof der Metzgerei aus gut sichtbar war, wohnte Herr Pavel mit seiner Frau. Und einem schwarzen Pudel. Herr Pavel betrieb eine Autohandlung, und sein Bauch war noch kugeliger als sein mit Haaren unterversorgter Kugelkopf. Ob er allerdings die Wohnung mit Balkon in der obersten Etage bekommen hat, weil der Hausbesitzer, wie die Kegelbahn im Erdgeschoss zeigt, ein Faible für Kugeln diverser Größen hatte, weiß ich nicht. Auf jeden Fall war Herr Pavel in meiner Phantasie sagenumwoben.

Erstens hieß niemand damals Pavel, und wenn doch, kannte man so jemanden nicht. Zweitens kam Herr Pavel aus einer anderen Welt. Nicht, weil er irgendwie ulkig aussah, sondern weil er eine Autohandlung betrieb, deren Firmenname kein Mensch aussprechen konnte: Citroën schrieb sie sich und Zitröön wurde sie, wenn man das Wort überhaupt in den Mund nahm, ausgesprochen. Und drittens, weil diese Autofirma, deren Namen niemand annäherungsweise richtig aussprechen konnte, ein sagenumwobenes Auto herausgebracht hatte, das ich mir in meinen kühnsten Träumen nicht hätte ausdenken können. Sein Aussehen – konnte das ein Auto sein? – war atemberaubend neu und entsprach insofern der Unaussprechlichkeit seines Namens: Citroën. Doch damit nicht genug. Nicht nur für alle in der Metzgerei und alle ihre Kunden, sondern für alle Deutschen diesseits und jenseits der Zonengrenze, also für Gesamtdeutschland, aber auch für Frankreich und den Rest der Welt trug das Modell, von dem ich hier spreche, den Namen *Déesse. DIE Déesse.*

Atemberaubend wie das Auto war, so unvorstellbar war es, den Eltern auch nur vorzuschlagen, es zu erwerben. Und noch unvorstellbarer, sich Vati hinter dem verbogenen und schräg stehenden Lenkrad einer Déesse sitzend vorzustellen, deren Namen nicht nur er, sondern niemand aussprechen, geschweige denn schreiben konnte – vielleicht mit Ausnahme von Französischlehrerinnen, die sich den Wagen aber nicht leisten konnten. Und wenn dieser unaussprechliche Name eine Bedeutung haben sollte, und wenn man sich vorstellen konnte, dass er eine hätte, wusste man trotzdem immer noch nicht, welche. Und wenn man – was eigentlich ein Ding der Unmöglichkeit war – sie herausgefunden haben sollte , dann gäbe es doch wohl zu Recht nur eine, die im damaligen Deutschland eine Göttin sein konnte: die Garbo. «Die göttliche Garbo» – so nannten sie meine Eltern.

Aber der kugelige Herr Pavel fuhr nicht nur eine Déesse, die alles, was auf vier Rädern unterwegs war, alt aussehen ließ, er hatte auch eine Déesse in Gestalt seiner Frau, die unter der Woche, man stelle sich das vor, vormittags, wenn die Sonne schien, in einem weißen Bikini, ja, in einem weißen Bikini, im Liegestuhl auf dem Balkon lag, den schwarzen Pudel ihr zu Füßen, rauchte und sich sonnte, sooft das Wetter es erlaubte.

Sie arbeitete nicht, sie hatte keine Kinder, sie lag rum und blätterte in der Illustrierten, eine Tätigkeit, der tüchtige Frauen nach Auskunft meiner Mutter nur beim Frisör nachgehen. Alle in unserer Metzgerei – die Putzfrauen, die Verkäuferinnen und meine Mutter – waren empört. Auch die Männer waren empört. Aber anders empört. Denn immer, wenn Frau Pavel nahezu nackt im Liegestuhl auf dem Balkon lag, wollten sie erst einmal sehen, und zwar genau sehen, worüber sie anschließend zu Recht empört waren. Ich fand das richtig. Denn grundlos empört zu sein, sich aufzuregen ohne Anlass, wäre in meinen Augen völlig verantwortungslos und unentschuldbar gewesen. Schlagartig, als ob die Kirchenglocken läuteten, hatten sämtliche Männer etwas Wichtiges auf dem Hof zu erledigen, sobald die begnadete, üppige und wohlig rundgeformte Göttin auf den Balkon trat, nein, sobald sie dort erschien.

Sie stützte sich kurz auf das Geländer, beugte sich ein wenig nach vorn – um eigentlich was zu sehen? –, warf dann den Kopf in den Nacken, bevor sie von alledem völlig erschöpft im Liegestuhl versank. Das überirdische Kommando an die Männer hieß nun: nicht mehr arbeiten, sondern gucken. Und da auch das Gucken sehr anstrengend sein kann, wurde an die Arbeitspause und die Guckpause schnell noch eine kollektive Rauchpause angehängt. Leider war mein Vater Nichtraucher. Also muss für ihn das lange Gucken besonders anstrengend gewesen sein. Denn dass ausgerechnet er nicht guckte, existiert in meiner Erinnerung nicht. Oder es taucht nicht auf. Es schien, als hätte er urplötzlich Wichtiges mit den Gesellen zu besprechen. Also gesellte er sich zu ihnen. Und immer wenn ich dem Rudel beim Gucken zuguckte, fiel mir an den Blicken der Männer auf, dass das Wichtige, das es zu besprechen galt, nur eine Zielrichtung kannte: Frau Pavel.

Frau Pavel ging nicht einkaufen. Sie wurde beliefert. Denn eine Göttin stellt sich nicht an, reiht sich nicht ein in die Schlange wartender Hausfrauen, die geräucherten Speck für die Erbsensuppe kaufen. Als sie sich zum ersten Mal Wurst und Fleisch und, für den schwarzen Pudel, gekochte, unglaublich stinkende Kutteln bringen ließ, fiel mir die Aufgabe zu, ihr die Pakete in den vierten Stock zu liefern. Doch danach nie wieder. Es gab Gerangel unter den Gesellen, denn jeder wollte den nächsten Botengang machen. Mein Vater klärte den Konflikt auf seine Weise: Er übernahm die Aufgabe selber. Danach bestimmte die alphabetische Reihenfolge der Vornamen, wer das Fleisch der eigenhändig getöteten Tiere zum Tempel der Mietwohnung in den vierten Stock tragen und den Händen der Angebeteten mit den rot lackierten Fingernägeln darbieten durfte.

Mein Vater hatte ein doppelt schweres Schicksal zu ertragen, denn er war nicht nur der einzige Nichtraucher, sondern auch der einzige Verheiratete in der Männerrunde und bekam von den Frauen, wenn er wieder mal mit seinen Gesellen zum Balkon hochschaute, um Dienstliches zu besprechen, den Spitznamen

Hans-guck-in-die-Luft. Er hatte zwar auch noch einen zweiten Vornamen, Herbert, aber der war nicht spitznamentauglich.

Meine Mutter also stand mit den anderen Frauen, die gerade abkömmlich waren, in der Küche. Sie beobachteten die Männer und machten sich lustig über sie, derweil die neue, wassergetriebene Kartoffelschälmaschinentrommel rumpelte und pumpelte, die Kartoffeln von oben nach unten, zur einen, dann zur anderen Seite durcheinanderwirbelte, um ihnen die braune Haut samt ihrer Unreinheiten abzuschleifen. Die Kartoffeln waren mindestens so irritiert wie die Männer, auch sie wussten nicht, wie ihnen geschah. Sie waren es gewohnt, einzeln in die Hand genommen und liebevoll-gekonnt von Hand geschält und nicht grob-maschinell abgerieben zu werden. Also schauten sie sich – jawohl, Kartoffeln besitzen Augen, das sind die Sprossknospen der Knollen – an und fragten sich, was die rumorende Unruhe zu bedeuten habe. Sie redeten durcheinander, ohne sich zu verstehen, polterten lauter und lauter, je schneller die schmirgelpapierraue Drehscheibe sie durcheinanderwirbelte, doch gegen das Durcheinander, das ihren plumpen Knollenkörpern angetan wurde, gab es, dem Gelärme ihres Protestes zum Trotz, kein Ankommen. Also schauten sie hilfesuchend zu den Frauen, die zu den Männern schauten, die zu Frau Pavel schauten, die, um die Gier der Männer und den Neid der langweiligen Haus- und Arbeitsfrauen zu steigern, nach einem Glas griff, die roten Lippen über den Strohhalm stülpte, daran zutschelte und ein rotes Getränk aus dem Glas in ihrem Mund verschwinden ließ. Alle, die das sahen, waren empört. Sie hatte das rote Etwas, das, wie Rudi bemerkte, bestimmt kein Himbeersaft war, ex getrunken!

Dann schaltete sie das Transistorradio an und hörte Schlager. Doch die Musik hätte es nicht gebraucht. Sie spielte längst in den Männern, deren Blicke Frau Pavel auf sich zog, spielte in allen dieselbe Melodie. *Du weißt, ich küsse heiß, du weißt, ich brenne gleich, du weißt, dass ich immer alles, alles erreich, ich bin ein Mann, hey jey jey, ich bin ein Mann!* Doch Frau Pavel ließ nicht locker. Sie nahm eine Illustrierte und durchblätterte sie in demonstrativer Langeweile mit lackierten Fingernägeln, Seite für Seite. Die Fotos schauten Frau Pavel an. Doch die Blicke der abgebildeten Frauen interessierten Frau Pavel nicht. Sie war selber eine Frau. Und wusste, was für eine. Also schaute sie die Männer an. Die Männer schauten weg und einander an, dann zu den Frauen im geöffneten Küchenfenster; diese lachten die Männer an, dann schauten auch sie weg und schauten einander an – und mit einem leicht resignierten Blick, in dem ein kleines Fragezeichen zu lesen stand, und einem Seufzer gingen sie wieder an die Arbeit; nur meine Mutter blieb stehen. Sie schaute die Kartoffeln an. Doch die konnten nicht mehr zurückschauen. Die neue Kartoffelmaschine hatte ihnen die Kartoffelaugen abgerieben.

Später musste ich erfahren, dass keine Deutsche, sondern Catherine Deneuve die Ikone der Déesse sei. Welch ein Irrtum! Die wahre Déesse war Frau Pavel auf dem Balkon im Ruhrgebiet, vierter Stock, in Mülheim-Dümpten.

Eines Tages waren Herr und Frau Pavel verschwunden. Die Citroën-Niederlassung war noch da. Sie wird einen neuen Betreiber gefunden haben. So wie die Wohnung mit dem Balkon Nachmieter. Aber keiner hat je wieder hochgeschaut. Und selbst wenn dort oben Catherine Deneuve im Bikini erschienen wäre, in der einen Hand eine *Muratti Privat* rauchend und mit der anderen in kühler Laszivität aufs Geländer gestützt, gegen Frau Pavel hätte sie keine Chance gehabt. Wer Frau Pavel einmal gesehen hat, trägt sie als Phantom der Erinnerung, als Fata Morgana stimulierender Phantasie, als erotischen Prägestempel und lebenslängliche sexuelle Behinderung durch sein amouröses Leben, sämtlichen Phantasmen und Wirklichkeiten anderer Weiblichkeit haushoch – vier Stockwerke – überlegen. Claudia Cardinale? Sophia Loren? Marilyn Monroe? Nein! Nein! Nein!

Was aus dem Verkäufer der fahrbaren Göttin und aus seiner göttlichen Frau geworden ist, weiß ich nicht, wie ich übrigens auch nicht weiß, was den Diven der Fensterbank, Renate und der schwarzbuschigen Monika, in jener Nacht widerfuhr, in der ich vor ihnen in den Schlaf fiel, während sie noch verträumt «ihre» Gesellen mit den alten oder neuen Eroberungen beobachteten. Es muss Heftiges gewesen sein.

6.

Renates Anfall

Denn am nächsten Morgen, die Sonne schien friedlich in das Zimmer, in dem wir zu dritt geschlafen hatten, schrie uns etwas aus dem Schlaf: «Ich ersticke! Ich ersticke!» Renate. Sie war außer sich. Sie tobte. Sie war in Panik – und schrie, wie ich sie zuvor nie schreien gehört hatte. Sie schrie sich die Seele aus dem Leib, als sei der Teufel im Begriff, mit ihr wer weiß was zu tun, und sie müsste nicht nur ihren Körper retten, sondern auch noch ihre Seele, nur wüsste sie nicht, in welcher Reihenfolge, bevor er sie würgte, mit Haut und Haar verschlänge, Besitz von ihr nähme und sie zu seinem willfährigen Instrument machte. Sie sprang im Zimmer umher, sprang aufs Bett und vom Bett herunter, rüttelte an der Türklinke, pochte mit den Fäusten gegen die Tür. Vergebens. Sie konnte die Tür nicht öffnen. «Ich ersticke! Ich ersticke!» Dieses Eingesperrtsein, dieses Nicht-fliehen-Können machte sie rasend. Immer und immer wieder sprang sie gegen den Schrank und warf sich gegen die Wände, als könne sie durch sie hindurchspringen wie Armin Dahl im Fernsehen durch eine Glasscheibe, und schrie dabei: «Ich ersticke! Ich ersticke!» Sie schien den Verstand zu verlieren, wenn sie ihn nicht schon verloren hatte, gepeitscht vom Affentanz des Irreseins.

Monika und ich waren hilflos. Wir konnten nichts tun. Hätten wir versucht, sie anzufassen, um sie zu beruhigen, sie hätte uns mit einem Streich zerklatscht wie Fliegen. Noch nie hatte ich einen derartigen Vulkanausbruch eines Körpers erlebt, noch nie eine derartige, von besinnungsloser Angst gepeitschte Panik; es war, als blickte sie dem Tod ins Auge. Meine Schwester war ein Dynamitbündel im Augenblick der Explosion.

Der Anfall dauert bereits einige Minuten, als mein Vater gegen die Tür klopft und brüllt: «Was ist da los?! Verdammt noch mal! Was ist da los?!» Und meine Schwester brüllt zurück: «Ich ersticke!

Ich ersticke!» – «Dann macht doch das Fenster auf! Monika, Dieter, seid ihr da?» – «Ja, wir sind hier!», schreit Monika, und ich: «Sie ist verrückt geworden! Vati, hilf uns, hol uns hier raus!» – «Ich ersticke, ich ersticke!» – «Macht verdammt noch mal das Fenster auf!» Monika stürzt zum Fenster, reißt es auf, und meine Schwester, als würde sie sich gleich aus dem Fenster stürzen, brüllt auf die Straße: «Ich ersticke, ich ersticke!» Monika schreit die Tür an, hinter der mein Vater steht und die er mit seinem Körper aufzudrücken versucht, und sie brüllt: «Das Fenster ist auf, das Fenster ist auf, Renate stürzt sich gleich auf die Straße! Hilfe, Hilfe!» – «Dann haltet sie fest, haltet sie fest, damit sie sich nichts antut!», brüllt er zurück, und mich brüllt er an: «Dieter, mach die Tür auf, los, macht die Tür auf!» Derweil hat Monika versucht, Renate vom Fenster wegzuzerren, doch die schleudert sie von sich, gegen mich, der vor der Tür steht, ich falle zu Boden und brülle: «Der Schlüssel ist weg, es gibt keinen Schlüssel» – «Dann such ihn gefälligst und schließ verdammt noch mal diese Scheißtür auf!» Inzwischen muss meine Mutter auf dem Flur erschienen sein, denn auch sie beginnt zu schreien: «Renate, was ist los? Hörst du mich? Antworte! Renate, Renate!» Doch Renate steht schon wieder vor dem geöffneten Fenster und brüllt, dass es die gesamte Nachbarschaft hören muss: «Hilfe, ich ersticke! Hilfe, ich ersticke!»

Auf der Straße haben sich an diesem sonnigen und an sich beschaulichen Sonntagmorgen bereits einige Leute versammelt. Ratlos schauen sie nach oben zum Fenster: «Was ist da los?» – «Nicht springen, nicht springen!» – «Ich ersticke, ich ersticke!» Meine Mutter: «Du erstickst nicht, Renate, du erstickst nicht! Beruhige dich!» In diesem Chaos denke ich, dass uns nur der Schlüssel retten kann, und beginne ihn zu suchen. Doch ich finde ihn nicht, und meine Schwester tobt und brüllt weiterhin. Plötzlich! – Was ist das? Ein ungeheurer Schlag kracht gegen die Tür und – Ruhe. Ruhe.

Renate, Monika und ich starren auf die Tür. Was war das? Es folgt ein weiterer Schlag. Und ein nächster und noch einer und noch einer. Doch die Tür öffnet sich nicht. Das Schloss hält. Das

Türblatt muss mit dem Rahmen untrennbar verschweißt sein. Wieder ein Schlag. Jetzt bekommen auch Monika und ich es mit der Angst zu tun. Wir beginnen zu schreien: «Hilfe, Hilfe!», und weil auch wir plötzlich keine Luft mehr bekommen, schreien auch wir: «Wir ersticken, wir kriegen keine Luft mehr! Hilfe! Wir ersticken!», und je lauter und verzweifelter unsere Schreie, umso wütender und kraftvoller die Schläge, mit denen mein Vater die Tür zu öffnen versucht. Doch plötzlich änderte er seine Strategie. Er drosch nicht weiter auf das Schloss ein, sondern seine Attacke galt dem Türblatt selber, und nach zwei, drei weiteren Hieben hatte, unglaublich, der Axtkopf die Tür durchschlagen, blieb eingequetscht im Holz stecken und schaute uns an: Was hatte die Axt vor? Es schien, als suchte sie, als müsste sie herausfinden, hätte sie die Tür erst zertrümmert, wem zuerst, wem danach und wem zuletzt sie den Schädel spalten würde. Mir, Renate, Monika?

Dann nickte die Axt dreimal mit dem Kopf, offenbar hatte sie sich entschieden. Sie wurde aus dem Schlitz, in dem sie steckte, herausgezogen und donnerte mit unglaublicher Wut erneut auf das Holz nieder. Wir schrien. Mit aller Kraft, zu der unsere Stimmen und Körper fähig waren. Jetzt hatten wir alle drei Angst, nicht mehr nur meine Schwester. Doch Angst ist das falsche Wort. Denn Angst hat man vor etwas, das erst noch kommt und nicht schon da ist. Doch das, was wir hatten, war da. Es war in uns. Auch wenn wir es nicht kannten. Es hatte von uns Besitz ergriffen, und wir waren ihm, was immer es war, ausgeliefert. Noch schlimmer: Unser Zustand fütterte das Ungeheuer, vor dem wir uns derart fürchteten, peitschte die Ausgeburt unserer Angst, katapultierte uns in atemlosen Taumel, dass wir herbeisehnten, wovor wir uns fürchteten, damit es endlich verrichte, wovon wir nicht wollten, dass es geschehe, und wovon wir doch wollten, dass es besser sofort geschehe als später: unsere Vernichtung. Der Zustand der uns zerreißenden Kräfte hatte einen Namen. Panik. Besinnungslose, pure Panik.

Schließlich stand er da, unser Vater, die Axt in den Händen, eingerahmt von zersplittertem Holz, in dem Loch, das er selber aus der Tür herausgedroschen hatte. Unser Vater hatte einen Teil des Wohlstands, den er und meine Mutter unter Mühen und mit kontinuierlichem Fleiß aufgebaut hatten, zertrümmert. Sein Blick war nicht weniger wahnsinnig als der meiner Schwester und der von Monika und mir. Er verhieß nichts Gutes. Die zertrümmerte Tür war erst der Anfang einer unbändigen Zerstörungswut. Seiner. Gleich würde er uns in seiner Rage erschlagen und danach das ganze Haus dem Erdboden gleichmachen. Die Axt fest wie eine Waffe vor seiner Brust in den Händen haltend, brüllte er uns an: «Seid ihr verrückt geworden? Seid ihr völlig verrückt geworden?» Ich dachte, unser Vater sei verrückt geworden, wie er dort vor uns stand. In seiner Brutalität und Unberechenbarkeit; ein Vulkan kurz vor dem erneuten Ausbruch, noch zerstörerischer als der erste. So muss er ausgesehen haben im Krieg, von dem er aber nie anders berichten konnte als mit anekdotenhafter Leichtigkeit und einer Gemütlichkeit in der Stimme des noch einmal Davongekommenen.

Meine Mutter hat sich durch die zersplitterte Tür gezwängt und umarmt Renate. Und Renate umarmt sie, fest. Und beginnt zu weinen. Und Mutter und Tochter, sich in den Armen liegend, weinen. Mein Vater, noch immer die Axt in den Händen, tritt ans Fenster und schaut zu den Leuten, die sich auf der gegenüberliegenden Straßenseite versammelt haben und nicht wissen, ob sie soeben Zeugen eines abscheulichen Familiendramas geworden sind: «Alles in Ordnung. Alles ist in Ordnung. Ich weiß auch nicht, was da passiert ist! Die Kinder hatten sich eingeschlossen und plötzlich keine Luft mehr gekriegt.» Und dann, die Axt zum Beweis aus dem Fenster haltend: «Da musste ich die Tür einschlagen.»

Meine Schwester. Sie fürchtete sich schon immer vor Vögeln und deren Geflatter. Nie hat sie ein Zimmer betreten, in dem auch nur ein Kanarienvogel frei herumflog. Außer, sie wusste es nicht. Hatte sie ihn entdeckt, schrie sie sofort hysterisch und flüchtete aus dem Zimmer. Meine Mutter fürchtete sich vor Schlangen. Und weil ich meine Mutter liebe, fürchtete auch ich mich vor Schlangen. Und fürchte mich noch immer. Ich mag sie einfach nicht. Ehe man es sich versieht, wird man hinterhältig gebissen und stirbt elendig. Am Gift. Oder ein Python fällt vom Baum, umschlingt deinen Körper und erwürgt dich.

Meine Schwester, was sie wohl gepackt hatte in ihrer Not? Als sie schrie, sie bekomme keine Luft und müsse ersticken – während sie, die sich vor flatternden Vögeln fürchtete, selber wie ein flatternder Vogel durch ihr Mädchenzimmer flatterte? War es die Hitze, die Mädchen anfällt und sie zu Frauen macht und sie später – so wie meine Mutter sagte, sie habe die fliegende Hitze, von der ich dachte, sie müsse fliehende Hitze heißen – wieder verlässt und sie in einen Zustand versetzt, gegen den der Arzt Tabletten verschreibt, die Brustkrebs verursachen, an dem die Frauen später sterben – so wie meine Mutter? Wollte Renate das Zimmer ihrer Kindheit verlassen, während sie gleichzeitig Angst hatte, es zu verlassen? Ist das bei Frauen so? In diese Richtung gingen meine Fragen, ohne dass ich sie mir so hätte stellen können, damals.

An diesem Sonntagmorgen gab es bei uns wie üblich zum Frühstück zwei Stück Torte für jeden und anschließend gebratene Eier mit Mettwurst und Kümmel, denn unser Vater behielt lieber den salzigen als den süßen Geschmack im Mund.

7.

Die Tage *(Those were the days, my friend)*

Die Vorstellung, dass mein Vater mit der Axt die Tür einschlagen musste, weil er sich anders keinen Zutritt in die vom nächtlichen Aus-dem-Fenster-Gucken überhitzte Welt des Kinderzimmers verschaffen konnte, gefällt mir noch heute: der Kampf der Axt gegen die aufschäumenden weiblichen Hormone und ihre Gespinste.

Unsere Gesellen wussten immer, wann «unsere Frauen» und später auch Renate, die eine Lehre zur Fleischfachverkäuferin in der elterlichen Metzgerei begonnen hatte, ihre Tage hatten. Ich wusste nicht, was es heißt, die Tage zu haben. Männer hatten nie ihre Tage. Oder sie hatten sie immer. Sie waren gut gelaunt, schlecht gelaunt, verkatert, je nachdem. Es musste sich also um eine spezifisch weibliche Angelegenheit handeln, die ich nicht verstand. Genauso wenig konnte ich mir einen Reim machen auf einen Spruch, dem ich im von mir geliebten Werbefernsehen begegnet bin und der ein großes Geheimnis barg, das weder ich noch mein Freund Paul, der im selben Haus wohnte wie wir und dessen Eltern anscheinend das Geld für einen eigenen Fernseher fehlte, enträtseln konnten:

«*Camelia plus* – gibt allen Frauen Sicherheit und Selbstvertrauen.»

Was ist das, und was hat es zu bedeuten? Hatte es mit Kamillentee zu tun, und wenn es heißt: «plus», mit einem besonders starken? Oder Kamillentee mit einem Zusatz? Aber mit welchem? Mit Traubenzucker? Und wieso sollten nur Frauen davon profitieren? Kamillentee tranken wir doch alle sehr oft abends. Und wenn ich ein Gerstenkorn am Auge hatte, was häufig der Fall war, und es nicht geholfen hatte, durch das Astloch eines Holzstückes zu schauen, dann musste ich mein entzündetes Augenlid mit Kamillentee spülen. Wieso sollte also *Camelia plus* ausschließlich bei Frauen Anwendung finden und nur ihnen Sicherheit und Selbstvertrauen geben? Auch enthielt die Werbung keinen versteckten Hinweis auf des Rätsels Lösung, den Paul und ich übersehen hatten, denn der wäre unseren forschenden Blicken irgendwann aufgefallen. Also blieben wir allein mit den zufriedenen Gesichtern der Frauen im Schwarz-Weiß-Fernsehen der frühen 60er Jahre.

Es musste aber etwas mit dem Schaum in dem Wasserbecken zu tun haben, in dem die Fleischwürste schwammen, damit sie frisch blieben und nicht austrockneten. Denn jedes Mal, wenn sich unbeabsichtigt Schaum auf der Wasseroberfläche bildete, sagten die Gesellen, eine der Verkäuferinnen, die ja ins Wasser greifen mussten, um die Fleischwurstringe zu fassen und herauszuholen, habe ihre Tage. Dieser Schaum im Wasserbecken der Fleischwürste, ob mit oder ohne Knoblauch, schien auch der Geheimpfad zu sein zu einem weiteren ominösen Wort: *Die Binde*. Bindfäden, auch Wurst- oder Metzgergarn genannt, gab es viele in der Fleischerei, rote, grüne, blau-weiße, naturfarbene und bunt gekringelte. Sie wurden benutzt zum Aufhängen der Ware und zur Markierung unterschiedlicher Zubereitung, also ob zum Beispiel die Fleischwust, der man es ja nicht ansehen konnte, mit oder ohne Knoblauch hergestellt war. Aber die Binde? Die Binde war ein Geheimnis, das ein Junge meines Alters sich nicht erklären konnte. Er – ich – konnte nur darüber spekulieren, und irgendwie landeten die Spekulationen immer wieder in der Hecke hinter unserem Bolzplatz, in der Hecke der irgendwie verschmierten Geheimnisse.

Wir spielten viel Fußball. Zu viert, zu fünft, zu sechst, zu siebt, meist auf ein einziges Tor. Dieses wurde mit zwei Steinen markiert und gab wegen der zu imaginierenden Pfosten und Latte oft Anlass zu Streit. Die Anerkennung eines Tores wurde mal pingelig, etwa bei einer verwandelten Ecke, einem Lupfer, einem Kopfball oder einem Eumeltor, mal großzügig ausgelegt, etwa bei einem Fallrückzieher.

Die unumstrittene Königsklasse eines Tores war der verwandelte Hammerschuss: Der Spieler bombte den anfliegenden Ball direkt, also ohne ihn zu stoppen und ihn maßgerecht für den

Schuss zurechtzulegen, mit dem Spann ins Tor oder ließ ihn kurz auf dem Boden aufsetzen, um ihn im Augenblick des Hochspringens mit voller Wucht, ebenfalls mit dem Spann, in den Kasten zu donnern. Dass man die Feinde – in Gestalt der gegnerischen Spieler – und den Gralshüter des Reiches, in das nie, nie der Ball des Feindes eindringen darf – den Torwart –, solchermaßen bezwungen, ja, gedemütigt hatte, brachte Anerkennung und entlockte dem Torschützen fast immer ein befreites Brüllen: «Tor, Tor, Tor!!!» und ein irgendwie in Ziel und Richtung sinnloses, ja besinnungsloses Über-den-Platz-hin-und-her-Rasen, als wäre unser kleiner Schmuddelbolzplatz die ausverkaufte Schalker Glückauf-Kampfbahn mit vor Begeisterung brüllenden Fans.

Doch damit war der Siegestaumel noch nicht beendet, denn jetzt begann ein anderes Spiel: Oft steckte ein solchermaßen gebombter Schuss in der Hecke fest, die ein paar Meter hinter dem Tor den Bolzplatz begrenzte und hinter der ein schmaler Durchgang verlief, jenseits dessen wiederum mit unterschiedlichen Zäunen abgegrenzte Gärten lagen. Dieser Durchgang wurde außer von uns nur selten benutzt – außer, das wussten wir, nach Einbruch der Dunkelheit von Liebespaaren. Was genau sich dort ereignete, davon hatten wir nur eine vage Vorstellung, denn mit Einbruch der Dunkelheit mussten wir zu Hause sein.

Und hier schließt sich der Kreis. Denn der Schütze des Hammertores ließ es sich nicht nehmen, den von ihm selber fest in die Hecke hineingebombten Ball persönlich aus dem Heckengestrüpp herauszuziehen und ihn, die Trophäe seines fußballerischen Könnens, den Mitspielern und Gegnern zu präsentieren, als wäre er der Glücksbringer seines Lebens. Doch bevor er den Ball aus der Hecke befreien konnte, musste er einen Umweg machen, denn die Hecke hatte nur an einer Stelle einen tunnelartigen Durchlass. Und hier begegnete der Torschütze den Relikten der gestrigen Liebesnacht. Oder der vorausgehenden Nächte. Immer, besonders in den wärmeren Jahreszeiten, war die Hecke geschmückt wie zu einem Fest. Nur eben nicht mit bunten Girlanden und Luftballons, sondern mit den inzwischen trüb verklebten Gummischläuchen der Pariser aus Walter

Diercks Automat und dem, was die etwas Größeren unter uns *die Binde* nannten: einem länglichen und einige Zentimeter breiten, gepolsterten Mullbindestreifen an beiden Enden mit Strippen, die aussahen, als könne man sie wie bei einem Verband verschnüren. Diese wattierten Streifen waren unterschiedlich rot gefärbt, mal bräunlich rot, wenn von der Sonne beschienen, mal blass rot, wenn vom Regen verwaschen. Obwohl sie aussahen, als würden sie zum Stillen von Wunden benutzt, besaßen sie aufgrund ihres Vorkommens in der Hecke ein derart abgründiges Geheimnis, dass ich die Eltern nicht nach Herkunft und Zweck zu befragen wagte und dass meine Schwester, von mir darauf angesprochen, irgendetwas daherfaselte, wovon ich mir nicht vorstellen konnte, dass derart Ekliges in jungen Mädchen und Frauen monatlich heranwachsen könne. Klar war nur: Die Binde musste mit den Tagen zu tun haben, die trotz der Kälte im Kühlhaus schäumende Bläschen aus dem Wurstwasser aufsteigen ließen, als befänden sich die Fleischwürste im Zustand der Gärung, und von deren Kunstdarm die Schmiere abgewischt werden musste, bevor sie im Laden verkauft werden konnten.

So wurde die durch den Triumph des Hammertores bedingte Spielpause als Abschluss eines sportlichen Spielzugs auf dem Feld getrübt durch die Befreiung des Balls aus der durchlöcherten und behängten Hecke. Aber der Gang – nicht durch die Tribüne aufs Spielfeld, sondern durch die Hecke zum feststeckenden Ball – mit der Dekoration aus benutzten und schlaff herumhängenden Liebesutensilien, eröffnete den Blick auf ganz andere Spielzüge – Spielzüge, wie Connie Francis sie mit folgendem Refrain besungen hat: «Die Liebe ist ein seltsames Spiel / Sie kommt und geht von einem zum andern / Sie nimmt uns alles, doch sie gibt auch viel zu viel / die Liebe ist ein seltsames Spiel.»

Noch heute blüht diese Hecke in mir auf – bei besonders tollen und spielentscheidenden Fußballtoren.

Die Pariser, die Tage, die Binde, die Bläschen und der Anfall meiner Schwester, all dies hätte mir damals, als ich im Wursthimmel hing, nicht das Geringste gesagt. Doch es war, als hätte ich geahnt, dass das Leben für einen kleinen Jungen wie mich und für das, was aus ihm werden sollte, noch etwas bereithielte, für das es sich lohnte, den Kampf gegen den drohenden Absturz aus dem Himmel zu gewinnen. Je länger ich hing, desto länger wurden meine Arme, und es stand zu befürchten, dass die Gelenke wie auf einer Streckbank – so etwas gibt es in den Folterkammern von Burgen – auskugelten und die Haut riss, ich abstürzte und meine Hände und Oberarme, mittlerweile zu einer Art Leichenstarre verkrampft – auch die gibt es, wie ich seit dem Tod von Opa Nagler wusste –, immer noch den schwarzen Räucherspieß umfasst hielten, während Körper und Kopf auf den Steinkacheln ausbluteten, wo Friedel am nächsten Morgen den Kadaver hätte beseitigen und den Boden schrubben müssen.

Saubermachen, das konnte Friedel wie niemand sonst. Zumindest haben sich meine Eltern nie über sie beschwert. Vielleicht hatte Friedel eine besonders liebevolle Beziehung zum Fußboden, weil sie klein war und ihm so nahe. Außerdem waren Kopf und Hals immer nach vorne gebeugt und zwangen ihren Blick nach unten. Ob sie wohl jemals den Himmel gesehen hat?

8.

Sud und Sühne

Ich brauche sie … sie muss mir helfen. Mich retten. Endlich einmal etwas für mich tun. Mich befreien aus dem Gestänge des Gefängnisses, in dem ich hänge. Jetzt. Jetzt sofort. Sie soll gefälligst auf einem fliegenden Teppich einher schweben, mich aufsteigen, in ein bunt-orientalisches großes Kissen plumpsen lassen und schöne Heimatlieder auf dem Akkordeon spielen, dem schwarz-dunkelrot-perlmuttfarben glänzenden. Endlich wäre ich befreit von meiner Absturzangst, befreit vom einschmeichelnden Feengesang, der mich arglistig und hinterhältig einlullt, um zu töten. Mich zu töten. Unter den vertrauten und lieblichen Tönen der Musik flögen wir heim, als wäre nichts gewesen, und könnten endlich, so wie immer, friedlich zu Hause zu Abend essen. Nur dieses eine Mal soll sie kommen, danach kann sie mich weiterhin drangsalieren, nur dieses eine Mal – und mich retten. Meine Schwester.

Doch das würde nicht geschehen. Es musste eine andere Möglichkeit der Rettung geben. Vielleicht Klaus, mein kleiner Bruder Klaus?

Er war etwa eindreiviertel Jahre jünger als ich. Das ist nicht viel, zu vernachlässigen im Erwachsenenalter, aber mit vier, fünf, sechs Jahren fast ein halbes Leben. Er war dabei und hat mit uns herumgetobt, als wir in der Fleischerküche Fangen spielten, als Oswald mich erwischte, mich an den Oberarmen packte und in den Fleischhimmel hängte. Wir lachten, denn es war ein Riesenspaß. Doch plötzlich waren Vati und Oswald weg. Nur ihre Gesichter schwebten noch einen Augenblick als grinsende Masken im Raum. Dann waren auch sie weg. Verschwunden. Es war dunkel. Ich hing an einem Räucherspieß. Die Tür war verschlossen – und der Spaß nahm ein jähes Ende. Der Schreck fuhr uns beiden in die Knochen. Zumindest mir. Aber ich glaube, ihm auch. Was sollten wir tun? Ich hing im Gestänge unter der Decke, und Klaus stand etwas versetzt unter mir. Ahnte er die Gefahr, dass ich jederzeit abstürzen könnte, und wollte er vermeiden, dass ich auf ihn fallen und ihn verletzen würde? Rechnete er mit meinem Tod?

Wie kann es sein, dass der Tod sich nicht tückisch aus dem Hinterhalt annähert, sondern fröhlich, lachend und mit mir spielend von vorne kommt, sich einen Spaß erlaubt und mich in den Himmel hebt, wo Gott – und nicht der Teufel – wohnt?

Und der erste Zuschauer, der mir beim Sterben zusehen will, hat sich auch schon eingefunden. Er. Mein kleiner Bruder. Mit dem ich immer ein Herz und eine Seele bin. Jedenfalls fast immer.

Er ist zu klein, um mich aus dem Himmel herunterzunehmen, mich vom Fleischbaum zu pflücken, damit ich wieder sicheren Grund unter den Füßen bekomme. Das ist ihm nicht vorzuwerfen – aber dass er aus irgendeinem Grund nicht, wie ich es ihm sage, einen Stuhl vom Küchentisch holt und ihn unter meine Füße stellt, das verstehe ich nicht. Er muss doch die Gefahr erkennen, in der ich mich befinde. Aber er steht einfach nur da und schaut nach oben. Ist er erstaunt, ja, fasziniert davon, wie schnell ein Mensch vom Erdboden verschwinden und sich wenige Sekunden später im Wurst- und Schinkenhimmel wiederfinden kann? Was denkt er wohl? Dass auch ich bald in Wurst und Schinken verwandelt werde und dass das, was neben mir hängt, einst auch lebte, so wie ich jetzt? Noch. Und vielleicht waren die Tiere, denen das Fleisch nach ihrem Tod entnommen wurde, dereinst Menschen wie ich, nur in Tiere verwandelt kurz vor ihrem Tod, weil Menschenfleisch nur Kannibalen essen?

Klaus steht die ganze Zeit unter mir; starr, stumm, versteinert; und glotzt, anders kann ich seinen Blick nicht bezeichnen, als verkünde, was er sieht, eine Botschaft aus einer anderen Welt. Nur welche? Was gibt es da zu sehen, dass er so glotzen muss? Ich, sein verehrter großer Bruder, hänge im Himmel des Fleischerreiches und habe Angst abzustürzen. Das ist alles. Mehr nicht. Aber zu viel, um es noch lange aushalten zu können.

Klaus, lieber Klaus, mein Bruder, bitte hilf mir! Sonst falle ich herunter und muss sterben. Öffne das Fenster, geh auf die Straße und hol Hilfe. Ich kann nicht mehr.

Er hörte mich nicht – oder wollte mich nicht hören. Und was jeder Mensch tut, wenn er schaut, nämlich reflexhaft für den Bruchteil einer Sekunde die Augenlider zu verschließen und sofort wieder zu öffnen, Klaus tat es nicht. Er tat es einfach nicht. Konnte er seinem Blick in diesem Zustand der erwartungsvollen Starre, die herbeisehnt zu sehen, was unaufhaltsam geschehen wird, ohne zu wissen, wann genau, das Augenklimpern verbieten, um dieses Ungeheuerliche, den Sturz vom Leben in den Tod, nur ja nicht zu verpassen?

Er schien darauf zu warten, dass die Schlange endlich das Kaninchen beißt, welches in einer hypnotisierten Bewegungsohnmacht durch den Todesbiss von seiner Angst befreit werden will, denn die Angst vor dem Tod ist schlimmer als der Tod. Und um diesen einmaligen, ja sensationellen Augenblick nicht wegen eines lächerlichen Lidschlags zu versäumen, von dem das Leben unendlich viele, ja zig Milliarden und mehr, bereithält, hatte Klaus seinen Augenlidern befohlen, sich nicht zu schließen. Er war der Zuschauer, der sich den Höhepunkt des Abends unter keinen Umständen entgehen lassen wollte: dabei zu sein und zu sehen, wie ich in den Tod stürze.

Oder wollten umgekehrt seine Augenlider ihn zwingen, etwas zu sehen, wovon sie wussten, dass er es sehen wollte, ohne sich dies allerdings eingestehen zu können? Aber vielleicht war es auch ganz anders: Er sah nicht mich, sondern sich selbst hier oben hängen und wollte dabei zuschauen, wie er selber abstürzen, aufschlagen und sterben würde.

Oder überlegte er, was er wohl tun würde, wenn er hier oben hinge und ich ihn betrachtete, wie er mich jetzt? Doch ich würde ihn nicht betrachten. Ich würde ihm helfen. Ich würde den Stuhl unter seine Füße stellen, hinaufsteigen, die Arme nach ihm ausstrecken und ihm sagen: Jetzt! Er würde in meine Arme fallen, wir beide würden vom Stuhl auf die Kacheln fallen – und wären gerettet. Vielleicht wären wir verletzt, aber tot wären wir nicht.

Klaus war nicht mehr bei sich. War ganz Blick. Doch schaute er nicht mit den Augen, nein, seine Seele schaute durch die Augen aus seinem Körper heraus. Aber was sah sie, verdammt noch mal, dass sie so glotzen musste?

Ich wunderte mich. Wie kann es sein, dass ich mir um ihn mehr Gedanken mache als um mich? Kann er nicht einfach nur aufhören, mich so anzugucken? Bin ich nicht mehr ich? Habe ich mich schon verwandelt? In was denn, um Gottes willen, dass er so gucken muss? Wachsen meinem Kopf Schweineohren, meinem Mund ein Rüssel, grunze ich schon, ohne es selbst hören zu können? Was geschieht mit mir? Bin ich schon tot, und es dauert nur noch eine kleine Weile, bis auch ich es merke?

Doch mit diesen Fragen würde ich mich nicht mehr allzu lange beschäftigen können. Denn ein riesiger Berg, langsam, aber unaufhaltsam, schob sich auf mich zu. Um mich unter sich zu begraben.

Ich versprach Klaus, noch heute Abend im Geheimen mit ihm Westradio zu hören. Aber das bewegte ihn nicht. Ich versprach ihm mein Taschengeld. Auch das überzeugte ihn nicht. Er stand da wie angewurzelt. Schaute in eine andere Welt. Er sah … ja, was sah er? Er sah mich. Inmitten der Sachen, die immer hier oben hängen. Woher also sein geistesabwesender Blick? Und wenn der Geist abwesend war, wo war er anwesend? Was, verdammt noch mal, konnte er sehen, was sich meinen Augen verschloss? Klaus war nicht zu bewegen – und so bewegte er sich auch nicht. Es blieb und es bleibt sein Geheimnis, was er sah. Offenbar etwas zuvor nie Gesehenes.

Lag es daran, dass er von unten heraufguckte, ich jedoch von oben hinunter? Konnte es sein, dass ich genauso schaute wie er und unsere Blicke in Wirklichkeit nicht zwei, sondern ein Blick waren und jeder mit demselben Blick im andern sein eigenes Entsetzen sah und sich fürchtete?

Heißer Dampf steigt auf. Doch trotz der Hitze erfriere ich in der Eiseskälte meiner Angst. Im Brühkessel, ganz nah unter mir, beißen sich Schweineköpfe durch die siedende Metzelbrühe – und Renate spielt eine lustige Melodie. Für einen Augenblick denke ich, vielleicht wird noch alles gut. Die Augen der Schweinsköpfe, die bisher zusammengekniffen waren, öffnen sich, und ihre toten Augen sind nicht tot. Sie beginnen zu leben. Ängstliche, um Hilfe flehende Blicke. Doch wie kann ich helfen, da ich selber gleich in den Brühkessel fallen werde, meine Haut im heißen Wasser verbrennen wird und ich im siedenden Sud ersaufe und elendig verende?

Einige Köpfe beißen sich durch die dampfende Schlachtsuppe, als wollten sie die Wanne, in der sie schwimmen, leer trinken, um die Qualen der heißen, vor sich hin blubbernden Quelle zu beenden, deren Wasser sich mit dem Blut und den aus den abgeschnittenen Köpfen herauslaufenden Säften mischt. Andere prusten die heiße Brühe wie Fontänen in die Luft, um sie aus dem Kessel zu pumpen. Rüssel und Schnauzen, deren Backen frisch gekocht und gesalzen so wunderbar schmecken, beginnen zu quieken, zunächst ganz leise und zart, wie frisch geborene Ferkel, die man am liebsten auf den Arm nehmen möchte, doch dann sich steigernd in den Todeskampf, als sähen sie das Schlachtermesser auf sich zukommen, als spürten sie den Stich, als sähen sie, wie das Messer blutig aus der Wunde herausgezogen wird, verfolgt vom roten sprudelnden Blutstrahl, den das pumpende Herz dem Messer auf seiner Reise zur nächsten Sau hinterherschickt und der nach einiger Zeit gemeinsam mit dem Leben erlischt – ein müdes Rinnsal, das am Boden klebt und sich festhält und bleiben will. Bis es von einem Wassereimer in die Unterwelt der Kanalisation gespült wird.

Doch noch reißen sie die Schnauzen auf, strecken die Zungen hervor, die später zu Zungenwurst verarbeitet werden, und kämpfen und kämpfen, um nicht zu ersticken, zu verbrühen, zu sterben. Will der Gott der Schweine, dass ich geopfert werde, mich selber opfere, um sie zu erlösen? Warten sie darauf, dass ich in den Kessel falle, damit sie mich – ein Opfer ist nur Opfer, wenn es verspeist wird – fressen und sich retten können? Mich, der ich zur Stelle war, wenn Oswald und mein Vater mit nackten Händen die heiße Schwarte des Rüssels und die Schweinebacken vom Schädel streiften, und darauf wartete, dass mir mein Vater, nachdem er es ein wenig gesalzen hatte, vom weichen und sehnig-feuchten Fleisch der Schweinebacke zu probieren gab. Kopffleisch zu essen – war das meine Sünde, für die ich nun büßen musste? Klaus sah, was ich sah, hörte, was ich hörte und musste mit mir büßen.

Über allem erklang der Lärm von Renates Akkordeon, als ginge es darum, das von heißem Dampf aus dem Brühkessel emporgetragene Sauenquieken in seiner Schrecklichkeit noch zu übertönen. Ich beneidete Renate. Auch wenn die Musik, die sie aus dem Akkordeon quetschte, die Musik der Hölle war. Doch sie spielte und spielte und war nicht hilflos ausgeliefert, so wie ich. Ich war mir sicher, ich wusste: Mit einer anmutigen und lieblichen Melodie, einem einfachen, das Herz berührenden Lied, hätte sie das Schweinegequieke, die Musik der Hölle, verstummen und mich und meinen Bruder in schönere und von einer gütigeren Sonne als der abgestumpften Lampe über dem dampfenden Sudkessel beschienene Gefilde entschweben lassen können.

Festhalten, aushalten, halten … Mir blieb nur eine Möglichkeit, mich zu retten. Ich musste mich selber retten. Aber wie?

9.

Der Vatersprachlose. Was ist, wenn nichts ist?

Mein erstes Königreich war unser Zuhause. Ein kleines Haus mit Vorgarten, Garten und Garage. Meine Eltern hatten es vor meiner und nach der Geburt meiner Schwester erworben, also zwischen 1946 und 1951. Es lag am Stadtrand von Gera, dort, wo die Stadt sich verliert, ausfranst in die Bauernhöfe, Felder, Weiden und Wälder Thüringens, die sie schleichend mit dem vergifteten Blut ihrer Adern durchtränkt und mit ihren Fangarmen, die sie in die Natur treibt, erwürgt, um aus den Kadavern der alten Zeit die neue mit ihren Plattenbauten in den Himmel schießen zu lassen.

Meine Eltern, beide mit Volksschulabschluss, waren arbeitsam. Meine Mutter Blumenverkäuferin, mein Vater Fleischermeister. Das Ergebnis ihres Fleißes war eines der Häuser, die nach dem Ersten Weltkrieg von einem gemeinnützigen Bauverein für Kriegsbeschädigte gebaut wurden und Gartenbewirtschaftung und Kleintierzucht ermöglichten. Die Straße trug und trägt den Namen Sommerleithe. Sommerleithe 15. Für mich war Sommerleithe das wohlklingendste Wort der Welt. Und ist es bis heute. Ich kann es gar nicht oft genug aussprechen: Sommerleithe. Nicht mit dem protestantisch-prosaischen t, sondern mit einem lyrisch-romantischen th. Die Sommerleithe war die Leitplanke des Glücks. Sie flankierte den Sommer meiner ersten Lebensjahre; als sie weg war, war alles weg, was mir vertraut war und was ich liebgewonnen hatte. Was mir Heimat war, wurde zerrissen wie ein soeben beschriebenes Blatt Papier, das – die Tinte ist noch nicht getrocknet – zerrissen und weggeworfen wird und dessen eine Hälfte das Abwasser in die Kanalisation spült und dessen andere der Wind in den Himmel verweht. Jedes Mal werden meine Augen feucht, und ich verfalle in Schwermut und Trauer um die verlorene Zeit, denke ich an diese Königin unter den Wörtern.

Auch wenn er schon lange tot ist, sehe ich das Gesicht meines Vaters vor mir, habe seine weiche, fast zärtliche Aussprache im Ohr, wenn er sich – auch viele Jahre nach der Flucht in den Westen – bemühte (und es nie schaffte), die harten und scharfen Konsonanten von den weichen zu unterscheiden, um die weichen nicht hart und die harten nicht weich auszusprechen. Doch Sommerleithe klang bei ihm stets wie Sommerleidhe, niemals anders. Ich sehe das angestrengte Bemühen in seinem Gesicht, sehe, wie sich sein Mund verzieht und die Lippen sich verformen, ganz so, als wollte er meine Mutter küssen, damit es ihm zumindest dieses eine Mal gelinge, ein t wie ein t, ein p wie ein p klingen zu lassen und nicht wie d und b. Es ist ihm nie gelungen. Tür klang immer wie Dür, Paul wie Baul, tot wie dod und Tod wie Dod. Allerdings bestand er darauf, dass er diesen Unterschied, der in den Ohren der Zuhörer niemals einer war, diesmal deutlich hervorgehoben habe und wir diesen deudlichen Underschied doch hören müssden – ein Handicap nicht nur für meinen Vater, sondern auch, wie sich später beim Dikdad im Deudschunderricht auf dem Gymnasium herausstellen sollte, für mich. Im wechselvollen Leben meines Vaters war, anders als im vielleicht noch wechselvolleren meiner Mutter, seine eigenwillige Aussprache die konstanteste, zumindest aber die dauerhafteste Begleiterin. Die Ausschläge seines Dialekts waren enorm. Zumindest für ihn. Nie für die anderen. Auch wenn er glaubte, zwei Sprachen zu sprechen, Thüringisch und Hochdeutsch, so war und blieb es doch immer nur Dhüringisch.

Von seiner Heimat konnte er sich trennen – entschied sich dazu, als wir in den Westen flohen –, aber nie von seiner Sprache, von ihrem Wohlklang, ihrem Rhythmus und ihrer Melodie. Wenngleich sie sich im Lauf der Jahre ein wenig verschliff und er sich bemühte, sie loszuwerden, um nicht als Flüchtling aufzufallen, erlitt er schwerste, offenbar nie zu therapierende Rückfälle, wenn ihn seine Schwester Marie aus Leibdzsch im Westen besuchte. Das Thüringische schoss aus dem manierlich mit der hochdeutschen Fremdsprache überdeckten Urgrund hervor wie Pilze im Wald nach warmem Regen und verhalf vom Aussterben bedrohten Worten wie Diegel, Nischel, Bemme und Däts zu erneuter Blüte. Sein schweres Asthma – der real existierende Sozialismus, dessen Drangsale er einatmen musste, ohne sich durch Ausatmen Freiheit verschaffen zu können, hatte ihn in Erstickungsanfälle und aus dem Bett meiner Mutter ins Bett auf dem Dachboden getrieben – konnte er in der frischen und befreienden Luft des Westens, in der Luft von Marktwirtschaft und Demokratie, über Nacht ablegen. Aber der Dür, dem Baul und dem Dod konnte er auch hier, sein Leben lang, nicht entrinnen. Aus Liebe zu seiner Heimat? Vielleicht. Später aus Sehnsucht nach seiner Heimat? Auch vielleicht. Aber gewiss aus dem Verlangen nach einer glücklicheren Kindheit, als er, der Vaterlose, sie erlebt hatte. Die Kindheit lag lange zurück, und wenn seine Mutter ihn als letztgeborenes und damit überflüssiges Kind von vielen nicht so geliebt hat, wie er sich das wünschte, so blieb ihm zumindest die Geborgenheit in der Muttersprache und ihrem geliebten Klangbild erhalten. Als Liebessehnsucht, als Liebesbekundung und Liebesersatz hat er sie mitgenommen in sein Leben. Und immer war er glücklich, sein Gesicht entspannte sich, und er strahlte, wenn er sich in der Muttersprache suhlte und in ihr den Weg zurück in den Mund und den Schoß seiner Mutter fand.

Sein Vater war sprachlos. Er wurde vor der Geburt meines Vaters erschossen. Fürs Vaterland. Im Ersten Weltkrieg. Beide haben sich nie gesehen, nie kennengelernt. Und so konnte der Sohn nie die Sprache seines Vaters, die Vatersprache, erlernen. Er, der Vater- und Vatersprachlose, musste sich beides selber beibringen. Den Vater und die Vatersprache.

Seine Mutter habe ihn, wie er mehrmals versicherte – zumindest könne er sich daran nicht erinnern –, nie auf den Arm genommen. Und sollte sein Vater im Moment des Todes und danach sein toter Körper, der im Schlamm und Matsch des Schlachtfeldes vermoderte, versucht haben, väterliche Gedanken und Gefühle zurück in die Heimat zu senden, so wurden diese im Kugelhagel erschossen, von Bajonetten zerfetzt und vom Giftgas erstickt. Allein ein großes väterliches Vakuum hat überlebt.

Die Hoffnung, von seiner Mutter geliebt zu werden, blieb Herzschmerz. Einmal, so erzählte er, sei er im Winter durch das zu dünne Eis des Münchenbernsdorfer Dorfteiches – oder war es einer der familieneigenen Fischteiche? – ins eisige Wasser eingebrochen. Er konnte sich retten, denn der Teich war nicht sehr tief und die Kälte stärker als die Angst vor Schelte. Da rannte er nach Hause und wurde von seiner Mutter zum einzigen Mal in seinem Leben in den Arm genommen. Dann hat sie ihm die nassen Kleider ausgezogen und ihn und seinen Körper warmgerubbelt. Das sei so schön und so wohltuend gewesen, dass es nie hätte aufhören sollen. Doch es hörte auf, und er bekam trockene Kleider angezogen. Wenn etwas sei, habe sie gesagt, könne er immer zu ihr kommen. Und was, wenn nichts sei?

Das ist seine Version. Eine andere lautet gegenteilig: Er als Jüngstgeborener sei das Nesthäkchen der Familie gewesen, an dem, da er nie seinen Vater kennengelernt hatte, Wiedergutmachung zu leisten sei, und mit dem zweitjüngsten Bruder Edwin habe er sich so manches herausnehmen dürfen, das den anderen Geschwistern verboten war.

Seine Mutter, mit dem seltenen Vornamen Prisca, hatte, als ihr Mann im ersten Kriegsjahr, im November 1914, an der Westfront fiel, bereits vier Kinder bei oder nach der Geburt verloren. Es blieben ihr sechs Söhne und eine Tochter: Walter wurde Böttcher und Fischzüchter; Fritz, der Mann von Tante Frieda, die aus Elmshorn stammte und von einem Oberkellner in Hamburg ein uneheliches Kind hatte, genannt Nickel, hervorragende Rote Grütze mit Vanillesoße zubereitete und als eines der ältesten SPD-Mitglieder mit über einhundert Jahren gestorben ist, arbeitete als Böttcher in Elmshorn; Rudolf, genannt Rudel, schlug eine höhere Beamtenlaufbahn ein; Marie, die Fritz Hemann heiratete, der eine Schokoladenfabrik in Leipzig gründete, Geld und ein Auto hatte, aber keinen Führerschein, dafür einen Chauffeur, von dem er sich und seine Frau, also Tante Marie, jeden Sonntag zum Pferderennen fahren ließ, um auf Sieg oder Platz zu setzen; Erich, der das elterliche Gasthaus *Hotel Alt-Thüringen* betrieb und die SPD-Mitgliedsnummer 1008 (Bezirk Ostthüringen?) trug und Friedas jüngere Schwester Irma ehelichte; Edwin, der Zweitjüngste, geboren 1910, der nach dem Abitur Textilingenieur wurde (in Münchenbernsdorf gab es eine Teppichfabrik, die ihre Produkte mit dem Spruch «Münchenbernsdorfer Teppiche und Läufer / finden in der ganzen Welt ihre Käufer!» bewarb; unter den Nazis arisiert, wurde sie in der DDR dem Volk übereignet), Kommunist war, Zither, Geige und Klavier, das extra für ihn gekauft wurde, spielen konnte und während der Nazizeit sein kommunistisches Parteibuch und Flugblätter hinter der Telefonkabine im großen Ern der Gastwirtschaft versteckte, wofür sein älterer Bruder Erich für einige Zeit ins Gefängnis kam, weil Edwin, als die Nazis beides, also kommunistisches Parteibuch und feindliche Flugblätter, bei einer Hausdurchsuchung entdeckten, untergetaucht war; und schließlich mein am 12. November 1914 als jüngstes Kind der Familie Weise geborener Vater Hans Herbert, der Mediziner, genau genommen Chirurg, werden wollte und, als er das nicht durfte, Frisör, was er aber auch nicht durfte, da er Metzger werden musste, mit der Begründung seiner Mutter: «Essen müssen die Leute immer, auch im Krieg, zum Frisör gehen nicht.» Ihr Mann war, wie gesagt, im Ersten Weltkrieg gefallen. Nicht gut. Nein. Schrecklich. Aber im Krieg fallen viele. Im Zweiten Weltkrieg fielen auch ihre Söhne Walter, Fritz, Rudel und Edwin. Edwin hat zu Weihnachten 41/42 eine Postkarte aus dem Russland-Feldzug in die Heimat gesendet, die aus geplätteter und getrockneter Birkenrinde bestand. Dies war sein letztes Lebenszeichen. Diese Postkarte aus Birkenrinde war etwas Besonderes. Sie hing in unserem Wohnzimmer in der Sommerleithe, auf dessen Fußboden ausnahmslos Teppiche aus dem dreißig Kilometer entfernten Geburtsort meines Vaters lagen. Einige Jahre später, im Westen, war der Fußboden in unserer Wohnung ausschließlich mit *Kibek*-Teppichen aus Elmshorn ausgelegt, dem Herkunftsort der *Kölln*-Haferflocken und zweier Schwestern, die vor dem Krieg von zwei Brüdern meines Vaters geheiratet wurden. Zwei Brüder, zwei Schwestern, zwei Hochzeiten – und Teppiche aus zwei in der ganzen Welt berühmten Ortschaften: Münchenbernsdorf und Elmshorn.

Der Beruf des Vaters meines Vaters war Böttcher – in manchen Gegenden auch Küfer genannt. Er war zwar wichtig für das

Herstellen von Fässern, wurde aber Anfang des 20. Jahrhunderts zusätzlich benötigt für die Kanalisation, weil Holzrohre billiger waren als Rohre aus Blei oder Eisen. Das Herstellen dieser hölzernen Wasser- und Abwasserrohre warf wohl gutes Geld ab, gemehrt durch Besitz und Betreiben von Gaststätte, Bauernhof und Fischteichen; selbstgezüchtete Fische wurden auf dem freitäglichen Fischmarkt verkauft, und in einem Eishaus wurden im Winter die aus den zugefrorenen Teichen geschnittenen Eisblöcke eingelagert, um sie im Sommer, sofern nicht zur Kühlung eigener Lebensmittel benötigt, zu verkaufen. Hinzu kamen Weideland, Ackerland, Wald und Jagdrevier, die, konnten sie nicht selber bewirtschaftet werden, verpachtet wurden, zum Beispiel an den Bauern Schindler. So kamen die Eltern meines Vaters zu einigem Wohlstand.

Die Familie fuhr einen Opel P4. Doch damit des Luxus nicht genug: Einmal im Jahr veranstaltete Mutter Prisca Weise im Saal der Gastwirtschaft eine private Modenschau, zu der sie das Modehaus Esch aus Gera anreisen ließ. Prisca, Bürgermeistertochter aus St. Gangloff, war nicht nur eine leidgeprüfte alleinerziehende Mutter von sieben Kindern, sondern auch eine umtriebige und erfolgreiche Geschäftsfrau; eine vermutliche starke Person, die den deutsch-französischen Krieg, zwei Weltkriege, die Weimarer Wirren, Weltwirtschaftskrise und Inflation, die Zeit des Nationalsozialismus und den Sozialismus der DDR miterleben, ertragen und aushalten musste. Ob sie politisch engagiert war und die jeweils herrschenden Systeme im Rahmen ihrer Möglichkeiten als alleinerziehende Mutter und Geschäftsfrau mitgestaltet oder unterlaufen hat, ob sie Mitläuferin oder im inneren oder – eher unwahrscheinlich – offenen Widerstand war, entzieht sich meiner Kenntnis. Altersbedingt hatte sie keine Chance, das Regime der DDR zu überleben. Es existiert von ihr ein Porträt, das ich nicht zu entschlüsseln vermag. Darauf wirkt sie vom Leben gezeichnet, ein wenig verhärmt. Vermutlich bringt das Bild ihre Lebenserfahrung zum Vorschein. Aber wenn man das Bild mit ein wenig liebevollen Augen betrachtet, kann man ein verschmitztes Lächeln entdecken, das so etwas sagen will wie: «Ja, ich habe vieles erlebt – und überlebt.» Schade, dass ich sie nicht kennenlernen konnte.

Im Zuge der Begeisterung für den oder aus Angst vor dem Nationalsozialismus erstellte Walter, der älteste Bruder meines Vaters, einen Stammbaum, der die arische Reinrassigkeit der Weises bis zum Dreißigjährigen Krieg nachweisen konnte. Dokumente, die weiter in die Vergangenheit hätten vordringen können, seien, wie fast alles in diesem Krieg, verbrannt. Mein Vater schien stolz zu sein auf diesen Stammbaum. Aber ob er stolz war, reinrassiger Arier zu sein, oder auf die weit zurückreichende Abstammung oder auf beides, kann ich nicht beurteilen. Ich vermute, er war auf beides stolz. Es ist anzunehmen, dass es in der Familie Weise neben Kommunisten und SPDlern wie Edwin und Erich auch stramme Nazis gab. Gehörte mein Vater zu dieser Fraktion? Er hat es verneint. Auch trug er keine SS-Tätowierung. Aber dass er dem nationalsozialistischen Weltbild samt seiner Heilsversprechen abhold war, halte ich für unwahrscheinlich. Verwunderlich war und bleibt, dass meine Mutter, als sie im Sterben lag und ihre Schmerzen mit Morphium gelindert wurden, im Delirium Andeutungen über eine jüdische Vergangenheit machte.

Mein Vater verachtete uns Kinder, wenn wir krank wurden. Wir mussten Beispiel geben und hatten gesund zu bleiben. Gesundheit war oberste Metzgerkinderpflicht. Doch war dies nicht nur moralischer Appell, sondern auch kaufmännisches Kalkül und Verhaltensvorbild für die Belegschaft des Metzgereibetriebs. Damit im Krankheitsfall der Mitarbeiter – und mit diesem Oberbegriff waren neben den Gesellen selbstredend auch die Putzfrauen und Verkäuferinnen gemeint – der Verlust an Arbeitskraft keinen zu großen Verlust an Geld nach sich ziehe. Krankheit wurde von meinem Vater erst akzeptiert, wenn sie für ihn erkennbare Symptome aufwies. Hohes Fieber, Mumps, geschwollene Mandeln, Knochenbrüche oder ein Fleischermesser, das sich ein Geselle beim Arbeiten durch die Hand gestochen hatte, akzeptierte er als sichere Zeichen für eine wirkliche und keine aus Faulheit oder Bequemlichkeit simulierte oder sonstwie zu vernachlässigende Krankheit. Erst wenn wir mit solchermaßen eindeutigen Symptomen aufwarten konnten, ließ er sich herab, meine Schwester oder mich am Krankenbett zu besuchen.

Manchmal fiel meine Mutter um. Zumindest in der DDR. Aus Mangel an Eisen und Kalzium, hieß es. Wie sie dem Eisenmangel begegnete, weiß ich nicht. Vermutlich mit Fleisch, davon gab es bei uns immer genug, also kann das eigentlich nicht zutreffen, und Spinat auch, immer mit Bratkartoffeln und Spiegeleiern. Der Mangel an Kalzium wurde therapiert mit zerstoßener und zu Pulver zerriebener Eierschale, die in Wasser aufgelöst getrunken wurde. Also: Wieso fiel meine Mutter um? In der DDR. Im Westen nie. Vielleicht war dies die weibliche Antwort auf das Asthma meines Vaters.

War mein Vater krank, was selten geschah – ausgenommen die nächtlichen Asthma-Attacken –, wurden seine Krankheiten stets von Anfällen ausgeprägter Wehleidigkeit begleitet. Auch in anderen Angelegenheiten des täglichen Lebens war mein Vater eine durchaus gespaltene Person. Gern trank er Wasser aus Schnapsgläsern, während er anderen Schnaps einfüllte oder einfüllen ließ; gern war er charmant zu Frauen, während er zu seiner eigenen Frau gehässig sein konnte, bis sie weinte, beim verregneten Sonntagsspaziergang den Schirm mit dem schönen Blumenmuster zu Boden donnerte oder für ein paar Tage nach Niederlahnstein zu Onkel Erich und Tante Irma fuhr.

Eine mögliche Scheidung der Eltern war im Westen des Öfteren Gesprächsstoff vor dem Einschlafen zwischen meiner Schwester und mir, solange wir uns ein Kinderzimmer teilten. Einmal – so meine ich mich zu erinnern und bin mir fast sicher, dass es so war, aber es fällt mir schwer, es auszusprechen; ich möchte es nicht aussprechen und kann es nur sagen, indem ich es verschweige – erhob mein Vater, und noch dazu am Heiligen Abend … Eine dunkle Erinnerung. Gut und tief verdrängt. Aber doch nicht ganz. Ein Schnitt in meine Seele. Und aus der Finsternis der Verdrängung, nein, nicht aufleuchtend, sondern Wellen schwarzen Lichts aussendend …, sodass, als ich später eine Sau abstach, es mein Vater war, der vor mir lag, und ich ihm die scharfe Klinge des eigens zum Schlachten, zum Stechen angefertigten Messers von schräg unterhalb des Halses gekonnt in die Brust schob in Richtung des Herzens, das Messer herauszog, sein Blut heraussprudelte und ich ihn mir zu Füßen liegend verenden sah.

Von diesem Vatermord hatte er eine Vorahnung – spätestens, als er mich das erste Mal zum Schweineschlachten auf den Schlachthof mitnahm. Er wusste, hätte ich einmal das erste Schwein geschlachtet, würde ich viele Schweine töten müssen. Er wusste, dass, wer einmal getötet hat, dies immer wieder tun wird – nicht, weil er will, nein, weil er muss –, und dass die Schwelle zwischen Tier und Mensch eine leicht zu überschreitende ist, sobald die Angst vor dem Töten nur ein einziges Mal überwunden ist. Er wusste, dass ich, gefangen im Wiederholungszwang des Tötens, ihn anstelle der Sau vor mir liegen sähe – nur wusste er nicht, wann genau das geschehen würde, und deswegen beobachtete er mich genau, wenn ich an der Reihe war zu schlachten. Wohingegen er, der Vaterlose, seinen Vater nie töten konnte. Er kannte noch nicht einmal ein Bild von ihm, das er beim Vorgang des Schlachtens hätte imaginieren können: Ein Foto seines Vaters ist nie aufgetaucht.

Schlug er mich deshalb – gelegentlich, das letzte Mal, als ich achtzehn war? Aus Gründen seiner angestauten Wut über den Vatermord, den er, der Vaterlose, nicht begehen konnte, wohl aber ich an ihm? Und noch etwas, außer seinem eigenen Charakter, der ihn in Not zu Jähzorn-Ausbrüchen trieb, kam hinzu: Ich. Wie ich war. Wofür ich stand. Mit meiner linken Gesinnung, die alle kriegsgeschädigten Tätersoldaten mit der ihnen eigenen Aggressivität bekämpften, weil sie spürten, dass ihnen nach verlorenem Krieg und Wiederaufbau erneut die Felle wegschwammen …

Hatte er, der die Maxime ausgab, in der eigenen Familie müsse man sich stets alles erzählen und anvertrauen, diesen kategorischen Imperativ nur aufgestellt, um alles von uns zu wissen, von sich selbst aber möglichst wenig preiszugeben – nur das, was seine innere Zensur passieren durfte und für ihn von Vorteil war? Hat ausgerechnet er versäumt zu erfahren, wann ich, sein Sohn, ihn das erste Mal getötet hatte? Ich habe es ihm nie gesagt. Er wusste, dass es geschehen ist. Nur nicht, wann. Und wie oft seitdem.

10.

«Das Leben nennt der Derwisch eine Reise»

Ich versuchte zu finden, wovon Mutti immer geschwärmt hatte – dieses Einzigartige einer Weltstadt, in der das Leben braust und rauscht, der Verkehr, die vielen Menschen – und das ihr stets, erzählte sie davon, das Gesicht erstrahlen und die Augen leuchten ließ. Doch Berlin war trist. Und, obwohl es Sommer war, grau. Nichts von der Buntheit, nichts von der Lebendigkeit und dem Gedränge der Menschen, nichts, wovon es in Gera kaum etwas und in Leipzig nur einen matten Abglanz gab. Nichts von der Hektik, der Lebendigkeit und dem Lärm der Großstadt. Wo waren die Kinos, wo die Theater? Nichts von alledem. Wo waren die Lichter und der Glanz der Stadt, die bis nach Gera strahlten und noch hier das Gesicht meiner Mutter verzauberten und vor Lebensfreude erstrahlen ließen schon beim Gedanken an diese einmalige Stadt? Berlin hatte sein Herz verloren – wenn es je ein Herz hatte.

Die Stadt war eine Enttäuschung. Schlimmer: ein Ort der Bedrängnis, an dem kein Mensch glücklich schien und glücklich werden konnte. Außerdem hatte es zu regnen begonnen. Wir stiegen aus dem Taxi, mussten achtgeben auf unser Gepäck und sollten aufpassen, nicht in Pfützen zu treten. Aber wer wollte freiwillig in Pfützen treten, zumal in Berliner Pfützen, wenn doch die in Gera so viel schöner sind? Selbst der Himmel über Berlin hatte die Stadt aufgegeben. Lustlos, grau und traurig, in müdem Mitleid, beschenkte er die Wasserlachen – auch sie konnten den schlechten Zustand der Straßen nicht übertünchen – mit seinem Abbild, und mein Gefühl sagte mir, dass diese Spende der wässrigen Gnade mehr aus Verachtung denn aus Anteilnahme geschah. Nie käme mir in den Sinn – selbst nicht, um meine Schwester zu necken oder meine Freunde zu ärgern –, dieses deprimierende Abbild der Stadt, das sich auf den Pfützen spiegelte, den fahlen

Himmel und die verkommenen Mietskasernen, mit einem Fußtritt beiseitezuwischen. Berlin war dies nicht wert. Nicht einmal diesen Fußtritt verdiente diese Stadt. Zu viel Aufwand, zu viel Zuwendung.

Vati bezahlte den Taxifahrer, gab, wie ich bemerkte, ein sattes Trinkgeld. Die beiden Männer schauten sich an – und verabschiedeten sich. Zu dem Regen und den Pfützen einer lieblosen Stadt mit stummen und stumpfen Menschen war noch etwas hinzugekommen, das ich, obwohl es die Eltern im Auto mitgebracht hatten, zuvor nie an ihnen wahrgenommen hatte und das von der Stadt beschleunigt wurde. Es war die Angst.

Der Platz, auf dem wir standen, war kein Ort, um sich aufzuhalten, den Blick schweifen zu lassen und sich an der unbekannten Großstadt zu erfreuen und neugierig zu sein, was es hier alles zu entdecken gäbe, wovon unser kleines Geraer Leben weder Kenntnis noch den Schimmer einer Ahnung hatte. Schwermut lag über dem Platz, und das Leben, das Berliner Leben, wenn es überhaupt existierte, musste vertrieben worden sein oder sich unsichtbar irgendwohin verkrochen haben. Aber wohin? In Kellerräume und in abgedunkelte Zimmer? Wir stiegen hinab in die U-Bahn. Es war der Eingang zur Hölle. Finsternis, schales Licht, der gekachelte Bauch eines Monsters, das – verschluckt waren wir ja schon – nur noch darauf lauerte, uns zu verdauen, wenn wir blieben, oder uns in noch düsterere Welten zu entführen, indem es uns in eiserne Drachen einstiegen ließ, die plötzlich lärmend, polternd und quietschend aus zu engen Löchern absoluter Finsternis auftauchten, als wären sie auf der Flucht vor einstürzendem Erdreich und müssten dabei schnell noch Menschen verschlingen und fressen, die freiwillig, ja, freiwillig, in ihren Bauch einsteigen und sich in die Tiefe einer Welt entführen lassen, aus der es keine Rückkehr gibt. So deutete ich die Welt hier unten – und der sichtbare und spürbare Zustand meiner Eltern gab mir recht. Wir waren Verlorene, keine Ferienreisenden, und mussten tun, was alle hier unten taten. Einsteigen und wegfahren. In den Tod. Und dass uns der Tod unmittelbar bevorstehe, verrieten die Gesichter der anderen. Sie alle waren kalkweiß, wissend und erstarrt vor dem, was auf sie zukam. Meine Eltern waren mir fremd, verwandelt in kalte und leblose Statuen, die jeden Augenblick, ganz aus sich selbst, aus ihrer Angst heraus, zu einem Häuflein Staub zerbröseln könnten.

Dass ich Angst haben konnte, war mir vertraut. Dass meine Eltern Angst hatten, war mir neu. Aber dass alle Angst hatten, war ein Wirklichkeit gewordener Albtraum, der sich nicht als Schimäre wegwischen ließ wie ein Fehler auf der Tafel. Waren oben in Berlin die Farben gewichen, als habe der Regen sie ausgespült, so war hier unten, im unterirdischen Berlin, der Gedanke verschwunden, dass es jemals Farben gegeben haben könnte. Jegliche Erinnerung war gelöscht. Es herrschte die Angst, die Diktatur des Augenblicks, der ewig dauert. Erstarrte, blickmeidende Gesichter, Schweigen. Als müsste schon jetzt vorweggenommen werden, was uns erst noch erwartete. Dass es uns nicht mehr gibt. Dass es uns nicht mehr geben wird am Ende unserer Reise durch die Unterwelt. Angstverspannte Körper, die sich an Stangen und Schlaufen festhalten und merkwürdig steif, verkrampft und verhärtet herumgewackelt werden von den unberechenbar ausbrechenden Bewegungen der Fahrt im Drachen aus Eisen und Glas. Und von der Unberechenbarkeit vereinzelt sich durch den Wagon bewegender Männer und Frauen, die äugen und beäugt werden von anderen Männern und Frauen, deren Leblosigkeit sich bemüht, lebloser zu sein als leblos, teilnahmsloser als teilnahmslos, um ihr inneres Leben zu verbergen, das hofft, irgendwann wieder hoffen zu können, zu leben und am Leben teilzunehmen. Unbespitzelt.

In einem Berliner Zimmer, neben dem unterirdischen Labyrinth unentwirrbar verschlungener Därme, aus dessen schwarzen Löchern Monsterwürmer auf lärmenden Eisenrädern in Bahnhöfe einrollen, manche Menschen verschlucken, um sie zu verdauen oder weil diese sich verdauen lassen wollen, und andere ausspucken, weil sie unverdaubar sind oder eben dieser Verdauung entfliehen wollen, hinein in eine weitere düstere Erfindung der Stadt, versteckt im Bauch unansehnlicher vierstöckiger Mietskasernen, die diese Stadt überziehen wie Unkraut die Beete im Garten: In einem dieser vermufften Berliner Zimmer mit ihren alten Polstermöbeln, deren dunkler Samtbezug abgewetzt und deren Farben verblichen sind, passierte es: Das dräuende Geheimnis, die Bedrängnis unserer Reise sollte in einer großen Offenbarung gelüftet werden. Wir saßen nebeneinander auf dem Sofa, unsere Körper in- und miteinander verwachsen zu einer erkalteten Skulptur der Angst mit dem Titel *Unsere Familie hält zusammen, für immer und ewig, komme, was da wolle!*, als mein Vater verkündete: «Wir kehren nie wieder zurück.»

«Und mein Teddy?»

Wir begannen zu weinen. Zuerst meine Mutter, dann ich, Renate und selbst unser Vater. Wir weinten die ganze Nacht. Bis uns irgendwann der Schlaf beruhigte und uns das Ungeheuerliche dieser Katastrophe für ein paar Stunden vergessen ließ.

11.

Schnappdeckel der Erinnerung

Mein Vater hatte es sich in seiner Welt und im Verschweigen dessen, worüber er nicht reden wollte, gemütlich eingerichtet. Zur eigenen Machtabsicherung bezog er seine Forderung nach Preisgabe von Geheimnissen auf andere, nicht auf sich selbst. Wenn es regnete, saß er gern sinnierend hinter seinem massiven und mit Schnitzereien verzierten alten Schreibtisch und ignorierte behaglich dessen Arbeitserfordernisse. Den Blick ziellos in den Regen jener Unwetterwelt da draußen gerichtet, sah er den Metzgereihof, die gegenüberliegenden Häuser, den Himmel, aus dessen wassergetränktem Grau die Regentropfen prasselten. Doch was er tatsächlich sah, waren Erinnerungen, die regenvorhanggesäubert an ihm vorüberzogen.

Manchmal, im für das Thüringische – für sein Thüringisch – bezeichnenden Tonfall der Gemütlichkeit, erzählte er meinem Freund Paul und mir von seinen Erinnerungen an Krieg und Kindheit. Wir hörten gerne zu, denn seine Geschichten blickten in eine ferne Vergangenheit, hatten meist eine Pointe und gingen immer gut aus – oder er ließ sie gut ausgehen. Klar, er wollte uns nicht verschrecken mit für Kinder Unzumutbarem, aber gleichzeitig machte er sich, in einer für seine Generation typischen Art von Autosuggestion, selber daran glauben, hatte er doch Krieg, Gefangenschaft, Kindheit, Flucht und Entbehrung überlebt und *war wieder wer*: Er konnte mit sich und seinem Schicksal zufrieden sein. Daran ließ er uns teilhaben, und ich war stolz auf ihn. Ich fühlte mich geborgen. Vage wussten wir Kinder, dass der Krieg mehr war als Anekdoten, dass es um Mord und Totschlag ging, um Erschießen und Zerbomben, um Tote, Verletzte, Erfrorene, Verbrannte und in der Hitze Afrikas Verdurstete. Einzig der Holocaust war kein Thema. Es gab ihn nicht: nicht in unserer Kinderwelt, nicht in den Erzählungen meines Vaters.

Eine der Geschichten, die er immer gern wiederholte, war die Selbstlüge, er sei von seiner Mutter enterbt worden. Durchaus, sie habe ihm als Erbstück eine mit seinen Initialen versehene Taschenuhr geschenkt, deren Gold derart hochkarätig sei, dass sie zu schmelzen, ja, zu zerfließen beginne, wenn man sie zu lange in der warmen Hand hielt, anstatt sie schnell wieder in den Schrank zu legen oder in die dafür vorgesehene kleine Tasche des Jacketts zu stecken. Doch seine anderen Geschwister, erzählte er, und hier brachen die ihm eigene Wehmut und sein Selbstmitleid hervor, hätten alle weit mehr geerbt als er.

Eine andere Geschichte meines Vaters handelte von seiner Nichte Ingrid: Ingrid, die älteste Tochter seines Bruders Erich und dessen Frau Irma, hatte einen verwachsenen Fuß, der oft, aber nie mit Erfolg, operiert wurde. Die Einschränkung blieb und war ihrem Gang zeitlebens anzusehen. Sie sei, prahlte Ingrid, indem sie die Behinderung ins Besondere überhöhte, der erste Krüppel Münchenbernsdorfs mit allen drei Ortsteilen Kanada, Kleinbernsdorf und Schöna. Als ob es in diesem Ort, im südlichen Niemandsland von Gera, nie zuvor einen Krüppel gegeben hätte! Ingrid jedenfalls mochte meinen Vater sehr, auch und besonders deshalb, weil er sich ihrer, anders als die eigene Mutter, nicht schämte, sondern sie als kleines Mädchen ins Freibad mitnahm, wo ihre Behinderung, ihre Krüppelhaftigkeit freigelegt und für jeden sichtbar gemacht wurde, wenn sie von der Umkleidekabine über den Rasen humpelte, die Decke ausbreitete, sich sonnte und danach, wieder unter den verstohlenen Blicken der Badegäste, sich zum See begab und ins Wasser stieg. Einmal im Wasser, war ihr die Behinderung nicht mehr anzusehen, und da mein Vater ihr zu ihrer großen Freude das Schwimmen beibrachte und sie schnell lernte, war sie den anderen Kindern im Wasser bald gewachsen und vielen sogar überlegen. Schöne Geschichte.

Doch der Grund für die vielen Freibadbesuche waren nicht ausschließlich Nichte Ingrid und das Schwimmen, sondern – so erzählte sie mir später, als auch mein Vater längst tot war – in erster Linie die sündhafte Schönheit, der erotische Magnetismus und das vielversprechende Lächeln einer jungen Frau, die der männlichen Jugend von Münchenbernsdorf den Kopf verdrehte – die unwiderstehliche, vielumworbene und appetitanregende Tochter der Wirtin der Freibad-Gaststätte *Zur Guste.* Bei ihr hat sich unser späterer Vater und der künftige Mann unserer Mutter Freiheiten herausgenommen, die er uns gegenüber nie erwähnte – Freiheiten mit Konsequenzen. Er hat sie, wie er wohl behaupten würde, wenn man ihn noch befragen könnte, mit Rücksicht auf uns verschwiegen. Auch Bäuche können schweigen, aber nicht verheimlichen, dass sie wachsen. Der Bauch der begehrenswerten Wirtshaustochter wuchs und wuchs, war irgendwann unübersehbar, und bald erblickte der kleine Peter Biegel das Licht der Welt. Seine Mutter, die Schöne, die Unwiderstehliche, und er, der kleine Peter, wurden von der Mutter meines Vaters mit dessen Erbteil ausbezahlt. So war das Problem gelöst. Und mein Vater, exkulpiert für seinen Ausrutscher, musste sich mit der angenehm in der Hand liegenden goldenen Taschenuhr zufriedengeben.

Er, dessen oberstes Gebot stets die Ehrlichkeit in der eigenen Familie war, hat diese Geschichte nie erzählt. Könnte ich ihn heute darauf ansprechen und befragen, bekäme ich, da bin ich sicher, von ihm zur Antwort, er habe ja nur seinem großen Vorbild, dem ältesten Bruder, nachgeeifert, abgeschaut, was er tat, und seine Männlichkeit unter Beweis stellen wollen, indem er es ihm nachmachte. Außerdem habe Walter zwei uneheliche Kinder gezeugt, er nur eines.

Ob meine Mutter die Geschichte von der attraktiven und freigebigen Freibad-Wirtshaustochter aus Münchenbernsdorf und dem unehelichen Peter kannte, weiß ich nicht. Sollte sie sie gekannt haben, hat es sie mit Sicherheit beruhigt, dass diese Verirrung, dieser Fehltritt, vor ihrer Zeit geschehen ist; geschehen sein soll.

Ob die weiche, rotgoldene Taschenuhr mit den eingravierten und altehrwürdig verzierten Initialen HW inmitten eines ebenfalls eingravierten Wappens, die so schwer und schmiegsam in der Hand liegt, dass sie von der Hitze des Blutes zu schmelzen droht, ob sie meinen Vater wohl lebenslänglich erinnert hat an sein Hineinschlittern in frühes Liebesglück? Und war es die Absicht seiner

Mutter, dass dieses Geschenk ihn nachhaltig nicht nur an dieses hoffentlich beiderseitige Glück, sondern gleichzeitig an den Kummer und den Schmerz, den er dem schönen Mädchen, der jungen Unwiderstehlichen, zugefügt hatte, erinnern sollte, wann immer er die geschmeidige Taschenuhr zu feierlichem Ausgang in die Tasche seines Jacketts steckte, sie auf seinem Herzen liegend bei sich trug und irgendwann herausnahm, um den Deckel durch den Druck auf das Aufziehwerk aufschnappen zu lassen, damit sie ihm die Zeit zeige, in welcher er den von ihm verstoßenen Sohn vaterlos heranwachsen ließ, so wie sein eigener Vater, den die Kugel, der Splitter eines Kanonenschusses oder der Stoß eines Bajonetts an der Westfront im Herbst des ersten Kriegsjahres 1914 traf, ihn selber vaterlos hatte heranwachsen lassen? Rache am eigenen Schicksal, indem man es anderen zufügt?

Verlief die Kindheit meiner Mutter glücklicher? Vielleicht. Zunächst. Denn sie hatte Vater und Mutter. Aber nicht lange. Ihre Mutter starb bei der Geburt des zweiten Kindes. Und das Kind auch. Damals, 1926, war meine Mutter sieben Jahre alt. Zwei Jahre später vergaste sich ihr Vater. In einer Silvesternacht. Ob aus Verzweiflung oder aus Versehen, ist nicht bekannt. Wollte er sich am Gasherd wärmen, weil ihm kalt war; war er betrunken oder des Lebens müde; hatte er einen Hang zur Depression, die mir selbst nicht fremd ist und die Jahre später den Sohn meiner Schwester das Leben kostete; oder war es eine Mischung aus alledem?

Kann ein Vater seine siebenjährige Tochter verlassen, die vor Kurzem ihre Mutter verloren hat? Ja, er kann. Als Waisenkind wurde meine Mutter in Obhut gegeben bei Paul und Hertha Nagler. Wie sie dahin gekommen ist, weiß ich nicht. Waren sie entfernte Verwandte? Nach Abschluss der Volksschule wurde sie in die Lehre als Verkäuferin geschickt in den Geraer Blumenladen des Bruders ihres verstorbenen Vaters, Otto Kunz, der sie mit seiner Frau Trude, einer herrschsüchtigen Vettel, beide blieben kinderlos, ausbeutete.

Später, Anfang der 60er Jahre, statteten wir den beiden, die inzwischen in Schladen im Harz wohnten, mehrmals

Feiertagsbesuche mit Übernachtung ab. Bei einem dieser Besuche schenkte mir Fritz Huschke von Hanstein, der weltberühmte Rennfahrer, der einen entfernten Verwandten von Onkel und Tante mit dem schönen Namen Max Brux als Gärtner beschäftigte, mehrere Porsche-Anstecknadeln und nahm mich in seinem Porsche mit auf eine Spritztour durch den Harz. Er wohnte dort auf einer Domäne (ich wusste nicht genau, was das war, außer dass es beindruckend, alt und adelig wirkte), trug ein englisches Jackett aus Wolle mit Karo-Muster, die dazu gehörende flache Mütze, ebenfalls kariert – so etwas hätte mein Vater freiwillig niemals getragen –, einen schrägen Schnurrbart, der schief wie ein Dach auf seiner Oberlippe saß, und gelöcherte Lederhandschuhe. Ähnliche bekam mein Vater von seiner Frau zum nächsten Vatertag geschenkt. Also musste er sie tragen, bis er sie eines Tages, angeblich versehentlich, irgendwo liegenließ.

Wir selbst waren in unserem dunkelblau-weißen Opel Rekord 1.7 L angereist. Dieses erste Westauto meiner Eltern, ein Viertürer (entweder das Schiebedach oder das Radio kam aus der DDR – also konnte dort nicht alles so schlecht gewesen sein, wie mein Vater es immer darstellte!), muss die Schladener Verwandtschaft unglaublich geärgert und meine Eltern im selben Maße stolz gemacht haben, denn sie hatten es ja im Gegensatz zu ihnen im Westen mittlerweile *zu was gebracht*. Zum offiziellen Höhepunkt des Besuchs quetschten wir alle – Vati, Mutti, Renate, ich, dazu Onkel Otto und Tante Trude – uns für einen Ausflug in unser Auto. Bei der Begrüßung hatten meine Eltern mich genötigt, Tante Trude zu umarmen, und ich konnte ihren Leibesumfang mit meinem Armen nicht weiter als bis zur Hälfte umfassen. Obwohl sie es war, die kurz vor dem Bersten zu stehen schien, war ich es, der bei dieser Umarmung Beengung verspürte. Wie wir alle in das Auto gepasst haben, wird wohl ein ewig ungelöstes Rätsel der 60er Jahre bleiben. Sobald der Wagen fuhr, stimmte Onkel Otto, von Reiselust animiert, das Lied von der Loreley an. Er sang, alle anderen hörten zu. Mutti hätte mitsingen können. Aber sie schwieg. Ihr stand nicht der Sinn danach, im Duett mit ihrem früheren Peiniger zu singen.

Die Fahrt ging zu einem Aussichtsturm mit Blick auf den sagenumwobenen Brocken, den höchsten Berg im Harz. Vati, Mutti, Renate und ich erstiegen die Aussichtsplattform. Onkel Otto und Tante Trude, denen der Aufstieg zu mühsam war, warteten unten, während wir, unsere Familie, über den Stacheldrahtzaun und den verminten, kahlen Todesstreifen hinweg nach drüben schauten … in unsere alte Heimat. Irgendwo, weit hinter dem Brocken, musste Gera liegen mit all den Erinnerungen an die Vergangenheit. Mutti weinte. Waren es Tränen der Trauer über die verlorene Heimat, über den Verlust vergangenen Glücks, über die Vergänglichkeit der Zeit und all dessen, was einmal war und uns einsam im Himmel Stehende und sehnsüchtig Schauende, die Vergangenheit Beschwörende, Suchende und die Zeit festhalten Wollende nun aus der verlassenen Welt durch den Nebel der Entfernung anwehte? Die Tränen kullerten über die Wangen meiner Mutter. Ihr Gesicht war auch im Weinen schön. Denn es erzählte von Gefühlen, die auch ich empfand.

Selbst Vati wirkte ergriffen. Ob er Tränen vergossen hat, weiß ich nicht. Jedenfalls sah ich keine. Aber vielleicht konnte er ja innerlich weinen, nach innen, sodass er die unsichtbaren Tränen hinunterschluckte und ihren salzigen Nachgeschmack im Mund behielt. Und sollte er geweint haben, so kann ich mir vorstellen, dass die Tränen über die Vergänglichkeit all dessen, was war, was sich ereignet hatte, was er getan und was ihm widerfahren war, sich vereint haben mit Tränen der Selbstergriffenheit über seinen Erfolg: Jetzt war er wieder wer, und wir, seine Familie, gehörten dazu – zum Wieder-wer-Sein.

Meine Schwester langweilte sich, denn sie war in dem Alter, in welchem Sonntagsausflüge langweilig sind, und das andauert, bis man selber Kinder hat, die nicht verstehen, warum und wozu es diese langweiligen Sonntagsausflüge, ja Sonntage überhaupt, gibt.

Auf der Heimfahrt aus dem Harz nach Mülheim an der Ruhr, in die Stadt, die seit 1961 unser neues Zuhause war, überraschte uns Vati. Er beschrieb seinen Gemütszustand auf dem Aussichtsturm als «mulmig», ein Wort, das er nur in Extremsituationen benutzte – und eine solche schien hier und heute gegeben. Das

Wort bedurfte keiner weiteren Ergänzung. Alle Hinzufügungen, Erklärungen und Ausschmückungen hätten es seiner Einmaligkeit und Treffsicherheit beraubt. Mit diesem einen Wort waren komplizierte, ungewollte, in ihrer Uneindeutigkeit, ja, Widersprüchlichkeit miteinander nicht zu vereinbarende Gefühlsaufwallungen meines Vaters nicht nur zum Ausdruck gebracht, sondern gleichzeitig gefangen, vor weitergehenden Tiefenbohrungen geschützt und damit domestiziert: «Mulmig». Für meinen Vater hatte dieses Wort – ähnlich wie «Heimat» – einen derartigen Bedeutungsüberschuss, der sich nie würde ausschöpfen lassen, dass es besser war, über das, worüber man nicht sprechen konnte, zu schweigen – oder es «mulmig» zu nennen. Heimat ist Heimat, Gott ist Gott – und mulmig mulmig. Basta.

Ich übernahm die Stimmungen meiner Eltern, vermischte sie mit meinen eigenen und meiner Sehnsucht nach dem unwiederbringlich Verlorenen, fügte eine Beschreibung des Todesstreifens hinzu und brachte sie im Rahmen eines bundesweit ausgeschriebenen Wettbewerbs zu Papier, einer Übung im Deutschunterricht an Gymnasien zur Aufrechterhaltung, Pflege und Bereicherung des gesamtdeutschen Heimatgefühls, an der sich schreibend und freiwillig möglichst viele Flüchtlingskinder aus der DDR beteiligen sollten. Das tat ich. Mein Aufsatz kam in die Dreierauswahl. Immerhin. Das Wort «mulmig» kam auch darin vor.

Mulmig. Klingt fast so schön wie Küfer und Sommerleithe. Nur passiver. Eine metaphysische Dimension hat sich ins Herz geschnitten, die weiter zu verfolgen sich nicht lohnt, wenn man, in diesem Fall mein Vater, sie erfahren hat. Dieses eine Wort muss genügen, um dem nachzuhorchen, was war, und sich davon zu verabschieden, damit man weiterleben kann. Es lässt Schwermut und Sehnsucht erklingen und schnürt sie gleichzeitig ein, ohne weiteren Raum zur Entfaltung als diese zweisilbige Benennung: Mul-mig.

Als kurze Zeit nach unserem ersten Besuch bei Tante Trude und Onkel Otto der erste Mercedes der S-Klasse gekauft und im Harz präsentiert wurde, ist Tante Trude dann vor Neid geplatzt – Gott sei Dank nur innerlich und damit für uns ahn-, aber nicht physisch erlebbar, denn das hätte bei ihren Körpermaßen auch zu einer Katastrophe mittleren Ausmaßes geführt, bei deren Vorstellung jedem, der Tante Trude kannte, mehr als mulmig geworden wäre.

Mit einem Gegenbesuch in Mülheim an der Ruhr beehrten uns Tante Trude und Onkel Otto zur Konfirmation meiner Schwester. Auf der Rückfahrt vom Konfirmationsessen im Hotel Noy, dem ersten Haus am Platz, zum Kaffeetrinken bei uns zu Hause musste die Wagenkolonne der Gäste am Hauptbahnhof halten, weil Onkel Otto dringend die Bahnhofstoilette aufsuchen musste. Es dauerte. Offenbar war es sehr dringend. Wir warteten. Es dauerte länger. Und wir warteten länger. Und es dauerte noch länger. Da wurde es meinem Vater *zu bunt*, er stieg aus dem Wagen, und ich folgte ihm. Bald fanden wir Onkel Otto , wie er Zigarre rauchend auf der Kloschüssel der Bahnhofstoilette saß und sich frohgemut die Fußnägel schnitt. Die Tür hatte er nicht abgeschlossen. Das brauchte er nicht, denn der Qualm, der der Kabine entstieg, machte unmissverständlich klar, dass dort jemand saß. Der eingewachsene Nagel des großen Zehs war ziemlich dick und ziemlich gelb. Klar, dass es noch ein Momentchen dauerte, bis er fertig beschnitten war und wir weiterfahren konnten zu Kaffee, Kuchen, Sahnetorten und Eierlikör.

12.

Blut und Blumen

Wie haben sich die Eltern kennengelernt? Sie, meine Mutter, die früh Elternlose, und er, der Vaterlose, der schon selber Vater war? Ich weiß es. Denn ich war dabei. Schon immer. Irgendwo versteckt im Bauch meiner Mutter. Nicht als Baby, nicht als Winzling – das meine ich nicht –, sondern als Möglichkeit war ich dabei, als Versprechen, dass es mich geben können würde. Wäre meine Mutter mit mir schwanger gewesen, als sie meinen Vater kennenlernte, hätte er sich kaum in sie verliebt. Es wäre ungeschickt von ihr gewesen, einem Mann zu verstehen zu geben, dass sie, obwohl sie sich noch gar nicht kannten, bereits ein Kind von ihm bekomme. Außerdem bezweifle ich, dass er sich in sie verliebt hätte, hätte er mich schon gekannt vor der Geburt. Denn dann hätte er wissen müssen, dass er, wenn ich erst da wäre, aus ihr heraus und auf der Welt, keine Chance gegen mich haben würde. Denn spätestens ab diesem Zeitpunkt wäre es ja offensichtlich, dass meine Mutter mich mehr liebt als ihn, warum sonst hätte sie die Schmerzen der Geburt aushalten sollen, an der sie, wie einst ihre Mutter, auch hätte sterben können, zumal ich, wie ihr Brüderchen auch, als Junge geboren wurde? Sterben Mütter eher an Jungen als an Mädchen?

Ihn, meinen Vater, hat sie ohne Gegenleistung bekommen, schmerzfrei, er ist ihr zugelaufen, und schmerzfrei hätte sie ihn wieder laufen lassen können. Vor meiner Geburt konnte er es also nicht wissen, dass ich schon in meiner Mutter war. So klug sind die Frauen, dass sie sich nicht gleich offenbaren, sondern ihr Inneres verbergen vor den Männern. Sind sie einmal schwanger, beginnen sie damit, die Männer, die das aber nicht merken, innerlich abzustoßen, denn sie haben, was sie wollten. Äußerlich werden sie erhalten und gepflegt, weil schwangere Frauen wen brauchen, der sie beschützt und sich um sie kümmert.

Männer sind dumm und eitel, wollen sehen, was die Frau für sie hervorbringt aus der geheimnisvollen Lebenshöhle ihres Bauches, zu der sie nur den Eingang kennen und, durften sie eintreten, glauben, sie seien sonst wo gewesen, im Zentrum des Lebens selbst. Doch sie sind nur die Türsteher der Frauen, klopfen an, damit sie ihnen Einlass gewähren in eine unbekannte Welt, in die sie zwar vordringen, die sich aber nie wirklich bewohnen können, denn schon nach ein paar Schritten haben sie sich verausgabt, machen schlapp und ziehen sich zurück. So schnell sind sie überwältigt vom Dunkel des Geheimnisses, das zu erleben und zu leben sie nie aushalten würden. Sie flüchten ans Licht, die Tür schließt sich hinter ihnen, und auch wenn sie nicht wissen, was sie tun, tun sie es dennoch.

Mein Vater stand irgendwann vor meiner Mutter. Plötzlich war er da. Hatte Gestalt und Aussehen, Körper und Geruch. Und Augen, aus denen er zu erahnen war – und die meiner Mutter Ahnung lesen konnten. Viel mehr aber auch nicht.

Mich hingegen ließ sie schon immer in sich wohnen und wachsen, gab mir Fleisch und Form, Gefühle und Verstand, ihre Liebe und ihre Lebensfreude, die mich so beglückte, dass ich mit zwölf, dreizehn Jahren fest entschlossen war, mich umzubringen, falls ich eines Morgens erwachen und mich nicht mehr am Leben erfreuen sollte.

Frauen können sich vermehrfachen. Und das verzeihen die Männer ihnen nie. Frauen sind inwendig, Männer auswendig, und beide passen nur für ein paar betäubte Augenblicke zueinander. Deswegen herrscht Krieg zwischen den Geschlechtern. Weil Frauen nicht autark sind, sie brauchen den Bestäuber – und weil Männer sich nicht und nie vermehrfachen können, sie brauchen Frauen, in denen Kinder wachsen. Und schon herrscht Krieg. Spieglein, Spieglein an der Wand, wer ist der Wichtigste im ganzen Land?

Der Krieg der Männer gegen die Männer ist ein Freundschaftsdienst. Sie sind die Unterlegenen im Krieg gegen die Frauen, und weil sie im Krieg der Geschlechter auch einmal Sieger sein wollen, nein, Sieger sein müssen, hauen sie sich gegenseitig den Schädel ein und plustern sich vor den Frauen auf, indem sie ihnen den abgeschnittenen Kopf des Feindes, der eigentlich ihr Freund ist, entgegenstrecken. Doch die Frauen auf ihrem inneren Siegespfad schmunzeln still vor sich hin, weil die Männer den Triumph auf sich beziehen und denken: Die Frauen finden uns ganz toll, und übersehen dabei, dass das Lächeln der Frauen den Frauen selber gilt. Und schon schickt ihr Lächeln die Männer in den nächsten Krieg.

All das weiß ich, weil ich unsichtbar in meiner Mutter war. Schon immer. Ich musste nicht in sie hineinkommen, denn ich war da, seit sie da war, und hatte Zeit, die Welt um mich herum aufzunehmen und mir Gedanken über sie zu machen, weit vor meiner Geburt. Von Anbeginn meiner Mutter lebte ich in ihr, mit ihr, sah mit ihren Augen, hörte mit ihren Ohren, dachte mit ihren Gedanken und fühlte mit ihrem Herzen.

Und als ich dann als Glückskind aus meiner Mutter herausgeschlüpft bin an einem Sonntag, mittags zwischen 12 und 13 Uhr, war das schon alles in mir drin, und ich, mein Gefäß, musste nur noch wachsen, damit all das zum Ausdruck kommen konnte. Es ist wie ein umgekehrtes Märchen: Und wenn sie auch noch nicht geboren sind, so sind sie doch schon immer da.

Und meine Mutter war mit mir in ihrer Mutter und so fort. Das ist schwierig zu begreifen, weil es ja eine unendlich lange Kette von Kindern auf der Welt geben muss: von denen, die da waren, die da sind und von denen, die kommen werden. Bis zurück zum Ursprung der Menschheit und bis zu ihrem Ende. Alle sind von Anbeginn da, und trotzdem müssen sie erscheinen. Vielleicht ist das das Leben: Es will geschehen, was geschehen kann. Nur eben nicht auf einmal. Obwohl auch das möglich wäre, weil ja alles, was kommt, schon da ist. Nur für alles auf einmal gibt es keinen Platz.

Ja, so muss es sein.

Dass Gott zuerst den Mann erschaffen haben soll, ist eine Lüge. Das sagt der Mann, weil er eifersüchtig ist auf die Frau. Eva war's, die Adam erschuf, und weil Adam sauer ist, dass er nicht der erste Mensch war, erschuf er Gott und ließ ihn sagen, dass Adam doch der erste sei und Eva seine Rippe. So gesehen hätte mein Vater in der Schöpfungsgeschichte als Metzger große Vorteile gehabt. Er kennt die Rippen und das Fleisch an den Rippen, weiß, was ein Nacken-, Stiel-, Lummer-, Lenden-, Filet- oder Herzkotelett ist, und hätte sich aus seinem Inneren die Rippe herausbrechen können, von der er wollte, dass sie meine Mutter werde und zuvor noch sein Weib.

Es ist Sommer. Die Sonne scheint, und meine Mutter arbeitet im Blumenladen auf der Geraer Sorge. Sie tritt aus dem Laden, trägt zwei frischgebundene Blumensträuße im Arm, bleibt einen kleinen Moment stehen, betrachtet die Straße und die Passanten, bückt sich, stellt die Blumen in einen dafür vorgesehenen Wassereimer aus Zink, der mit vielen anderen blumendekorierten Eimern den Bürgersteig ziert, und erhebt sich wieder. Ihre lockigen braunen Haare sind mit einem Stirnband hochgesteckt, und eine adrette ärmellose Kittelschürze zeigt die helle Haut ihrer nackten Arme. Erneut gleitet ihr Blick über die Sorge und streift das geschäftige Treiben; Autos, die vorüberfahren, gelegentlich hupen, wenn jemand unachtsam auf die Straße hüpft. Sie winkt einer älteren Frau zu, die im gegenüberliegenden Kiosk Zeitungen und Zigaretten verkauft, grüßt den jungen und ehrgeizigen Briefträger, freut sich auf den Tanzball am Samstagabend und bückt sich erneut, um die Blumen zu arrangieren, damit die Sträuße füllig ihre volle Pracht entfalten können. Es scheint, als tauche sie ein in ein buntes Meer voll schönster Blüten, die in frischen Farben lachen. Und sie lacht mit. Ihre geschickten Hände verbessern hier und da die Position einzelner Stängel, damit jede einzelne Blüte noch hübscher erstrahlen und ihre Schönheit noch üppiger entfalten kann. Die Sonne glänzt auf ihren Armen, und ihre Bewegungen, ein wenig Phantasie hinzugefügt, erwecken den Anschein, als genieße meine Mutter es, in diesem Blumenmeer zu schwimmen. Ihre Schürze verwandelt sich in einen Badeanzug, dessen Farben ausströmen und sich vereinen mit den vielfarbigen Blüten der Blumen, die im seichten Auf und Nieder der Wogen, gestreichelt von den sanften Böen des milden Sommerwindes, harmlos und glücklich in ihrer Pracht und Schönheit (doch vielleicht eine Spur zu selbstverliebt) auf dem Wasser schweben. Nie sah die Geraer Sorge etwas Schöneres. Nie sah sie schöner aus. Und nie sahen die Menschen dieser Straße etwas Schöneres.

Ein Traum, na klar, ein Kindertraum, was sonst!

Nein. Kein Traum. Ich war dabei, ich habe es gesehen, ich habe es miterlebt.

Mein Vater im dunklen Zweireiher (zu warm für diesen Tag, besitzt er etwa nur den einen?), in dessen kleiner linker Brusttasche, an goldener Kette dort versenkt, gehalten vom Knopfloch des linken Revers, die goldene Taschenuhr den gutgelaunten Rhythmus seines Herzens schlägt, mit weißem Hemd, Krawatte und blitzeblanken Schuhen, die pechschwarzen Haare pomadisiert und aus der Stirn unter den Hut gekämmt, kommt mit einem von Seidenpapier bedeckten Rahmen unter dem Arm die Straße entlang – die Urkunde der bestandenen Metzgermeisterprüfung, wie sich später herausstellen wird –, zufrieden und an sich selbst vergnügt, sieht meine Mutter und – bleibt stehen.

Sie schaut auf, von den Schuhen auf die Hose, von der Hose aufs Jackett, aufs Hemd, auf die Krawatte und schließlich in sein Gesicht. Er lüpft den Hut und lächelt. Wie schön er lächeln kann, denkt sie – und lächelt zurück. Wie schön sie lächeln kann, denkt er, und plötzlich wird sein Lächeln ernst. Ganz gegen seinen Willen. Das war's. Denn Mutti versteht den Blick. So schnell wie möglich lächeln sich beide jetzt wieder an, so wie zuvor, als sei noch nichts geschehen, als müsse jetzt das Eigentliche folgen, das sich doch längst ereignet hat. Er fragt sie, ob er ihr eine Blume schenken dürfe. Ja, das dürfe er, welche Blume möchte er haben? «Die schönste.» – «Und welche ist die schönste?» – «Sie.»

Das ist doch wohl das Allerletzte! Mein Vater kann doch nicht sie, meine Mutter, ihr selber zum Geschenk machen! Sie schweigt. Weiß nichts darauf zu antworten. Mir ist das peinlich. Ich muss ihn jetzt durch die Augen meiner Mutter anschauen und ihn etwas sagen lassen, damit sie wieder miteinander sprechen können. Ich, beziehungsweise meine Mutter, schaue ihn jetzt so an, dass er sagen muss: «Darf ich Sie am Wochenende zum Tanz einladen?» Vielleicht tanzten ihre Augen, ich selber konnte das ja nicht sehen, denn ich war ja wie gesagt in ihr drin und konnte meinen Vater, nicht ihre Augen sehen, aber tatsächlich sprach er diesen Satz: «Darf ich Sie am Wochenende zum Tanz einladen?»

So rettete ich die vertrackte Situation, zog mich, da es mich angestrengt hatte, die Begegnung in die Gänge zu bringen, zurück und überließ die beiden sich selbst – und das Gespräch nahm folgenden Verlauf:

«Ich habe heute meinen Meisterbrief erhalten.» – «So? Ein Meister? Was für ein Meister sind Sie denn?» – «Eigentlich wollte ich Chirurg werden, aber das ging nicht. Dann wollte ich Frisör werden, aber das durfte ich nicht. Schließlich musste ich Metzger werden, und das wollte ich nicht.» – «Wer hat das gesagt?» – «Meine Mutter.» – «Wieso nicht Ihr Vater?» – «Ich habe keinen. Der ist im Krieg gefallen.» – «Ich habe auch keinen. Und ich habe auch keine Mutter.» – «Was? Sie haben keine Mutter?» – «Nein. Ich habe keine Mutter. Sie ist gestorben.» – «Woran ist denn Ihre Mutter gestorben?» – «An der Geburt meines Brüderchens.» – «Das ist schlimm.» – «Ja, das ist schlimm. Und mein Brüderchen ist zwei Tage später gestorben.» – «Auch ich habe Geschwister verloren. Vier. Sie sind vor der Geburt gestorben, dabei oder kurz danach. Ich weiß es nicht, ich habe sie nie kennengelernt, denn ich bin der Jüngstgeborene. Aber ich habe immerhin fünf Brüder und eine Schwester.» – «Da haben Sie aber Glück gehabt.» – «Ja. Vielleicht. Das liegt an Ihnen.» – «An mir?» – «Ja, an Ihnen. Sie sind mein Glück.» – «Ich liebe Blumen. Ich bilde mir immer ein, sie sind so schön, weil sie meine Mutter, mein Brüderchen und meinen Vater grüßen wollen.» Dann lacht sie ein wenig melancholisch und fügt hinzu: «Komisch, oder?» – «Und die hier ist für Sie.» Mein Vater bückt sich, nimmt eine Rose aus dem Zinkeimer, hält sie meiner Mutter hin und wiederholt: «Und die hier ist für Sie.»

Tante Trude, die dicke kinderlose Besitzerin, tritt aus dem Laden und schimpft. «Lotte, du sollst Blumen verkaufen und dir keine schenken lassen!» – «Lotte, das ist ein schöner Name.» – «Und Sie? Wie ist Ihr Vorname?» – «Hans. Hans Herbert.»

Schweigen.

So etwa muss es gewesen sein. Ein Traum, na klar, ein Kindertraum, was sonst! Mit mir als Träumer. Alles hatte geklappt, auch wenn ich erst viel, viel später, im Jahr 1951, in einem Monat, in dem der Bauer die Rösslein einspannte, gezeugt wurde. Ich habe also die Zeit, in der ich im Universum versteckt war, in meiner Mutter, genutzt, damit ich nicht in der Unendlichkeit des Wartens auf Zeugung und Geburt verloren ginge, jener Zeit, in der ich da war, aber noch nicht fertig, und mir das Draußen einer Welt noch erträumen musste.

Als ich die Eltern viele Jahre später fragte, wie sie sich kennengelernt hätten, sagten sie: beim Tanzen. Pah, beim Tanzen. Wussten sie denn nicht, dass ich bereits erträumt hatte, was sie zu tun hätten und was sie tun würden, wenn die Zeit des Lebens, die Zeit ihrer ersten Begegnung, an sie heranträte?

Doch all das ist lange her; es kamen Krieg, Ferntrauung, Gefangenschaft, Stunde Null, Teilung, dann meine Schwester, zwei Jahre später ich, dann einiges, über das von einem gewissen Zeitpunkt an nicht mehr gesprochen wurde – nicht, weil es sich verbat, sondern weil es schlichtweg nicht geschehen war. Da kann es schon geschehen, dass die Erinnerung vom Geschehenen abweicht und dieses nur mehr durch das existiert, woran wir uns erinnern, nicht durch das, was war. Was war, wird ja erst wahr, indem wir oft genug erzählen, wie es war – bis wir und andere es glauben, es zur Wahrheit machen und, indem wir es aufschreiben, mit Wahrheit bekleiden. Doch die Wahrheit ist wie das Wetter. Beide ändern sich. Was gestern wahr war, ist heute vergessen, und so wird selbst der schönste Sonnentag zum Beweis für einen verregneten Sommer. Wir erinnern uns, wie wir es brauchen, und mit jedem neuen Glauben glauben wir, diesmal hätten wir die Wahrheit gepackt. Aber sie führt uns an der Nase herum, denn sie hat unendlich viele Gesichter und wirft uns das Antlitz entgegen, vom dem sie glaubt, das sei, was unsere Augen sehen wollen. Und irgendwann ist nicht mehr wichtig, wie was war. Hauptsache, es war. Aber wie genau? Und schon dreht sich das Karussell der Wahrheit erneut.

Ich lebte bereits in meinem dritten Königreich, lange bevor die beiden ersten sich mir offenbarten. Dort bleibe ich verwurzelt und trage diese Herkunft mit mir, auch wenn ich die beiden anderen durchwandere, ohne ihre Grenzen zu kennen.

13.

… finden in der ganzen Welt Ihre Käufer!

Muskeln lassen sich trainieren. Sportler machen das. Dann kann ich das sicher auch. Ich bleibe also hängen und trainiere mit Klimmzügen meine Armmuskeln – und je länger ich trainiere, desto weniger schnell stürze ich ab.

Zu essen habe ich genug. Ich brauche nur die Mettwurst neben mir zu greifen, sie zu pflücken wie die Banane von der Palme, sie schnell in den Mund zu stecken und mich dann mit der zweiten Hand wieder am Spieß festzuhalten. Einarmig könnte ich nicht lange hängen bleiben, nur kurz, um die Wurst, zack, zu greifen, sie mir in den Mund zu stopfen und langsam und behutsam, damit sie nicht herunterfällt, Stück für Stück davon abzubeißen, zu kauen, hinunterzuschlucken, sie mit den Lippen nachzuschieben und so weiter und so fort, Biss für Biss. Ja, das könnte klappen!

Aber irgendwann würde ich auch trinken müssen. Denn Durst ist schlimmer als Hunger und Hunger schlimmer als Heimweh. Das wusste ich von meinem Vater, der den Afrika-Feldzug mitgemacht und den Durst kennengelernt hatte. «Sandstürme und Heuschreckenschwärme sind schlimm, unvorstellbar schlimm, aber ein Kinderspiel gegen den Durst. Die Lippen schwellen dir an wie bei einem Neger, die Zunge im Mund wird so groß wie die von einem Kalb, sodass man daran erstickt, wenn man nicht das Glück hat, vorher zu verdursten.» Alle anderen Probleme ließen sich vielleicht lösen, aber der Durst, den mein Vater als die ärgste aller Plagen beschrieb, würde bleiben.

Nun hatte ich gehört, ebenfalls von meinem Vater, dass die Nomaden, die Bewohner der Wüste, wenn es keine Oase in der Nähe gibt und die Wasservorräte aufgebraucht sind, die Adern der Kamele ritzen und das herausfließende Blut trinken. Doch nur so viel, dass die Kamele nicht an Blutmangel sterben, sondern schon bald erneut zur Ader gelassen werden können. «Doch wir

Soldaten, die den Nomaden die Kamele wegnahmen, wussten nicht, wie viel Blut wir ihnen abzapfen konnten. Immer zu viel. Die Tiere starben, und wir Soldaten mussten unseren eigenen Urin trinken.»

«Das finde ich eklig.»

«Das ist es auch, eklig. Außerdem schmeckt Urin nicht gut, selbst wenn es der eigene ist. Aber für eine Zeit rettet er dich vor dem Verdursten.» So mein Vater. Und auch in meinem Fall geht es nicht darum, gut schmeckende Limonade zu trinken, sondern irgendetwas, um zu überleben. Und sei es mein eigener Urin. «Schließlich befanden wir uns in einer außergewöhnlichen, ja lebensbedrohenden Situation.» – Wie ich jetzt auch, in einer Situation, wie sie in dieser Härte vermutlich nur wenigen Jungen meines Alters widerfährt. Wenn da das Kommando lautet: Pipi trinken, dann muss Pipi getrunken werden! Befehl ist Befehl. Aber um das zu tun, muss ich, anders als die Soldaten, ein weiteres Problem lösen. Schließlich hatten die Soldaten in der Wüste zwei Hände, um ihren Lullumann aus dem Hosenschlitz hervorzuziehen. Ich hatte keine, denn ich musste mich ja am Spieß festhalten. Und auf den Boden zu krachen und vielleicht zu sterben, nur um zu pinkeln, das würde sich nicht lohnen.

Also, wie kann ich hier oben hängen bleiben und gleichzeitig an meinen Lullumann kommen? Mich mit der einen Hand weiterhin festhalten, mit der anderen den Hosenstall öffnen, in die hohle Hand pinkeln, die Hand mit der gelben Flüssigkeit zum Mund führen und trinken? Möglich. Aber möglich ist zu wenig. Es muss klappen! Wollte ich, wenn ich schon nicht abstürzte und nach dem Nicht-Abstürzen nicht verhungerte, nach dem Nicht-Verhungern nicht an der dicken Kälberzunge des Durstes in meinem Mund ersticken (die ich bisher nur als Sonntagsgericht in Scheiben geschnitten und mit Soße übergossen auf meinem Teller kannte und die ich immer sehr gerne gegessen habe), dann gab es nur diesen einen Weg: Meine mit Urin gefüllte Hand zum Mund führen und trinken, so wie eine mit nassem Kies gefüllte Baggerschaufel die Ladefläche eines LKW belädt. Nur, dass die Ladefläche mein Mund war und die Baggerschaufel meine Hand, gefüllt mit warmem Urin und nicht mit kalten und nassen Kieselsteinen. Ja, es könnte, so könnte es klappen.

Plötzlich geschah das lange Erhoffte: Meine Schwester schwebte auf dem berühmten fliegenden Teppich aus unserem Wohnzimmer in der Sommerleithe einher und verstreute Sternenstaub, den mein durstiger Blick in glitzernde Regentropfen verwandelte.

14.

Zweites Königreich

Der Hackklotz ist der Königsthron der Metzgerei. Er braucht keine Lehne, weder für den Rücken noch für die Arme. Das Fleisch, das ihn ziert, ist blutig, kalt und tot. Anstatt ins Purpur des königlichen Samtumhangs gehüllt und aufrecht sitzend Macht zu behaupten, liegt es da – ausgebreitet zur Verführung und Verfügung, darauf wartend, zerhackt und zerschnitten zu werden in Würfel und Scheiben, wie der Gaumen es befiehlt.

Rot ist das Fleisch ebenfalls. Doch dieses Rot ist ehrlich. Es lügt nicht. Verschweigt nicht seine blutige Herkunft von Tieren und vom Töten. Ganz anders das samtgewordene königliche Rot, das, dürfte man es berühren und streicheln, sich weich anfühlte, angenehm, um hinwegzutäuschen über das, was es in Wahrheit ist – Inkarnation einer Blutschwemme, mit der verglichen die Blutspritzereien der Schlachthöfe Rinnsale sind, einer Blutschwemme, die sich auf Geheiß des Königs im ungezügelten Gemetzel zahlloser Schlachten über Länder, Meere, Kontinente ergießt, das Blut von Soldaten, von Müttern, Kindern, Alten, Kranken, von Pferden, Stall- und Weidetieren, an denen in blinder Wut und in berauschender Erfahrung der eigenen, bisher nie erfahrenen Stärke sich der letzte Blutdurst der Soldaten stillt, deren irre Augen vom Erleben einer alles vernichtenden Macht erzählen, der Wir-Macht – bevor der rote Saft unter zehrender Sonne auf dem Erdreich verkrustet, vom Regen gelöst und fortgespült wird und in der Salzlake der Ozeane seine Farbe verliert, um – scheinbar geläutert von Verbrechen, Lüge, Gewalt – aufzuerstehen im spurenlosen und verleumderischen Schimmer königlich rot leuchtenden Samtes.

Das Reichsschwert der Fleischerei ist das Hackbeil, welches in der Langversion zum Federn der Wirbelsäule aufgehängter Schweine dient und in der Kurzversion zum Abschlagen der einzelnen Koteletts. Das Zepter ist der schmucklose Räucherspieß in meiner Hand, schwarz und fettig, an dem der Fleischreichtum, Monstranz der Metzger, aufgehängt wird, damit er haltbar und wertvoller werde. Und was dort veganer Reichsapfel, ist hier der geräucherte Blutwurstring.

Den König, in herrischer und selbstherrlicher Allüre auf seinem Throne sitzend, ermächtigen die Insignien der Macht zum Regieren und Repräsentieren. Am Ende der purpurnen Blutspur des roten Teppichs sitzend, arbeitet er, indem er andere für sich arbeiten und morden lässt. Den Metzger, vor seinem Thron stehend – meist auf einem Lattenrost, damit er vom gekachelten Boden keine kalten Füße bekommt –, ermächtigen die Insignien seiner Macht dazu, selber zu arbeiten, indem er das vor ihm liegende Fleisch mundgerecht zubereitet und breitklopft, damit aus einem Schnitzel zwei werden. Zumindest sollen sie so groß aussehen wie zwei, die zusammengewachsen sind und, nachdem sie gebraten wurden, auf dem Teller liegend und den Tellerrand weit überlappend den Esser durch die Poren der Panade anlachen, um verspeist zu werden.

Der eine Metzger trägt eine goldene Krone, mit Diamanten und Edelsteinen besetzt, der andere die frisch gewaschene und gestärkte Kopfbedeckung in Form eines Schiffchens – nicht, damit auch er und sein Metier sofort erkennbar wären, sondern damit kein Kopfhaar auf das frisch rote Fleisch falle. Denn geschähe dies, klebte es dort fest und wäre mit den wurstigen Metzgerfingern nur schwer zu greifen und zu entfernen.

Die Metzgerei meiner Eltern war das zweite Königreich meiner Kindheit. Hierhin konnte ich fliehen, wenn unsere Streifzüge durch Scheunen, Bauernhöfe, Felder, Wälder, Bäche, fremde Gärten und Straßen zu gefährlich wurden. Sogar wenn ich mich aus dem verhassten Kindergarten fortgeschlichen hatte, bot mir die Metzgerei mit Vater und Mutter stets Schutz und Zuflucht, obwohl mein Vater es überhaupt nicht mochte, wenn Zusagen und Versprechen nicht erfüllt wurden: Wenn beschlossen war, ich habe heute in den Kindergarten zu gehen, dann hatte ich auch hinzugehen. Basta. Dieses Wort, *basta*, aus seinem Mund hatte die abschließende Wirkung des Schlags mit einem Hackebeil. Jeglicher Widerstand war gebrochen, Widerrede zwecklos.

Umso mehr verwunderte und erfreute es mich, dass er ausgerechnet beim Schwänzen des Kindergartens nachgiebig war. Er misstraute allen staatlichen Einrichtungen der DDR, weil diese die Menschen zu Kommunisten erziehen wollten. FDJ, Schule und Kindergarten waren in seiner Sicht der Dinge ideologisch geprägte Erziehungsstätten, die seiner Weltvorstellung in nichts entsprachen und deren Prägung er uns Kinder entziehen wollte. Dass er mein Fernbleiben oder vorzeitiges Verlassen des Kindergartens duldete, wurde ihm, damit ich nicht «von denen» verzogen würde, zur wichtigen Erziehungsmaßnahme und wichtiger als die grundsätzliche Erfüllung eines Prinzips. Wenn er den Schulbesuch Renates hätte verhindern können, hätte er bestimmt auch das getan.

Auf keinen Fall sollten wir russifiziert werden, sondern, soweit es in der Unfreiheit der DDR, für ihn die Vorstufe zur russischen Hölle, möglich war, den Atem der freien Welt inhalieren. Seine Asthma-Anfälle, die sich nicht wegtherapieren ließen, wurden, das wusste er – aber welchem Arzt hätte er sich anvertrauen und was hätte dieser ihm verschreiben können? –, ausgelöst durch den Druck des Regimes und durch sein nicht regimekonformes, daher gefährliches, aber von ihm als gerecht empfundenes Verhalten. Es gab nur zwei Medikamente, die Abhilfe hätten schaffen können: den Aufstand vom 17. Juni 1953, wäre er denn erfolgreich gewesen, oder die Flucht.

Die verpestete Ausdünstung eines Systems, das wider die menschliche Natur war, auch wenn es im Staatsnamen scheinbar menschenfreundlich-demokratisch daherkam, nahm ihm die Luft zum Atmen. Freiheit hieß für ihn, als Selbstständiger in Freiheit arbeiten, sich entfalten und frei wählen zu können – und nicht, eingesperrt und abgeschlossen von der Welt in Furcht vor Bespitzelung und Enteignung leben und für andere arbeiten zu müssen: für die Einheitspartei eines Arbeiter-und-Bauernstaats, die Deutschland in ein Sibirien verwandeln wollte, und nicht in Georgia oder Alabama, wie es meinem Vater sicherlich lieber gewesen wäre.

Edwin, sein kommunistischer Bruder, der mit der Weihnachtspostkarte aus Birkenrinde von der Ostfront, mit dem er sich trotz dessen politischer Verirrung sehr gut verstand, hätte vermutlich versucht, ihn zu überzeugen und zu bekehren, doch hätte er sich, wie ich meinen Vater kenne, an ihm die Zähne ausgebissen. Aber Edwin war in Russland geblieben. Nicht vermisst. Gefallen. Tot.

Auf dem Speicher meines Freundes Armin stand ein altes Radio, aus Adolfs Zeiten oder davor. Das Gerät war tabu. Aber nicht für uns. Wir schlichen uns auf den Dachboden, schalteten es ein und warteten … auf Hörbares aus einer anderen, einer verbotenen Welt. Aber was wir zu hören bekamen, war die Welt, die ganze Welt. Nein, nicht die Welt, die Welt war viel zu klein, es war der Kosmos, das Weltall, das wir hörten. Langsam ließen wir den Zeiger über die Glasskala wandern, hörten Musikfetzen, Rauschen, Pfeifen, Piepsen, Wortgemenge, fremde Sprachen, und obwohl wir noch nicht lesen konnten, wussten wir, wo auf der Skala Wien, London, Paris, Belgrad und Rom lagen. Die Geräusche der weiten Welt drangen in unser Ohr. Doch nichts faszinierte uns mehr, als auf Langwelle die deutlich gedehnten Namen deutscher Soldaten zu hören, die von einer Männerstimme flehentlich gerufen wurden, sie mögen sich melden oder jemand, der wisse, ob die Gesuchten noch lebten und wo sie zuletzt gesehen wurden. Wir versuchten, das grüne Katzenauge so scharf wie möglich zu stellen, um diese Stimme noch klarer zu hören. Doch der Empfang schwamm in Wogen und Wellen auf uns zu und von uns weg, entfernte sich immer wieder in unvorstellbare Weiten und Welten, als wollte uns der Allmächtige verdeutlichen, dass er der Herrscher ist nicht nur über die für ihn so kleine, aber für uns so unvorstellbar große Weltkugel, dass sie sich auf der Skala nur als Fläche, nicht als Kugel abbilden lässt, sondern über das ganze unendliche Weltall.

Das sehnsuchtsvoll-warmherzige Hineinrufen der Namen der vermissten Soldaten in den Äther war kein Sprechen – so hatte ich noch nie jemanden sprechen gehört –, es war ein Schwebezustand zwischen Sprache und Gesang, ein Hin-und-Hergleiten, das jeden Augenblick in eine große Weltenoper hätte übergehen können. Der da rief, war in Wirklichkeit kein Mann, auch nicht der Prophet Gottes. Es war Gott selber, der seine verlorenen und verstreuten Kinder zu seinem Thron zurückrief.

Wir horchten und warteten … dass wenigstens einer der flehentlich Herbeigesehnten antwortete. Doch nie hat sich jemand gemeldet. Nie. Seither weiß ich, wie der Kosmos klingt und welche Musik und welche Worte von den ersten und den letzten Dingen erzählen.

15.

Morning has broken

Die Unumkehrbarkeit dieser Entscheidung, der Flucht aus der DDR, dämmerte uns mit dem nächsten Tag. Die Nacht war müde geworden, und ihr schwächelndes, dunkles Licht wurde hinweggeweht vom aufgehenden Licht des Morgens. Trauer und Trübsal, Unsicherheit und Angst vor einer ungewissen Zukunft bedrängten unsere Gemüter. Wir mieden einander, vermieden es, uns anzuschauen, weil jeder auf eigene Art versuchen musste, mit der Last der Ungewissheit zurechtzukommen, es aber nicht konnte, sich deswegen schuldig fühlte und die anderen mit seinem Kummer nicht belästigen wollte. Das war die eine Seite der Freiheit. Doch in unsere beladenen Blicke, zu schwer, als dass sie sich zu den Augen eines Gegenübers hätten erheben können, schlichen sich blinzelnde Neugierde und eine angespannte Vorfreude auf das, was «der Westen» hieß oder, in seiner Schlichtheit nicht zu überbieten, ganz einfach «drüben» genannt wurde. Das war die andere Seite der Freiheit: die Erwartung. Wir wussten, dass unsere Reise eine ganz besondere war, kein Urlaub mit gesicherter Rückkehr.

Die Erleichterung, dass der erste und riskanteste Schritt in die Freiheit geglückt war, spürte ich zuerst bei Vati. West-Berlin. Immerhin. Aber West-Berlin war eine Insel mitten in Feindesland, und um dieses endgültig hinter uns zu lassen, hätten noch viele weitere Schritte in die Freiheit zu folgen. Vermutlich schloss ich mich seiner Haltung an, weil er mein Vorbild war und ich sein wollte wie er. Ich glaube, Mutti hat anders empfunden. Sicher, auch sie war froh, dass bisher alles glimpflich vonstattengegangen war. Aber war es wirklich richtig, in eine völlig unsichere Zukunft zu fliehen? Lieber wäre Mutti doch noch irgendwie umgekehrt, aber sie wusste, dass Vati es nie erlauben würde. Also versuchte sie, sich nichts anmerken zu lassen und es uns Kindern zu erleichtern, sich von der Heimat zu verabschieden – und sie zu vergessen?

Unser erster Weg an diesem 16. Juni führte uns aus der finsteren und muffigen Wohnung, in der wir übernachtet hatten, zum Flughafen Tempelhof, der, wie es mir vorkam, darauf gewartet hatte, uns mit offenen Armen zu empfangen. Ein weites, von Luft und Sonne durchflutetes Gebäude, wie ich es noch nie gesehen hatte – aber nicht nur hell und einladend, sondern durch das schneidend grell einbrechende Licht auch massiv, bedrohlich, riesig – die Menschen verkleinernd. Unser Vater nannte es «imposant», eine Bezeichnung, die er Monate später noch einmal gebrauchen würde beim Betrachten des Kölner Doms. Das Flughafengebäude verwies nicht nur auf sich selbst als etwas Besonderes, sondern in gleichem Maße auch auf das Besondere, ja Sensationelle des Fliegens: Man fliegt nicht in ein Land, das man kennt und das mit der Eisenbahn oder dem Auto zu erreichen wäre. Nein, fliegend lässt man den eigenen Erfahrungshorizont weit hinter sich zurück. Das Flugzeug selbst ist nicht mehr nur Transportmittel, es wird zum Vorboten, der das Ziel der Reise aufwertet, wo immer es liegen mag – in unserem Fall, und das führten mir Flughafen und Flugzeug klar vor Augen, nicht in einem neuen Land, in einer neuen Stadt, nein: in einem neuen Leben. Fliegen, dachte ich, würden wir nur einmal und nie wieder. Weg von zu Hause. Weit weg. Für immer. Ohne Hoffnung auf Rückkehr in die Heimat.

Und so tief und scheinbar ziellos wir gestern im finsteren Unterleib der Stadt mit der U-Bahn umhergeirrt sind – als Urlaubsreise getarnt, aber in Wirklichkeit, um vom Ostteil der Stadt in den Westteil zu gelangen –, so hoch und scheinbar ziellos erheben wir uns nun in den Himmel über Berlin, getragen von zwei Flügeln und angeschoben von zwei Propellern, die sich so schnell drehen, dass sie sich in der Luft aufzulösen und zu verschwinden scheinen. Aber was, wenn sich diese Propeller nicht nur in die Unsichtbarkeit hineindrehen, sondern sich von den Flügeln lösen und, unsichtbar wie sie sind, in den Himmel entschweben? Oder sich durch die Flugzeugwand fräsen, Körper, Köpfe, Arme und Beine durchschneiden und sich mitten ins Herz fressen?

Plötzlicher Tod oder ein sich durch den Absturz des Flugzeugs noch kurz ankündigender? Der schnelle Tod hat den Vorteil, dass man ihn nicht spürt, weil man nicht ihm rechnet: Ist er da, ist schon alles vorbei. Der Tod, den man auf sich zukommen sieht, hat den Vorteil, dass man länger lebt und hoffen kann, er überlegt es sich noch einmal, dreht ab und geht zum Nachbarn oder sucht sich einen freien Platz, um sich zu setzen, und wartet, ohne seinen Beruf auszuüben, auf die Landung. Irgendwohin muss der Tod ja gehen, wenn er einmal im Flugzeug ist. Aber vielleicht hat er ja heute keine Lust zu arbeiten, springt ab, ohne Fallschirm. Denn wenn der Tod tot ist und trotzdem lebt, braucht er auch keinen Rettungsschirm. Oder er stürzt mit uns ab und stirbt mit uns, jedoch nur zum Schein; erhebt sich aus den Flammen und Trümmern der Bruchlandung und geht seiner Wege, während wir tot und verstreut auf der Erde liegen.

Abzuheben von der Startbahn und mit all den Menschen, dem Gepäck und dem schweren Flugzeug in den Himmel zu fliegen und unter uns die Häuser, Straßen und Plätze der Stadt verschwinden zu sehen, als wohnten wir jetzt im Himmel und nicht länger auf der Erde – das wäre der aufregendste Ferienbeginn gewesen, mit dem ich vor meinen Freunden hätte prahlen können. Die Außergewöhnlichkeit der gestrigen langen Taxifahrt hingegen – die hätte mir keiner abgenommen. Wer glaubt einem schon, wenn man erzählt, man fahre mit dem Taxi in den Urlaub und nicht etwa nur zum Bahnhof?

Plötzlich verdunkelt sich der Himmel. Wir fliegen in ein bedrohlich wucherndes Gebilde schwarzer Wolken. Nichts ist mehr zu sehen. Eine unbekannte Welt im Nirgendwo. Das Flugzeug sackt ab und bäumt sich auf, legt sich schief, rüttelt und rappelt, wird von unsichtbarer Hand hochgeworfen in die Luft. Papiertüten werden verteilt. Panik bricht aus. Viele Passagiere können ihr Frühstück nicht bei sich behalten, erbrechen sich, doch nur ein Teil erreicht die Tüten. Der andere verstreut sich im Flugzeug. Es stinkt. Auch Mutti erbricht sich, und ich, um sie nicht allein zu lassen und um ihr meine Liebe zu zeigen, tue es ihr nach. Dann blitzt und kracht es, das Flugzeug, schwer getroffen, fällt ins Bodenlose. Schreie des Entsetzens und kollektives erneutes Würgen. Obwohl der Magen schon entleert ist, will noch etwas hinaus, wieder und wieder, ganz gegen meinen Willen. Aber was? Vielleicht das Leben selbst? Strebt es vor dem Absturz aus dem Körper, um sich zu retten wie die Ratten, die ja auch das Schiff verlassen sollen, bevor es untergeht? Aber was für ein Zustand ist das – zu leben, obwohl das Leben den Körper schon verlassen hat? Denn tot sind wir ja nicht, auch ohne Leben. Und wo ist das Leben hin? Schwirrt es im Flugzeug herum? Wird es mit uns zerschellen, wenn wir auf die Erde krachen? Oder hat es sich irgendwie aus dem Flugzeug davongemacht? Durch Türen, die verschlossen, durch Fenster, die nicht zu öffnen sind? Oder durch den Flugzeugrumpf, der fest verschweißt ist? Oder werden wir es wieder einfangen können, um – ja, um was zu tun? Wohin mit dem Leben, das man in der Hand hält, wohin? Es sich wieder in den Mund stecken wie alte Leute ihr Gebiss, nur dass man es, anders als ein Gebiss, herunterschlucken muss?

Irgendwann war die Gewitterfront durchflogen, und das Flugzeug beruhigte sich. Bei der Landung in Hannover krachte es mit hoher Geschwindigkeit – viel, viel schneller als der Wartburg, und der brachte es immerhin auf einhundert Sachen – auf die Landebahn, hüpfte zwei- oder dreimal kurz in die Luft, setzte wieder auf und rollte aus.

Wir waren gerettet. Wir waren im Westen. Unser neues Leben begann. Nicht in West-Berlin. Das war ein unangenehmer, trostloser, aber offenbar zwingender Zwischenaufenthalt. Sondern auf dem Flughafen Hannover. Die Eltern waren erleichtert. Keine Verhaftung, kein Gefängnis wegen Republikflucht, kein Waisenhaus für Renate und mich. Die Flucht überstanden zu haben, ließ alle unausgesprochenen Befürchtungen und Ängste der Eltern dahinschwinden. Sie atmeten auf und wir Kinder mit ihnen. Alles, was unser bisheriges Leben bestimmt hatte, hatten wir verloren. Meine Schwester das schöne Akkordeon, ich zwei meiner Königreiche, Mutti und ich den Kirschbaum in der Sommerleithe, Vati und Mutti das Haus, den Fernseher, die Metzgerei, alles, was sie besaßen, Vati sein Asthma. Es war am Himmel geblieben und mit der geglückten Landung in Hannover für immer verschwunden. Aber wir hatten uns. Zwar hatten die Eltern Geld mitgenommen, aber nur so viel, wie sie glaubwürdigerweise mitnehmen konnten für einen einwöchigen Familienferienaufenthalt im Westen. Doch ein Viertel vom aufgedruckten Wert der Ost-Geldscheine war in D-Mark so gut wie nichts. Immerhin war es West-Währung, ein Symbol für eine bessere Zukunft. Nachdem Vati das Geld umgetauscht hatte, bewunderten wir die fremden Scheine mit den neuen Köpfen, die, da alles im Westen besser sein sollte als im Osten, vermutlich auch besser denken konnten als die alten Köpfe auf den Geldscheinen der DDR.

Was als Ferienreise begonnen hatte, hatte uns nicht in ein neues Seebad an der Ostseeküste geführt, sondern in eine unbekannte, völlig neue Welt – in der es zwar auch einen Bus zum Bahnhof gab und eine Eisenbahn, die uns in der Nacht auf einem Bahnsteig des Aachener Hauptbahnhofes aussteigen ließ. Aber als wir durch die Aachener Nacht irrten, beladen mit Koffern und Taschen, waren wir plötzlich vor allem eines: Flüchtlinge. Menschen zweiter oder dritter Klasse. Das fühlten wir. Flüchtlinge. Erkennbar an unserer Kleidung, erkennbar am Reisegepäck, erkennbar auf jeden Fall am Dialekt, der für uns normal war, aber für die Erwachsenen, die mein Vater in der Dunkelheit nach dem Weg fragte und die in einer für uns kaum verständlichen Sprache antworteten, befremdlich klang, erkennbar auch an der Erschöpfung, der Desorientierung und der Unsicherheit – bei gleichzeitig nervös überdrehter Empfänglichkeit für alles Neue und Unbekannte. Doch am deutlichsten waren wir erkennbar an dem Fragezeichen, das jeder von uns auf seine eigene Art mit sich durch die Nacht trug und von dem wir überzeugt waren, dass es weithin leuchtete und für alle sichtbar sei.

Derart beschäftigt waren wir mit den Unschärfen und dem Unausgegorenen der uns selber fremden Fragen, dass wir uns unmöglich gegenseitig nach unseren Fragen hätten befragen können. Die Gesichter der Eltern und meiner Schwester hatten sich verändert, waren gezeichnet von den Strapazen der Reise, von Trauer, Angst und Hoffnung, denn schließlich ging es nicht darum, ob unsere Ferienwohnung angenehm sein würde und uns gefiele, sondern um die Frage, ob wir überhaupt Unterkunft finden würden und einen Platz im neuen Leben.

Und was, wenn nicht? Vielleicht – so dachte ich – waren *das* unsere neuen Gesichter: unsere Gesichter als Menschen im Westen, die wir ab nun zu tragen hätten. Ob sich mein eigenes Aussehen auch schon verwandelt hatte, konnte ich nicht beurteilen, da ich mich selber nicht im Spiegel betrachten konnte, und ein Anhalten, um in einem nächtlichen Schaufensterglas mein Gesicht auf eine Verwandlung hin zu überprüfen, war ausgeschlossen: Auch Vati war erschöpft, aber er trug seine Zuversicht – diesen unbedingten Willen, seine Familie in Freiheit und Wohlstand zu führen – vor sich her, und auf diesem Weg war kein Anhalten möglich.

Ein langer und beschwerlicher Nachtmarsch bildete die letzte Etappe unser seltsamen Reise. Noch tags zuvor hatten wir Geld genug gehabt, um mit dem Taxi durch die eine Hälfte der DDR zu fahren, und heute hatten wir mit dem Flugzeug die andere Hälfte überflogen, und auch für die Eisenbahn von Hannover nach Aachen hatte das Geld gereicht. Doch nun, endlich in der neuen Welt angekommen, war unser Vermögen auf einen so lächerlichen Betrag dahingeschmolzen, dass unser Vater nicht bereit war, auch nur einen Pfennig des neuen und wertvollen Geldes dafür zu vergeuden, um mit Bus oder Straßenbahn vom Hauptbahnhof in den Aachener Vorort Eilendorf, den Zielort unserer zweitägigen Flucht, zu gelangen.

Sollte es hier bunter und wohlhabender gewesen sein als in der DDR, dann ist mir dies vor Erschöpfung und Müdigkeit nicht aufgefallen. Die Füße schmerzten, das Gepäck wurde schwerer und schwerer, Renate und ich blieben stehen, wollten und konnten nicht mehr weitergehen, aber Vati trieb uns an, denn heute habe ein neues Leben begonnen, und schon morgen würden wir spüren, um wie viel besser es sei als das alte. Also schleppten wir uns weiter, bis wir endlich in Eilendorf ankamen und Vati an einem Haus, in dem noch Licht brannte, nach kurzem Zögern und einem prüfenden Blick auf Mutti den Klingelknopf drückte. Nichts passiert. Stille im Haus. Die Müdigkeit weicht einer erwartungsvollen Spannung. Was geht hier vor sich? Werden wir denn nicht erwartet? Noch einmal klingelt Vati, länger, länger als üblich – ist er sich unsicher und versucht, mit dem energischen Klingeln aufkommende Zweifel zu übertönen? –, als sich auch schon die Tür öffnet und wir in die freundlichen und lächelnden Gesichter von Onkel Willi und Tante Maria blickten. Wir wurden aufgenommen. Sie nehmen uns auf.

Wir durften in die oberste Etage einziehen, unterm Dach. Es gab zwei kleine Zimmer und etwas, das ich noch nie gesehen hatte: eine halbe Badewanne! Eine Sitzbadewanne. Ich war irritiert und dachte, besser eine ganze Zinkbadewanne wie bei uns zu Hause als eine halbe im Westen, selbst wenn sie in Weiß glänzt. Nach der Katzenwäsche mussten wir Kinder ins Bett. Erst am nächsten Morgen sollte mir klarwerden, dass das Haus von Tante Maria und Onkel Willi, dem Kriegskameraden meines Vaters, ein Neubau war und dass sie dort nicht allein, sondern mit damals bereits vier Söhnen lebten, deren ältester, Johannes, so alt war wie ich, und dass dort außerdem noch Tante Marias Bruder mit Frau und Tochter wohnten.

Kann sein, dass ich geträumt habe im frisch bezogenen Bett dieser ersten Nacht des neuen Lebens im Westen. Ich weiß es nicht. Kann sein, dass der Traum ebenso überwältigt war von dem Ungeheuerlichen der beiden letzten Tage wie ich und dass er, bevor er mich hier im Westen besuchen käme, erst einmal selber träumen musste, um zu begreifen, worin der Unterschied bestand zwischen der neuen Freiheit und der alten in der DDR, wo er, soweit ich das beurteilen kann, ebenfalls völlig frei war und weder Verhaftung noch Enteignung fürchten musste. Kann aber auch sein, dass er keine Lust hatte, in den Westen zu fliehen, dass er «drüben» geblieben ist und mich verlassen hat, weil ich ihn verlassen hatte, denn in der alten Heimat konnten wir gut miteinander träumen, ich und mein Traum, sogar sehr gut. Und deswegen verstehe ich nicht, und er möglicherweise auch nicht, warum wir geflohen sind. Wir träumten nicht nur gut miteinander, es ging uns auch sehr gut, in der DDR – meinem Traum und mir. Wir waren Freunde im Geheimen, im Verborgenen, an einem Ort, zu dem sich niemand Zugang verschaffen konnte, außer ich erlaubte es, indem ich von meinen Träumen erzählte. Sollte er mich in dieser ersten Nacht im Westen dennoch besucht und mit mir geträumt haben, im Jenseits, im Jenseits der Zonengrenze, so habe ich diesen Traum vergessen. Vor Erschöpfung? Aus Überwältigung? Wegen Belanglosigkeit? Aber, wie gesagt, vielleicht hat er mich auch im Stich gelassen. Vielleicht wollte er kein republikflüchtiger Traum werden?

16.

Angst im Himmel, ein kurzes Kapitel über das Töten und artfremde Axt

Zu meiner Angst vor dem Sudkessel mit den quiekenden abgeschnittenen Schweineköpfen unter mir, in den ich abzustürzen drohte, weil ich über ihm hing und immer kraftloser wurde; zu meiner Angst, der fliegende Teppich mit meiner in Dauerschleife Akkordeon spielenden Schwester, der nicht zu trauen war, weil ich sie ebenso blöd fand wie sie mich, könnte sich als ein Trugbild erweisen; zur Enttäuschung über meinen debil glotzenden und offenbar zur Salzsäule erstarrten kleinen Bruder, der wie angewurzelt schräg unter meinem in der Luft baumelnden Körper stand; zum Höllenschlund des roten Wolfs, der verschlingt, was er zu fressen bekommt, mit seiner in alle Ewigkeit gnadenlos und unaufhaltsam sich drehenden tödlichen Welle, die lebendigen Leibes zerquetscht, was ihre Spirale an sich reißt, bevor es durch den Wolfskanal gemalmt und von einem kreuzförmigen, schnell rotierenden Messer zerschnitten, zerkleinert, vermengt und unkenntlich gemacht wird, damit es, durch die winzigen Löcher der runden Platte am Ende seines Verdauungskanals gepresst, in eine Mulde ausgespuckt werde und ich mir vorstellen musste, wie wohl die gewolfte und zermahlene Mischmatsche von gekuttertem, frischem Menschenfleisch aussähe, und ich mich frug, ob man ihr die Herkunft von den einzelnen Körperteilen, also von Kopf, Armen, Rumpf, Beinen, Haaren, Fuß- und Fingernägeln würde ansehen können – zu all diesen Ängsten und Ausweglosigkeiten hielt eine Metzgerei der damaligen Zeit für einen Jungen wie mich noch weitere Höllen parat: In der einen wird man vergast und geräuchert, das ist die Räucherkammer, in der andern durch Kälte getötet, das ist das Kühlhaus. In beiden soll das Fleisch, ist es erst tot, möglichst lange haltbar gemacht werden, durch Kälte und Rauch. An sich neugierig machende und für vier-, fünf- und sechsjährige Jungen spannende und aufregende Orte, die einem vor Augen führen, wie Fleisch von innen aussieht und was sich alles mit ihm anstellen lässt, ist es absolut tödlich, in sie eingesperrt zu werden.

Will mich die Hölle durch Oswald, Geselle des Teufels, und den Plan meines Vaters, Metzgermeister des Teufels, wofür auch immer bestrafen, so hat sie in der Räucherkammer zwei Möglichkeiten. Das ausströmende Gas, dessen Flamme die Holzspäne und das Holzmehl entzünden sollte, betäubt mich und lässt mich ersticken, egal, ob ich im Keller unter dem Rost gefangen bin oder in der Kammer über dem Rost bei Schinken, Wurst und Speck sitze. Das ist der schnelle Tod. Oder ich werde wenn nicht das Gas, so doch den Rauch einatmen und lebendigen Leibes von innen geräuchert. Das ist der langsame Tod.

Wenn die Hölle nicht dumm ist, wird sie auf jeden Fall das Töten oberhalb des Rostes bevorzugen, denn hier hat sie wiederum zwei Möglichkeiten, meinen Leichnam zu behandeln. Entzündet sie die vielen Gasflammen im Keller, die die Räucherkammer auf die für die jeweiligen Fleischwaren gewünschte Betriebstemperatur erhitzen – so wie bei einem Herd –, könnten mich die Gasflammen, voll aufgedreht, nicht nur töten, sondern anschließend auch gleich noch entsorgen. Sie verbrennen mich zu Asche, diese rieselt durch das Rost, vermischt sich mit der Glut von Holzmehl und -spänen, dann mit deren Asche, und ich bin weg für immer. Spurlos verschwunden. Möglichkeit «Nummer zwo» – so pflegte mein Vater sich auszudrücken, wenn es beim Zählen um die Wurst ging: Ich werde nicht sofort vergast und verbrannt, sondern von innen und außen langsam geräuchert, sehe bald aus wie eine bräunliche Mettwurst und werde irgendwo für lange Zeit, denn ich bin ja nun haltbar gemacht worden, als sichtbares Zeichen aufgehängt, als Mahnung, was mit bösen Buben, wie ich einer gewesen sein muss, zu Recht geschieht.

Im Kühlhaus macht sich das Gegenteil von Rauch und Feuer an meinem Körper zu schaffen. Es ist die Kälte, und Kälte ist gnadenlos. Zumindest, wenn man – wie ich – noch lebt. Es gibt kein Mittel gegen sie. Kein Schal, keine Handschuhe, keine

Mütze, kein Muff aus Pelz, wie ihn Mutti manchmal im Winter trägt, kein Mantel, keine doppelte Unterwäsche und keine Wärmflasche kann einen retten. Auch kein Filz, wie ihn die Soldaten trugen gegen die russische Kälte. Nichts. Nur Wärme. Aber die gibt es im Kühlhaus nicht. Den Fasanen, Hasen, Spanferkeln, Lämmern, Zicklein, Kälbern, Färsen, Schweinen und Schweinehälften, den Rindern und ihren Hinter- und Vordervierteln, ihnen allen kann die Kälte nichts anhaben, denn wenn sie ins Kühlhaus kommen, sind sie ja schon tot. Aber ich? Noch bin ich nicht nur Fleisch, sondern ich lebe – zumindest bis mir die Kälte alle Wärme aus dem Körper herausgezogen haben wird, und das kann dauern.

Zuerst könnte ich mich mit Kniebeugen warm halten und die anschleichende Kälte abwehren; aber irgendwann ginge mir die Puste aus, der Kältetod pirschte sich erneut an, packte mich im Stehen und würde mich in einen menschlichen Eiszapfen verwandeln. Anstatt die quälende Zeit des Erfrierens so zu verlängern, wäre es klüger, ich beschleunigte sie und zöge mich aus – bis auf die Unterhose, die Schuhe und die Socken – und setzte mich für eine kleine Weile auf die kalten Kacheln des Kühlhauses. Dann stellte ich mir vor, ich säße im warmen Sand des Ostseestrandes, legte mich auf den Rücken, streckte mich aus, lauschte den sanften Wellen. Ich rede mir ein, dass ich in der Sonne liegend schwitze und schwitze und schwitze … und in Wahrheit weiß ich, dass die Schweißtropfen auf meiner Stirn Eiskügelchen sind, denn ich erfriere, erfriere, erfriere. Gegen Sonnenbrand einzuölen bräuchte ich mich nicht, denn die Sonne des Kühlhauses, eine funzelige, hinter Glas und Draht eingesperrte Glühlampe, ist trotz ihres Namens kalt.

Wo ist Renate? Ich dachte, sie sei längst da. War sie auch. Ist sie aber nicht mehr. Hat sich wieder aus dem Staub gemacht. Typisch. Macht mir Hoffnung, mich zu retten, um dann zu entschwinden. Wieder einer ihrer vielen erfolgreichen Versuche, mich zu ärgern und zu demütigen.

Deswegen muss ich an dieser Stelle die nicht enden wollende Zeit des Wartens auf meine Rettung überbrücken, muss – «Bitte,

bitte, Renate, komm geflogen wie ein Vogel und rette mich, bitte, bitte, ich werde dich auch nie wieder ärgern, komm geflogen, und ich setze mich auf deinen Schoß, und du flatterst mit mir davon, bitte, bitte, lass mich nicht allein!» – weiterreden, auch wenn ich mich wiederhole und wiederhole, weil mir nichts mehr einfällt und mir nicht mal mehr mein kleiner Bruder zuhört, aber Hauptsache, ich rede, da muss ich mir eben selber zuhören, reden und zuhören, zuhören und reden, alles eins, alles in einer Person. Das Fleisch, das vor Kurzem noch lebendig war und sich gefreut hat zu leben, ist dem Metzger und seinem Geschick und Können gänzlich ausgeliefert – willenlose Masse seiner Hände, seiner Messer und Maschinen, wird es zersägt, durchschnitten, gewolft und gekuttert, gewürzt, vermengt, in Därme gefüllt, gebrüht, geräuchert, gekühlt, gepresst, in Lake gepökelt, mit langen Nadeln gespritzt, getrocknet, ins Schaufenster dekoriert, in Aspik eingelegt und versiegelt, mit Petersilie und Karottenscheiben verziert, beleuchtet, verkauft, gegessen oder, beginnt es zu faulen oder schmeckt es nicht, weggeworfen. Was auch immer mit ihm geschieht, was auch immer mit und aus ihm gemacht wird, auf dem Schlachthof und in der Fleischerei: Ist es erst einmal verkauft, töten wir es erneut mit Messer und Gabel auf dem Teller und, es zerkauend, mit den Zähnen in unserem Mund. Und während dies geschieht, dieses nie aufhören wollende Töten, singt das Fleisch sein ewiges Lied, das Lied des Lebens, denn es hat eine Seele, und die erste Zeile diese Liedes lautet: «Auch ich lebte dereinst.»

Indem wir schneiden und kauen und essen, töten wir, was zuvor für uns getötet wurde, und vergewissern uns des eigenen Lebens: Ich bin nicht tot, ich lebe! Esse ich Totes und töte es erneut, zur Sicherheit, mit meinen Zähnen, so einverleibe ich mir die Kraft des zuvor Lebenden und beweise dem Tod, dass ich stärker bin als er – indem ich ihn verdaue, bevor auch ich, lang möge es dauern, von Würmern gefressen werde. Oder ich versuche, dem Kreislauf des ewigen Fressens und Gefressen-Werdens zu entkommen durch den Sauberkeits-Tick der Verbrennung zu Asche. Der Gewaltakt des Tötens und die tatsächliche oder symbolische Einnahme des Fleisches sind Ausdruck und Akzeptanz des Lebens. Der Mensch ist nicht des Menschen Wolf – das ist ein Kindermärchen. Erstens ist der Mensch kein Wolf. Und zweitens ist der Wolf dem Menschen weit voraus. Tiere, die wir essen, töten wir. Nein. Tun wir nicht. Sollten wir aber. Selber tun. Wir lassen töten. Weil wir zu feige sind, lebend in die Hand zunehmen, was wir fremdgetötet in den Mund nehmen. Da ist der Wolf ehrlicher. Er tötet selbst.

Jeder sollte töten, was er essen will. Frauen auch. Mindestens zweimal im Jahr. Eine Art TÜV des Tötens. Ab vierzehn, spätestens sechzehn, in Ausnahmefällen auch ab achtzehn Jahren, das wäre zu klären, aber nicht die Verpflichtung selbst. Und wer es unterlässt, weil er nicht kann, hat sein Recht verwirkt, Tiere zu essen – so lange, bis er selber zu töten bereit ist. Das wäre ein neues Modell der Ehrfurcht vor dem Leben, und ein neues Modell für Schlachthöfe weltweit. Ob dann auch die Menschen einander weniger töten würden, weiß ich nicht, aber ich halte es für wahrscheinlich.

Dies alles konnte ich als Knopf, der ich damals war, so nicht benennen. Aber ein wortloses Gespür war vorhanden, schwebte in den Räumen unserer Metzgerei, wo Fleisch in den unterschiedlichsten Zuständen zu bestaunen und zu fürchten war: Warum hänge ich im Fleischerhimmel? Umgeben von grinsenden Viecher-Mäulern, die noch vor Kurzem als freundliche Würste und zum Hineinbeißen ins verführerische Fett einladende Speckseiten neben mir hingen und jetzt, vom Tod zurückverwandelt ins Leben, Gesichter bekommen, zu grunzenden Geistern werden und immer wieder schrill und fröhlich quieken, ja sogar übertrieben lachen, mir zublinzeln mit ihren listigen Schweineäuglein und sich darüber freuen, dass meine Angst ihnen neues Leben schenkt und ich an ihrer statt gegessen werde. Solche Geister gibt es, das weiß ich aus den Geschichten meiner Mutter, die sie mir, Renate und Klaus vorliest, damit wir aus Furcht in schnellen Schlaf fliehen und Schutz suchen im schwarzen Vergessen.

Noch immer ist Renate nicht eingetroffen auf dem fliegenden Teppich. Aber ich glaube fest an sie, sie wird mich befreien, denn sie ist meine einzige Chance. Also muss ich mich mit neuen Gedanken von der schwindenden Kraft in meinen Armen ablenken und warten, warten auf Rettung. Doch lange kann ich mich nicht mehr festhalten. Denn sonst – verdammt noch mal, wo bleibt sie! – geschieht das Schreckliche: Ich zerklatsche blutspritzend auf hartem Stein.

Geschieht das Schreckliche auf der Welt, weil es das Schreckliche gibt und es auch ein Recht hat zu leben? Oder ist es Strafe, Rache für getanes Unrecht? Und wenn ja, warum trifft es ausgerechnet mich? Was habe ich denn verbrochen, was wem angetan? Wofür sollte sich jemand oder etwas an mir rächen wollen?

Oder muss alles, was lebt, den Tod als Angst spüren, um – verdammt noch mal, jetzt langt es mir aber, wo bleibt bloß meine blöde Schwester! – zu erfahren, was es heißt zu leben? Und trifft diese Angst jeden so unvorbereitet wie mich oder schickt sie Sendboten voraus, vor denen ich aber die Augen verschlossen habe, weil ich sie nicht sehen wollte? Habe ich Oswald, der mich hier hochgehängt hat, nicht immer misstraut? Seine Lippen waren merkwürdigerweise immer angeschwollen, als würden sie jeden Morgen von Bienen, Wespen oder gar von Hornissen gestochen, sein Mund war wegen der dicken Lippen stets weit geöffnet, damit die Lungen atmen konnten, und der Steinbruch seiner Zähne – wie konnte er die mit einer Zahnbürste putzen, oder putzte er sie etwa gar nicht? – wirkte nicht gerade vertrauenswürdig, selbst wenn das Gesicht lachte. Und Oswalds Gesicht lachte immer. Es kannte nichts anderes als Lachen. Alle Babys schreien, wenn sie das Licht der Welt erblicken. Nur Oswald nicht. Er hat gelacht, ganz bestimmt. Sie fürchten sich vor dem Unbekannten und schreien das Leben an – Oswald hat sich gefreut und es angelacht. Und weil er überglücklich war, hat er sich überlacht. Die einen, die Schreihälse, japsen aus Verzweiflung nach Luft, aber Oswalds Überschuss an Lebensfreude hat ihn an seinem Glück fast ersticken lassen. Endlich hatte er es geschafft: hinaus aus der dunklen Bauchhöhle und hinein ins bunte Licht der Welt. Er war das einzige Baby weltweit, das der liebe Gott, vermutlich versunken in ein glückselig plätscherndes Nachmittagsnickerchen, nicht für den Sündenfall der Eltern bestraft, sondern für eine gottgefällige Zeugung mit einem nie enden wollenden Lachen beschenkt hat.

Wie es wohl ist, immer nur glücklich zu sein? Gewöhnt man sich daran und empfindet nach einer Weile das Glück als das Selbstverständlichste auf der Welt, ohne sich weiter Gedanken darüber zu machen, so wie man sich ja auch keine Gedanken darüber macht, wenn man sich, wie es so schön heißt, gedankenverloren mit Zeigefinger oder Daumen in der Nase bohrt? Kannte er keinen Schmerz, keine Angst? Hatte Oswald nie böse Träume? Vermutlich nicht. Denn sonst wäre er doch später mit uns in den Westen geflohen. Friedel hat immer gesagt – und damit war alles über Oswald und sein Glück zusammengefasst: «Wenn der Oswald mal dod ist, lachder noch im Sarg als Leiche.»

Was, wenn mein Vater mich nicht nur liebt? Wenn er spürt, dass Mutti, seit es mich gibt, nur für mich da ist und dass ich in ihr drin war, seit sie begonnen hat zu leben, schon lange bevor er sie kennengelernt hat? Ich bin das Geschenk an meine Mutter und das Geschenk meiner Mutter an mich. Wo soll da Platz sein für den Mann und Vater? Oder konnte mein Vater ahnen, was im Westen noch alles auf ihn zukommen würde, und hat er dafür schon mal im Voraus einen Schuldigen gesucht? Mich? Wusste er schon, was aus mir werden würde, ohne dass ich es selber wissen konnte?

Fleisch, das zerschnittene, und Knochen, die gebrochenen und zerhackten, hinterlassen Spuren und Gerüche auf dem Hackklotz, diesem Wohlstandsaltar der Nachkriegsgesellschaften – gleichgültig, ob sie sich kommunistisch, sozialistisch oder kapitalistisch schimpften. Denn das große Menschenschlachten des Zweiten Weltkrieges hatte einen ungeheuren Hunger auf mehr Fleisch hinterlassen, diesmal auf das Fleisch geschlachteter Tiere, als müsste die Sucht zu töten, noch immer nicht gestillt, sich ein neues Terrain erobern, wenn sie sich nicht mehr an Menschen austoben kann, um ihr blutiges Verlangen zu befriedigen. Und was im Krieg das Schlachtfeld, sind in Friedenszeiten Schlachthof und Hackklotz.

Also der Hackklotz. Ich stelle mich, Geschäft und Metzgerei sind geschlossen, auf eine Fußbank und bereite mich vor, das von Blutspuren, Knochenmehl und -splittern besudelte und gesättigte Holz des Hackklotzes zu säubern. Mit all meiner Kinderkraft und meinem ganzen Fliegengewicht lehne ich mich beim Hin-und-her-Kratzen auf die grobe Drahtbürste – sie ist geeignet, Elefanten oder Krokodilen mit Leichtigkeit die Haut vom Körper zu schrubben –, und dieses Schaben, Scharren und Schrammen löst feine, feuchte, verschmierte Späne vom Massiv des Holzklotzes, die umso trockner werden, je länger ich das Holz bearbeite. Das Bürsten wird schwerer und schwerer, zu bald geht mir die Puste aus, und ich muss einsehen, dass es der Kraft von Männern bedarf, meines Vaters und Oswalds, um die Blutspuren und Knochenreste mit den scharfen Eisenborsten bis zur Unkenntlichkeit zu beseitigen und den Hackklotz in spurenloser Unschuld wie neu erstrahlen zu lassen, bereit, schon morgen wieder Blutigwässriges, Spitzsplittriges und Feuchtschmieriges in sich eindringen zu lassen.

Welch wunderbares Gefühl, nach getaner Arbeit über die holzhelle, weich aufgeraute Oberfläche des sauberen Hackklotzes zu tasten, ihn zu streicheln als Wiedergutmachung für die Schindereien, die er Tag für Tag zu ertragen hat. Deine Wunden, lieber Hackklotz, sind verheilt, und wir werden dich pflegen, Abend für Abend, bis an dein Lebensende, weil du uns gute Dinge tust! Doch im Lauf der Zeit formen sich gesäuberte Unebenheiten, vergleichbar den sanften Hügeln und Tälern Thüringens, und im Ergebnis allabendlicher Aus- und Abschabungen der tagtäglichen Metzeleien werden diese so kurvig und steil, dass sie die Schroffheit des Elbsandsteingebirges anzunehmen drohen, sodass der Schreiner bestellt wird, der sie schleift, schmirgelt und in eine so makellose Ebene verwandelt, dass sie aussieht, als sei sie von den Sandstürmen der Sahara höchstpersönlich monatelang geglättet worden.

Im Nachkriegsdeutschland, hüben wie drüben, diesseits und jenseits der Zonengrenze, gab es weiterhin eine unbändige Gier nach Fleisch, nicht mehr auf den Schlachtfeldern und in den

Konzentrationslagern, sondern zwischen den Zähnen, und der Erfolg der neuen Zeit bemaß sich im größtmöglichen Konsum riesiger Fleischberge. Mein Vater hatte dies vorausgeahnt und noch schnell vor Kriegsausbruch seine Meisterprüfung abgelegt, damit er, aus dem Krieg heimkehrend, gleich in die eigene Tasche wirtschaften und eine Metzgerei betreiben konnte. Oder hat ihm das weiße Kanalsystem, das beim Zerschneiden der Leber in Scheiben sichtbar wird, nach Augurenart einen Rat erteilt? Hans, gehe hin und studiere Medizin und werde, was du werden wolltest, Chirurg, nicht Metzger, mache nicht deinen Metzgermeister, denn nach dem großen Krieg wird es sein wie nach jedem Krieg: Die Leute haben zwar Hunger, aber nicht nur Hunger, sodass du ihnen zu essen gibst, sondern sie sind verletzt, krank, werden weiterhin krank und brauchen deine Hilfe, denn sie wollen nicht sterben. (Niemand will sterben. Auch ich nicht. Deswegen halte ich mich am Leben fest, an einem Räucherspieß, solange ich kann. Doch niemand hilft mir. Noch nicht einmal mein Vater. Der träumt davon, anderen zu helfen. Mir nicht.) Und er, zu unbeweglich, zu ängstlich, zu unbegabt, hat nicht auf diese Botschaft einer äußeren oder seiner inneren Stimme gehört, sondern blieb Metzger und hat mich zum Opfer seines Versagens bestimmt?

Wo bleibt denn nur die blöde Kuh von meiner Schwester – bleibt einfach weg und lässt mich hängen, sodass ich endlos weiterreden muss. Verdammt noch mal, ich will gerettet werden, nicht reden müssen!

Als unser Vater an einem Sonntagmorgen in Mülheim an der Ruhr mit der Axt die von innen verschlossene Tür einschlug, weil der Schlüssel in der Hektik nicht gefunden oder wegen der fiebrigen Hitze der Situation nicht ins Schlüsselloch gesteckt und umgedreht werden konnte, um Renate vor den entfesselten Kräften ihres Körpers und ihrer Seele, ihren Lüsten und Lust-Ängsten und dem unmittelbar bevorstehenden Erstickungstod zu retten – und mit ihr Monika und mich vor der Gefahr der Übertragung dieser Krankheit der Jugend –, schlug er an dieser letzten Station unserer Irrfahrten durch den Westen nicht nur auf Tür und

Türbalken ein, sondern auch auf den Rock'n'Roll, die Musik der Beatles und der Rolling Stones und – in weiser Vorausahnung – auf die 68er-Bewegung, ihre langhaarigen Rädelsführer, die man «sich nur mal richtig vorknöpfen» müsse, auf das Chaos, die drohende Enteignung vom wohlverdienten Besitzstand und auf die sexuelle Befreiung generell, obwohl er es den jungen Frauen der APO sicher gerne «mal richtig gezeigt» hätte. Jeder Axtschlag war ein Verzweiflungsschlag gegen Unordnung und Anarchie in der Gesellschaft, gegen den Aufstand der Hormone im Kinderzimmer, gegen das unberechenbar Weibliche, das sich in meiner Schwester entzündet hatte und wie fast alles Weibliche mit Gewalt bekämpft werden musste, und gleichzeitig gegen Männer, die keine Männer mehr sind, gegen Nackte auf der Leinwand, gegen den obszönen Hüftschwung auf der Bühne, gegen Gejaule und Katzenmusik und gegen Nikita Chruschtschow und die Bedrohung durch die Atombombe, gegen den Dritten Weltkrieg, auf den meine Mutter die Familie mit kellerfüllenden Hamsterkäufen haltbarer Lebensmittel vorzubereiten hatte.

Doch damit hätte man ihn unterschätzt. Denn seine Schläge gegen die Zimmertür galten auch seiner eigenen Lebensverhedderung und den wiederholten mehrtägigen Fluchten meiner Mutter zur Familie seines Bruders Erich in Niederlahnstein, und sie entpuppten ihn als entfesselten Chaoten zwischen repressiver Bürgerlichkeit, radikaler Befreiungssehnsucht und selbstbetäubender Gewalt. In der Kraft der Zerstörung, mit der er auf die arme Tür eindrosch, die sich nicht öffnen wollte, wütete nicht nur der Funke, sondern die Feuersbrunst der Anarchie, von der ich nie angenommen hätte, sie könne meinen Vater derart entzünden. Denn jeder Schlag mit der Axt war ja auch ein Anschlag auf unsere Wohnung, auf unser Haus, auf unser Leben im Westen, auf unseren mittlerweile erzielten Wohlstand, dem es aber irgendwie an Richtung zu fehlen schien: Robert Schäferdieck, der Besitzer unserer Metzgerei, hatte, als wir nach Mülheim kamen, einen baldigen Verkauf in Aussicht gestellt, wollte aber jetzt, da das Geschäft brummte und gutes Geld abwarf, nicht, noch nicht, verkaufen … und mein Vater ließ in Hardegsen ein

Zweifamilienhaus bauen (wo? – na in Hardegsen, im Solling!). In der besinnungslosen Ekstase, in die er sich hineingesteigert hatte, brannte eine unberechenbare Wut gegen die Wirrnisse des Lebens und die Widerstände, die es ihm in den Weg gelegt hatte, von der er vermutlich selbst nicht wusste, dass so etwas, das selbst den Revoluzzern alle Ehre gemacht hätte, in ihm schlummerte und nun, endlich, meiner Schwester sei Dank, zum Ausbruch kam. Oder hätte er am liebsten Schwarz, Rot, Gold zertrümmert, um ins Land der Sterne und Streifen aufbrechen zu können? Und auch wenn mein Vater sich solche Musik niemals angehört hätte, kreischte aus seinen Axtschlägen ein wildes Durcheinander aus «*She loves you, yeah, yeah, yeah*» von den Beatles, «*Sympathy for the Devil*» von den Rolling Stones und «*Talking about my Generation*» von den Who. Vergessen waren hohe Tannen, die die Sterne weisen, der oh so schöne Westerwald und der Lindenbaum am Brunnen vor dem Tore, und nur die romantisch-rebellische und freibeuterisch gekringelte schwarze Locke klebte meinem Vater in diesem wirren Gedanken-, Gefühls- und Taten-Aufruhr noch fest auf der verschwitzten Stirn.

Die Weltfragen blieben an diesem sonnenbeschienenen Sonntagmorgen in der Mühlenstraße 179 in 433 Mülheim an der Ruhr ungeklärt. Vielleicht verlangten sie auch gar keine Klärung, wollten wie alles auf der Welt einfach nur weiterleben und hatten nur mal eben eine kleine launige Abwechslung im sonntäglichen Trott gesucht, sich ein kapriziöses Intermezzo gegönnt, bevor Werner Höfer sie um 12 Uhr im Internationalen Frühschoppen bei Rheinwein und Zigaretten im Schwarz-Weiß-Fernsehen der ARD traktieren und die Welt in Zeiten des Kalten Krieges vor der heißen Bombe retten würde.

Wie auch immer. Es hatte sich etwas ereignet. Und es wurde ein schöner Tag.

17.

Wrigley's

Denn ich gab meiner Schwester immer wieder Anlass, sich an mir zu rächen. Und es traf den Richtigen. Hatte ich mir doch erst kürzlich nicht nur meinen eigenen, sondern gleich auch ihren Anteil der amerikanischen Kaugummis in den Mund gestopft, die alljährlich zur Weihnachtszeit mit dem Westpaket von Onkel Willi und Tante Maria bei uns eintrudelten – wenn es denn die Grenzbeamten der DDR nicht komplett für sich behalten oder handverlesen und um die begehrten Wrigley's-Kaugummis erleichtert an unsere Familie weitergeleitet hatten. Nur damit sie ihren Anteil nicht bekomme, hatte ich ihn dem meinen, der ohnehin schon den gesamten Mundraum ausfüllte, hinzugefügt und auf diese Weise riskiert, an der Kaugummimasse zu ersticken. Der Mund war weit geöffnet. Ich konnte ihn nicht mehr schließen, geschweige denn den Kaugummi kauen. Und atmen konnte ich auch nicht. Denn im Mund blieb noch nicht einmal Platz für Luft. Also musste ich durch die Nase atmen. Doch was soll's? Den *Spearmint*-Geschmack, auf den es ankam, konnte ich auch mit geöffnetem Mund genießen. Und selbst wenn ich daran erstickt und elendig zugrunde gegangen wäre, so wäre ich zumindest mit original amerikanischem Kaugummi im Mund, und somit glücklich, gestorben.

Renate war mir kräftemäßig weit überlegen. Sie brach mir dieses zähe Gold, den amerikanischen Kaugummiklumpen, mit der Zange ihrer Finger aus dem Mund, als wollte sie mir sämtliche Zähne ziehen, und versenkte ihn – ihren und meinen eigenen Anteil – sogleich in ihrem altersbedingt größeren Mund, um ihn bis zu ihrem letzten Atemzug in diesem Tresor aufzubewahren. Und da sie größer war als ich, konnte sie gleichzeitig kauen und atmen. Ich nicht. Sie ja. Wäre ihr Mund nicht größer gewesen als meiner und hätte sie nicht gleichzeitig diesen Klumpen kauen und dabei atmen können, sondern wäre daran erstickt, so hätte ich mich nicht geschämt, ihr das Kaugummigebirge nach dem Tod aus dem Mund zu brechen und es mir selbst hineinzustopfen. Doch wie die Dinge lagen, nahm sie den Kaugummi nur aus dem Mund, wenn sie ihn allabendlich in einem Glas mit Zuckerwasser versenkte, das auf dem Nachttisch neben ihrem Bett stand und das sie wie ihren Augapfel bewachte.

Also Rache. Kampf.

18.

Die Scham, der Stolz und die rohe Leber

«Juanita heißt das Mädchen aus der Schweinemetzgerei» – so besang später, in einer Zeit, von der ich damals, im Gestänge hängend, nicht die Brise einer Ahnung hatte, der Gärtnerlehrling Peter Lohrscheidt meine Schwester. Er war in sie und sie in ihn verliebt. Und wenn er sie noch mehr hänseln wollte, nannte er sie, nachdem er sie besungen hatte, «die Fleischwurst», obwohl doch ich, wollten meine Freunde mich ärgern, so von ihnen genannt wurde. Der Name war also schon vergeben, und ihn ein zweites Mal zu verwenden, also für Renate, machte keinen Sinn. Aber das konnte ihr Verehrer natürlich nicht wissen. Ich jedenfalls ärgerte mich, denn welcher Junge in meinem Alter wollte schon eine Fleischwurst sein oder so genannt werden, und wer wollte obendrein denselben Spottnamen tragen wie seine große Schwester! Ob es zu einer Beziehung mit dem Gärtnerlehrling kam, weiß ich nicht. Doch die Straße, an der die Gärtnerei lag, ist erwähnenswert: Sie war vermint.

Damals ging ich mindestens einmal im Monat mit Axel und Pluto, unseren Schäferhunden, auf den Hundeplatz, um sie zu dressieren und abzurichten. Sie mussten lernen, bedingungslos aufs Kommando zu gehorchen – und zwar nur aufs Kommando. Ohne ihren Instinkten und Trieben nachzugeben.

Ich dressierte sie einzeln. Während ich mich auf dem Rasenplatz mit dem einen beschäftigte, wurde der andere in eine der vielen eng nebeneinanderliegenden Boxen gesperrt, in denen sich die Hunde dermaßen aufheizten und bekläfften, dass sie, hätte man sie befreit, sich gegenseitig zerbissen und zerfleischt hätten, bis der Stärkste als alleiniger Sieger übriggeblieben wäre. Befahl ich «Platz!», hatte sich der Hund zu legen, befahl ich «Sitz!», zu setzen, und zwar so lange – gleichgültig, was um ihn herum geschehe –, bis mein nächstes Kommando ihn befreite oder ihn zwang, eine neue Aktion auszuführen. Lautete der Befehl «Spring!», hatte er über unterschiedlich hohe oder weitgestreckte Hindernisse zu springen, und das mehrmals, was vermutlich seine Hüftgelenke, die Schwachstelle großer Hunde, ziemlich beschädigte. Bei «Fass!» stürzte er sich auf einen Mann in einem langen dicken Ledermantel, der aus einem Versteck hervorkam, und verbiss sich voller Wut und Kraft in dessen gepolsterten Unterarm. Der Mann schlug den Hund mit einer Rute, und währenddessen durfte der Hund nicht von ihm ablassen. Doch der auf den gepolsterten Unterarm umgelenkte Impuls, den Mann anzuspringen, ihn zu Fall zu bringen, ihm das Genick zu durchbeißen, bis der Kopf auf den Schultern baumelte wie ein loser Manschettenknopf am Hemdfaden und ihn so zur Strecke zu bringen, machte den Hund ohnehin völlig unempfindlich gegen das Trommelfeuer der Stockschläge. Erst das Kommando «Aus!» beendete diesen Dressur- und versuchten Tötungs-Akt – genannt *Mannabeit.* Das *r* wurde in der Aussprache des Ruhrpottdialekts geschlabbert, denn es hätte die Attacke wegen der gedehnten Aussprache nur unnötig verzögert. Auf das Kommando «Aus!» hatte der Hund vom Mann abzulassen und ihn nur noch zu beäugen. Jetzt durfte der Hund den Mann auf keinen Fall mehr beißen, egal wie sehr ihn dieser provozierte und wie gerne er ihm noch vor drei Sekunden das Herz aus der Brust gerissen hätte. Als Dank für diesen blinden Gehorsam streichelte ich dem Hund den Kopf, tätschelte dann seinen Brustkasten und lobte ihn mit: «Braver Hund, braver Hund!»

Die heute übliche und von der Futtermittelindustrie geförderte Verhätschelung der Hunde mit Leckerlis für jeden netten Blick, den sie ihrem Halter zuwerfen, war damals völlig unüblich. Erst zu Hause wurden die Hunde mit abgekochtem Pansen belohnt – und ich, wenn schlachtfrisch vorhanden, mit einem Stück roher Leber, damit auch meine Bissfähigkeit erhalten blieb. Pluto und Axel wussten, was sie erwartete, und so war der Nachhauseweg für uns drei völlig unproblematisch.

Anders der Hinweg zum Dressurplatz. Denn hier geschah es mehrere Male, dass Axel und Pluto, obwohl ich ihnen das

Stachelhalsband umgelegt hatte, mich gegenüber jener Lohrscheidt-Gärtnerei vor ein Eisentor zogen, durch dessen Stäbe sie versuchten, sich mit einem Boxer zu beißen, der wiederum nichts anderes im Sinn hatte, als sich in sie zu verbeißen, also sein Revier zu verteidigen. Ich allein konnte der drei Hunde nicht Herr werden, sondern wartete, bis das Herrchen des Boxers kam und ihn am Halsband festhielt. Erst dann konnte ich mit Axel und Pluto weiterziehen.

Doch im Gebüsch lauerte schon die nächste Gefahr: Katzen. Ständig schien es mindestens zwei Katzen zu geben, denen wir auf dem Weg zum Dressurplatz begegnen konnten. Witterten meine Schäferhunde ein derartiges Wesen, das in ihren Augen keine Berechtigung hatte zu leben, riss Axel, der aggressivere und auch schnellere von beiden, sich los, jagte sie aus dem Gebüsch, und nicht nur ein Mal hatte Pluto wenig später ihren Nacken im Maul und würde sie um nichts in der Welt wieder loslassen. Die Katze hatte keine Chance, mit dem Leben davonzukommen. Pluto schüttelte sie einige Male hin und her, brach ihr das Genick, Katzenblut floss aus ihrem Hals und aus seinem Maul, und nach einiger Zeit war sie tot. Erst jetzt legte er sie sachte auf dem Bürgersteig ab und erwartete ein Lob. Dies alles geschah nicht unbemerkt. Passanten kamen hinzu, waren empört, und manche beschimpften mich. Sie kamen gar nicht auf den Gedanken, dass mir das Katzen-Totbeißen mindestens genauso unangenehm war wie ihnen oder der Katze. Das war eine der Schattenseiten des Lebens in einer Fleischerei, die von Schäferhunden gegen Diebe verteidigt werden musste.

Trotzdem: Würste, Schinken und Fleisch waren für mich stets Zeichen von Wohlstand. Mochten die Väter meiner Mitschüler Arbeiter, Polizisten und Lehrer sein, Angestellte, Beamte, Richter, Anwälte, Ärzte und Wissenschaftler: Dass meine Eltern einen Betrieb hatten und für sich selber und nicht für andere arbeiteten, erfüllte mich mit Stolz. Wenn ich bei Umzügen oder Schulwechseln Einschulungsformulare auszufüllen hatte und nach der Berufsbezeichnung des Vaters befragt wurde, musste ich dort, zugegebenermaßen ein wenig schambehaftet, «Metzger» eintragen, einen Beruf, der mit Fett, Rauch, Salzlake und Blut zu tun hat und nach Töten und rohem Fleisch riecht – hängte aber immer den «Meister» hintendran, um meinen Vater vor allzu großer Verachtung in Schutz zu nehmen. Und danach kam, das wusste ich, umschulungsgeschult von den vielen Umzügen, so sicher wie das Amen in der Kirche die Frage, bei der ich punktete, indem ich nämlich das Kreuz nicht bei «Arbeiter» oder «Angestellter», sondern stolz bei «Selbständig» setzte – auch wenn ich das Wort an sich für einen Rechtschreibefehler hielt, denn es müsste sich «Selbstständig» schreiben, steht doch ein doppeltes *st* für selbstbewussten und hart erkämpften Wohlstand und nicht, wie das damals übliche einfache *st*, für abgespeckte Armut. Auch hätte ich jederzeit damit angeben können, dass ich mit Sicherheit der einzige in der Klasse war, der einmal wöchentlich eine Scheibe roher Leber aß. Doch diese Rubrik sah das Schulformular leider nicht vor. Regelmäßig rohe Leber essen – ja oder nein?

19.

Each man kills the thing he loves oder: befriedigend –

Rindern wird mit einem Bolzenschussgerät in die Stirn geschossen, und sie hüpfen, unmittelbar nach diesem hinterhältigen, knappen und für die Schwere ihrer Körper viel zu schrillen Schuss, blitzschnell in die Luft – jedenfalls sieht es so aus, wenn der Schuss sie betäubt und ihnen abrupt die Beine wegreißt. Ein letztes Aufbäumen, bevor ihre massigen Körper dumpf zu Boden brechen. Gleichzeitig mit diesem Sprung spritzen die Bullen ihr Ejakulat ziellos ins Nirgendwo.

Früher fasste ein Schlachter das Tier bei den Hörnern oder hielt es am Nasenring fest, während ein anderer mit einem kräftigen Schlag des Pickelhammers die Stirn zu treffen und einzuschlagen versuchte. Das klappte nicht immer. Mal traf der Schlag das Auge, mal eine andere Stelle des Kopfes, und wenn es dem Tier gelang, sich zu befreien, musste es wieder eingefangen werden. Das war nicht ungefährlich. Denn so ein ausgewachsenes und verletztes Tier hat unermessliche Kräfte. Und es besitzt eine gefährliche Waffe: seine Hörner.

Ist das Tier zu Boden gestreckt, wird ihm aus sicherer Distanz ein Draht durch das Loch der Schädeldecke ins Hirn gesteckt und so lange herumgedreht, bis seine Reflexe erlahmen und es nicht mehr unkontrolliert und, für den Schlachter gefährlich, mit den Beinen und Hufen um sich treten kann. Erst dann wird eine Schlinge um einen der Hinterläufe gelegt und das riesige Tier auf Knopfdruck von einem Elektrozug kopfunter nach oben gezogen. Baumelt der mächtige Körper hilflos-gedemütigt in der Luft, wird ihm mit einem langen und kräftigen Schnitt der Hals durchtrennt. Ein mächtiger Blutschwall schießt aus dem Körper hervor, eine riesige rote Fontäne sprudelt aus dem Hals, und mit ihr blutet das Leben aus diesem mächtigen Torso hervor.

Wann genau das Tier stirbt, verrät es uns nicht. Aber wenn das Blut nur noch tröpfelt und der Schädel müde am Hals hängt und nicht mehr – bewegt von reflexartigen, sinnlosen Tritten und Todeszuckungen der Läufe – hin und her schlenkert, dann können wir annehmen, es ist tot. Schließlich wird der würdelos baumelnde Kopf, der so lose hängt, als wollte er fast von selbst abfallen, vom Körper abgetrennt, und mit langen Bewegungen säbelartig rundgeschliffener Messer wird das Fell entfernt, ohne dass es zerschnitten werden darf, da es sonst weniger Geld bringt …

Dann liegen sie da, diese wuchtigen Torsi, und je länger und gleichmäßiger die Striemen der Schnitte, die ihr Fleisch verzieren, desto gekonnter hat sie ihr Schlachter gehäutet. Sie werden aufgebrochen, zersägt und aufgehängt, und dampfend entweichen die letzten Lebensreste aus Fleisch und Knochen. Das Rinderschlachten, ist der Schuss erst einmal gesetzt, hat etwas Gewaltiges, etwas Wuchtiges, etwas Urzeitlich-Mächtiges.

So oder ähnlich lautete eine Passage eines Besinnungsaufsatzes zum Thema *Vor- und Nachteile der fleischlichen Ernährung*, den wir Schüler im Deutschunterricht des humanistisch-neusprachlichen Gymnasiums zu schreiben hatten. Meine Arbeit wurde mit «Befriedigend +» bewertet. Das fand ich ungerecht. Ich hätte ein klares «Gut» verdient, wenn nicht Besseres. Doch ich war chancenlos, hatte ich doch vor nicht allzu langer Zeit nachts betrunken – wir waren auf Klassenfahrt – in Rothenburg ob der Tauber gebrüllt: «Die nächste Kuh, die vorbeikommt, wird vergewaltigt!» Unser streng katholischer Klassen- und Deutschlehrer, ein schlanker, hochgewachsener Mann mit schütterem Haar und kühn und romantisch nach hinten gekämmten schwarzen Seitenlocken, der Barock-Gedichte liebte, Brecht nur unter Zwang durchnahm und alles Spätere ignorierte, hat mir dies nie verziehen. Typisch Metzgerhaushalt, wird er gedacht haben, und so jemand, mit dieser verwerflichen Gesinnung, der kann schreiben, wie er will, er bekommt bei mir bestenfalls ein «Befriedigend», nie eine bessere Note!

Vermutlich wusste er nicht, dass unser alter Biologie- und Sportlehrer, der einen beachtlichen Bauch hatte, den er in der

Vorstellung seiner Schüler jeden Morgen mit der Luftpumpe aufpumpen musste, damit er seine Prallheit behielt, uns in fast jeder Biostunde eine von drei immer gleichen Geschichten erzählte, aber erst, nachdem er uns gefragt hatte, ob wir diese oder jene Geschichte nicht schon kennten, worauf wir lachten und riefen: «Nein, bitte erzählen sie uns die Geschichte, danach folgen wir alle aufmerksam Ihrem Unterricht!» Immer füllte die Geschichte die gesamte Unterrichtsstunde. Zwei habe ich wegen Belanglosigkeit vergessen, aber die dritte nicht. Sie handelte von einem Knecht auf einem Bauernhof in Ostpreußen, dessen Vorliebe es war, im Stall einen Schemel hinter eine Kuh zu stellen, darauf zu klettern, die Hose zu öffnen, sein erigiertes Glied herauszuziehen und sich, so drückte mein Lehrer es mit Emphase aus, «an der Kuh zu befriedigen».

Aber wenn ich betrunken auf der Klassenfahrt herausbrülle, wovon der Lehrer ohne Alkohol im Klassenzimmer erzählt, bin ich es, der unten durch ist – und nicht etwa der Lehrer, der uns diese Geschichte so viele Male erzählte, dass sie mir seitdem unauslöschlich im Kopf herumspukt – und auch nicht der Englisch- und Geschichtslehrer, der mich auf einer anderen Klassenfahrt, ein oder zwei Jahre zuvor, nachts geweckt hatte, damit ich ihm, während er im Schlafsaal an meinem Bett stand, beim Onanieren zuschaute. Er hieß so ähnlich wie ein ganz in der Nähe von Rothenburg gelegener Ort.

Auch beim Rinderschlachten musste ich zuschauen, wurde angehalten, zuschauen zu wollen. Doch vielleicht ist das Betrachten des Tötens schlimmer als das Töten selbst. Wann immer ich einen Fuß in die Schlachthalle setzte, kam mir beim Anblick der geschlachteten niedergestreckten ganzen und aufgehängten Rinderhälften mein Kinderzoo in den Sinn, weil ich dachte, so würden auch all meine Giraffen, Zebras, Büffel, Bisons, Wisente, Nilpferde und Elefanten geendet haben, nachdem ich sie DDR-fluchtbedingt verlassen hatte, hatte verlassen müssen, lauter wunderschöne freie und wilde Tiere: den Hals bis zum Wirbel aufgeschnitten, gehäutet, ausgeweidet, halbiert, zu einem Blutfleischtorso verstümmelt.

Doch diesen Gedanken hatte ich, um nicht zu kindlich zu wirken, in meinen Aufsatz gar nicht erst aufgenommen.

Später, als ich den Führerschein hatte und endlich selbst Auto fahren durfte, hat der Deutschlehrer seinen dunkelblauen R4 mit Drei-Gang-Revolverschaltung für DM 400,– an meinen Vater verkauft – und so wurde ein Klassenlehrer-Auto mein erster PKW. Um die Spießigkeit der deutschen Autobesitzer zu unterwandern, den Lehrer zu ärgern und – da war ich mir sicher – durch besondere Kreativität aufzufallen, überlegte ich mir, den R4 mit unregelmäßigen, schwarzen und weißen Streifen zu bemalen und darüber ein Schriftband mit roten Buchstaben um das Auto zu legen: «Ich habe das Prinzip Zebra verwirklicht.» Am Ende ließ ich es bleiben, da ich nur mit den Wasserfarben meines Pelikan-Doppeldecker-Farbkastens umgehen konnte, nicht mit Autolack.

20.

Magic carpet ride und roter Wolf

Plötzlich war er da. Und sie auch. Ich erkannte ihn an seinem Ölkreis, erzeugt von dem Speiseöl aus der Küche unseres Hauses, Sommerleithe 15, mit dem ich das Aufziehgetriebe der mechanischen Eisenbahn, Marke Piko, getränkt hatte, damit sie endlich schneller fahren konnte. Allerdings hatte ich so viel Öl hineingeschüttet, dass sie, während sie geschmeidig ihre Runden fuhr, eine kreisförmige Ölspur auf dem Teppich hinterließ, die sich in gleichmäßigen Abständen zwischen den Schwellen abbildete, die die Gleise zusammenhielten. Außerdem war es mir noch gelungen, die Blechflasche, die das Öl enthielt und die ich, sollte es notwendig sein nachzugießen, in der Mitte des Kreises abgestellt hatte, umzustoßen. Die Haare des Teppichs hatten keine Mühe, das Öl dankbar aufzusaugen. Öl ist nahrhaft, fast so nahrhaft wie der eklige Lebertran, den wir Kinder winters – Nase zugehalten und runter damit – schlucken mussten; und die Vorstellung, dass er von Walen, den größten Tieren der Welt, stammt, machte ihn zwar nicht schmackhafter, verlieh ihm aber einen gewissen Zauber, denn wer kann schon von einem vorsintflutlichen Urviech trinken?

Vielleicht waren ja dank des verschütteten Öls im Lauf der Zeit unter dem Teppich Tausendfüßler und Tausende von Ameisen herangewachsen, die ihn nun, trotz des Gewichts der Stühle und des Tisches, das auf ihm lastete, mit unsichtbaren Füßen aus dem Wohnzimmer die Treppe hinunter ins Freie getragen hatten. Möglich. Dass er aber jetzt unter meinen Füßen schwebte, die immer noch in der Luft baumelten, da ich nach wie vor im Fleischhimmel hing und mich am schwarzen Räucherspieß festhalten musste, war und bleibt ein Rätsel. Es gab keine fröhliche Vogelschar, die den Teppich säumte und ihn im Schnabel haltend hätte fliegen lassen können, und selbst wenn dem so gewesen wäre, hätte meine Schwester ihn der Vögel wegen nie betreten.

Doch sie war es. Es war Renate. Eindeutig. Sie stand auf dem Teppich, in der Mitte des von mir verursachten Ölkreises. Das passte zu ihr, sich ausgerechnet einen Hexenkreis auszuwählen, um mich zu retten. Auch dass sie Akkordeon spielte, war nichts Außergewöhnliches; das tat sie mehrmals wöchentlich, wenn auch nicht wie heute die Melodie von «Ihr Kinderlein kommet, o kommet doch all». Wollte sie mich mit dieser Melodie ärgern, demütigen und kleiner machen, als ich es ohnehin war im Vergleich zu ihr, und ihrer eigenen Erscheinung eine Aura der Heiligkeit verleihen, indem sie das in schwarzem und rotem Perlmutt glänzende Akkordeon klingen ließ wie die Kirchenorgel zu Weihnachten? Es hörte sich zwar mächtig an, imponierte mir aber nicht weiter, wusste ich doch, dass ein Akkordeon verschiedene Bassregister hat, die, was immer sie bedeuteten, ein Akkordeon in eine tragbare Orgel verwandeln können. Auch der bleiche und starre Gesichtsausdruck meiner Schwester war nichts Außergewöhnliches, sie hatte wohl wieder mit der Schminke meiner Mutter experimentiert, nein, außergewöhnlich war das Kostüm, das sie trug. Es war das blaue Kostüm der FDJ, der beizutreten mein Vater Renate strengstens verboten hatte, da es sich um eine Organisation handelte, die die Jugend zu Verbrechern erzog. Es bestand aus einer weißen Bluse mit dem blauen Emblem der Jungpioniere, einem blauen Halstuch, einer blauen Schiffchenmütze und einem blauen Rock. Klar, meine Schwester wollte sich mit dem Tragen dieser Uniform an meinem Vater rächen, weil sie, anders als ich und Klaus, kein Junge war – und das wollten schließlich alle Mädchen: ein Junge sein. Also hatte sie meine Mutter überredet, ihr dieses schicke Kostüm zu besorgen, das sie, ich muss es zugeben, sehr gut kleidete, um aus ihrem Mädchen-Makel Mädchen-Vorteil zu ziehen.

Aber wie kam dieser Teppich mit meiner Akkordeon spielenden und herausgeputzten FDJ-Schwester, Tochter des Metzgermeisters Hans Herbert Weise, der die Kommunisten hasste, und der ihm angetrauten Frau Charlotte Elisabeth Weise, die ihren

Mann betrogen hatte – ja, betrogen, weil sie ihrer Tochter Renate ein FDJ-Kostüm besorgt und dafür vermutlich noch Geld bezahlt hatte; auch das noch, den Verbrechern Geld schenken! –, in die verschlossene Fleischerei, in der ich, Sohn meiner Eltern und König dreier Königreiche, neben geräuchertem Speck, Würsten und Schinken im dunklen Himmel hing und um mein Leben fürchtete? Diese Frage stellte sich; doch sie zu beantworten verspürte ich nicht die geringste Lust – und so beantwortete ich sie auch nicht. Hauptsache Rettung.

Aber wollte Renate mich retten? Oder bezirzen, weil sie Hinterhältiges im Schilde führte? Ich musste mich entscheiden. Ewig würde der fliegende Teppich nicht auf mich warten. Sollte ich tatsächlich meinen Halt am Räucherspieß aufgeben, den Griff meiner Hände lösen und mich dem freien Fall von etwa siebzehn Zentimetern überlassen, die meine Fußspitzen vom weichen Flaum des Orients trennten? Ich tat es. Und siehe da: Mein Körper schwebt wie eine Feder, dreht sich langsam, als schlüge ich Purzelbäume, nur eben nicht zusammengerollt, sondern mit ausgestreckten Armen und Beinen, und ich wundere mich, wie endlos lang die kurze Entfernung von siebzehn Zentimetern sein kann zwischen dem Himmel unserer Fleischerei und meiner Rettung.

Das Muster des Teppichs aus Tausendundeiner Nacht, dem ich, umweht von lauer Luft, scheinbar schwerelos entgegentrudele, verwandelt sich in einen Meeresstrand mit Palmen, auf dessen weißer Tischdecke mich Orangen, Bananen, das saftigbunte Fruchtfleisch unbekannter Früchte und in Gläser gefüllte Kokosmilch anlachen, während ich sanft ins Paradies einschwebe und, nach geglückter weicher Landung auf dem Rücken im Sand liegend, entspannt alle viere von mir strecke … und nach einer endlos langen Qual die Sonne anblinzele und endlich Erlösung finde.

Doch da öffnet sich über mir der sommerblaue Himmel wie ein Theatervorhang, und ich sehe meinen Vater und seinen Gesellen Oswald, die beide neben dem Ungetüm von rotem Fleischwolf stehen und nach mir greifen. Sie hüpfen immer wieder hoch, obwohl ich jetzt unter ihnen am Strand liege und sie aus dem Himmel auf mich herabfallen müssten, bleiben für einen kurzen Moment in der Luft stehen, um nach mir zu greifen, mich am Fußgelenk zu fassen und vom Teppich herunterzuzerren. Mit jedem Sprung werden ihre Arme länger und länger und ihre Hände größer und größer, bis sie für einen Augenblick ganz Hand sind, riesige, nach mir grapschende Geisterbahnpranken, die nach jedem missglückten Versuch, wenn Vati und Oswald wieder hinabgesunken sind und auf dem Boden neben dem roten Wolf stehen, mir demonstrativ große rote Fleischlappen entgegenhalten, als hätten sie diese rohen, blutigen Riesenrouladen von meinem Körper gerissen, um damit ihre Gesichter zu bedecken. Ihre Augen, Nasen und atmenden Münder scheinen unter den rohen roten Fleischlappen hervor, die sie sich nun wie eine blutende Haut gegenseitig mit der Faust in den Rachen stopfen, als wollten sie mir zeigen, was sie, hätten sie mich erst einmal erwischt, mit mir machen würden, denn ich bin ja auch nur ein Stück rohes Fleisch, das in den gnadenlosen Rachen des roten Wolfs gestopft gehört …

Ich sehe zuerst meinen Fuß in dem schwarzen Loch verschwinden, an dessen Grund die unsichtbare Kurbelwelle ihre gnadenlose Arbeit verrichtet – höre, wie es knackt, bricht, knirscht und wie sie anschließend Wadenbein, Knie, Oberschenkel, Hüfte, Rippen, Wirbelsäule, Hals und Kopf hineinzieht. Bei besonders hartem Material, also bei starken Knochen, stockt die Maschine kurz, der Motor heult auf, ein paar kleine Rucker, ein paar hohe japsende Töne, vier, fünf gedämpfte Würger, dumpf brechen die Knochen, fein splittern sie, und schon läuft alles wieder glatt im runden Gang der Gewohnheit. Fleisch wird geräuschlos erledigt. Und was jetzt da vorne zäh aus der Lochscheibe herausgedrückt wird, das bin ich, das ist mein erstes Bein. Das sehe ich. Und dann sehe ich, wie ich nach und nach im Loch verschwinde. Asche zu Asche, Staub zu Staub, Erde zu Erde und Fleisch zu Fleisch.

Zu all dem spielt das Akkordeon eine immer bedrohlicher werdende Melodie. Meine Schwester streckt demonstrativ die Hände in die Luft als Zeichen, dass nicht sie diese schreckliche Musik verursacht, sondern das Akkordeon selbst, und sie lächelt. Renate lächelt. Sie lächelt mich an. Aus Freude, weil sie mich retten wird? Oder aus Schadenfreude, weil sie mit irgendeinem fiesen Trick das Akkordeon scheinbar von Zauberhand diese beängstigende Höllenmusik spielen lässt? Doch damit nicht genug, werde ich doch auch noch von den zu mir hochhopsenden und nach mir greifenden Männern und den offenen Wunden ihrer Gesichter bedroht. Also befehle ich – um mich zu retten, mich aufzumuntern und mir meinen Anteil an einem fröhlichen und unbekümmerten Leben zukommen zu lassen – meiner Schwester, dass sie mit mir auf dem Teppich ein paar beschwipste Runden über unserem schönen Heimatort Gera-Lusan dreht – denn noch immer trage ich die Krone auf dem Kopf, das kleine weiße Metzgerschiffchen, und bin also noch immer König. Und es gelingt. Die Angst ist wie weggeblasen, und heimeliges Wohlbefinden durchströmt Körper und Seele. Renate, der in selbstgefälliger Schönheit bleich Versteinerten, hauche ich den Atem mädchenhaft unschuldigen Lebens ein und flüstere ihr – wie einst Kara Ben Nemsi dem Rappen Rih – ins Ohr, nein, keine Sure, sondern ich bitte sie, die hundert Volkslieder zu singen und zu spielen, die meine Eltern und ich so sehr lieben, Renate aber überhaupt nicht. Doch sie und ihr Akkordeon tun mir den Gefallen und schenken mir die schönsten Lieder meiner inneren Musikschatulle. Im blauen und vom Vater verbotenen FDJ-Kostüm auf dem Münchenbernsdorfer Orientteppich stehend, singt sie mit einer klaren und glockenreinen Mädchenstimme, die so gar nicht zu ihrem Make-up und ihrer strengen Erscheinung passt, und das Akkordeon spielt fröhlich auf und funkelt in den zahllosen Strahlen des Sonnenlichts: Am Brunnen vor dem Tore, da steht ein Li-in-denbaum, Im Frühtau zu Berge wir ziehn, fallera, Die Gedanken si-ind frei, Kein schöner Land in dieser Zeit, Wenn alle Brünnlein flie-ießen, Im schönsten Wiesengru-u-nde … und ich als Pascha in einem blau-silbernen und mit bunten Edelsteinen bestickten Pascha-Kostüm – zwar ohne Thron, aber was macht das schon, wenn man gerettet ist – sitze mit übereinandergeschlagenen Beinen im Schneidersitz und schwebe wie von Wolken getragen auf dem Teppich durch die Sommerleithe, sehe all die Tiere meines Kinderzoos, den ich zu Weihnachten – ob vom Weihnachtsmann oder vom Christkind, konnte ich nie herausfinden – geschenkt bekommen habe, den Käfig unseres Hauses frohgelaunt durch die Haustür verlassen und auf die Straße treten – hinaus in die Freiheit. Die Menschen, ebenfalls in Festtagsstimmung, reichen ihnen Früchte, die es eigentlich gar nicht gibt in der DDR und deren Namen ich nicht kenne, werfen dem vor Freude auf zwei Beinen tanzenden Nilpferd Schokoladentafeln, Päckchen mit Kaugummistreifen und bunte Kaugummikugeln aus dem Westen und Eiscreme samt Waffeltüten und Sahne ins Maul; ein kleines Mädchen reitet auf dem Rücken eines Löwen und bläst Seifenblasen vor sich her, die auf den Schnäbeln einer Schar schwarzer Raben als bunt schillernde Luftkugeln behutsam davongetragen werden; die Elefanten entwurzeln Häuser, werfen sie vergnügt in den Sommerhimmel, die Bewohner purzeln aus Fenstern und Türen heraus, verwandeln sich in bunt gefiederte Vögel und fliegen beglückt zwitschernd davon – und die Giraffen mit ihren unvorstellbar langen Hälsen köpfen sich die leuchtenden Sterne des Firmaments zu und lassen sie am Himmel tanzen.

Ob Traum, ob Wirklichkeit oder ein von Honig verklebtes Gemisch aus beidem – es gibt nichts Schöneres, als die von ihrer Freiheit beglückten Tiere zu erleben. Ich bin gerettet. Endlich. Ich bin glücklich. Und ich werde dieses Glück, komme, was da wolle, nie vergessen.

21.

Speaking in tongues

Am Abend des 29. Oktober 1957, mittwochs gegen 19 Uhr, haben mich meine Eltern in der Küche ihrer Metzgerei in Gera-Lusan auf dem Steinfußboden liegend aufgefunden. Ich war tot. Blut war aus meinem Schädel geflossen und geronnen.

Die Untersuchung der Polizei und des Amtsarztes, Herrn Dr. Karl-Herbert Fritzsche, ergaben, dass ich eine Leiter unter das Gestänge, in welchem die Würste und die Schinken hingen, gestellt haben müsse, diese hinaufgeklettert sei und einen mit Mettwürsten umwickelten schwarzen Räucherspieß umfasst habe – dies jedenfalls hätten die mit dem Spieß zu Boden gefallenen Würste und die Spuren an meinen Händen nahegelegt. Gegen 18.30 Uhr – genauer lasse sich das nicht bestimmen – müsse ich dann abgestürzt und zu Tode gekommen sein. Ob die Leiter unter meinen Füßen durch den Sturz oder schon vor dem Sturz, entweder versehentlich bei dem Versuch, sie mit den Füßen näher zu mir heranzuziehen, oder – eher unwahrscheinlich – absichtlich von mir selber umgestoßen worden sei, sodass ich mich aus Kräftemangel nicht länger an dem Räucherspieß mit den Mettwürsten festhalten konnte, habe sich nicht mit Gewissheit feststellen lassen. Jedenfalls sei ich beim Absturz unglücklicherweise mit der Schläfe gegen die Blutkanne gestoßen, die zum Trocknen umgedreht auf den Boden gestellt worden war, und vermutlich sei ein Zusammenwirken von Verbluten und zertrümmerter Schädeldecke die Ursache gewesen für das Ableben von Klaus Weise, geboren am 6. Oktober 1953 in Gera und gestorben daselbst. Es sei davon auszugehen, dass der Unfall nicht tödlich hätte enden müssen, wäre mein Kopf nicht gegen die Kanne gestoßen. Ein Fremdvergehen sei auszuschließen.

So etwa lautete der Bericht der Polizei, den meine Eltern von der Polizei erhalten hatten und den mein Vater meiner Mutter und mir vorlas. Dass mich die Schuld am Tod meines kleinen Bruders trifft, weil ich nicht, wie von den Eltern beauftragt, auf ihn aufgepasst hatte, wurde nicht erwähnt. Ich war mit meinem Freund Armin auf die Straße gegangen und hatte Klaus gesagt, er solle keinen Unfug machen, in ein paar Minuten sei ich zurück. Doch die Minuten dauerten länger als geplant. Denn Armin wurde nach dem Rauchen der Zigarettenstummel, die wir in der Gosse aufgesammelt hatten, grün und blau und gelb im Gesicht, und zwar gleichzeitig, und musste sich übergeben. Das dauerte eine Weile, und ich blieb bei ihm, denn einen Freund, mit dem man sich Blutsbrüderschaft geschworen hat und der wie ich zum Stamm der Komantschen gehört, verlässt man nicht. Als ich dann zurück in die Metzgerei ging und Klaus inmitten der heruntergefallenen Mettwürste auf dem Fußboden liegen sah, erstarrte ich vor Entsetzen. Seine Augen schauten mich an, und ich wusste: Klaus ist tot. Und doch konnte ich nicht glauben, was ich sah. Blut war aus seinem Schädel geflossen und hatte die weiße, neben ihm liegende Metzgerkappe durchtränkt. Unweit lag auch der Räucherspieß wie eine nutzlos gewordene Lanze im Kampf gegen einen unsichtbaren Gegner, gegen sich selber, und die Mettwürste hatten sich um seinen Kopf gekringelt. Sie erinnerten mich an den Lorbeerkranz, den man siegreichen Helden flicht, um sie zu ehren. Für einen Moment dachte ich auch an einen Heiligenschein. Aber ein Heiligenschein aus geräucherten Mettwürsten konnte mich nicht überzeugen, und ich verwarf den Gedanken. Er war mir peinlich. Ich schämte mich vor mir selber. Doch so viel Umgang mit dem Tod hatte ich bisher nicht gehabt. Mit dem Tod von Tieren in Form von Fleisch ja. Aber mit dem von Menschen, außer von Opa Nagler, nicht, und so fehlten mir die Vergleiche. Klaus hatte die Schlacht verloren. Das war klar. Doch wie er dalag, den Spieß neben sich und sein Kopf von den Würsten gekrönt, und mich anschaute, war er ein Held, ein kleiner zwar, in kurzen Hosen, aber ein Held. Der Blick seiner Augen forderte von mir diese Anerkennung, und meine Augen gaben sie ihm. Diesen letzten Dienst, so dachte ich, bin ich dem kleinen Knopf schuldig, und ahnte nicht, dass es erst der Beginn vieler noch folgender Dienste sei.

Beim Erstarren meines Körpers hatte ich auch das Gehör verloren. Das Rauschen meines Blutes war verstummt, und hätte mir jemand eine Muschel ans Ohr gehalten, ich hätte nichts vernommen. Als meine Eltern hinzukamen, war ich nicht imstande zu sprechen.

Den Polizisten, die mich später befragten, antwortete ich kein Wort. Und so konnten sie auch nicht wissen, dass ich mir das weiße Metzgerschiffchen, bevor ich die Leiter hinaufgeklettert bin, schräg auf den Kopf gesetzt hatte, denn ein Metzger ist nur ein richtiger Metzger, wenn er die Metzgerkrone auf dem Kopf hat. Nachdem ich dann den Räucherspieß mit den Mettwürsten umfasst hatte und stolz im Wurst- und Schinkenhimmel hing, machte ich einen langen Klimmzug, sodass mein Kopf mit der weißen Schiffchenkrone alles überragte. Hierbei habe ich vor Freude übers ganze Gesicht gestrahlt: Ich war der König – und wollte es bleiben, solange es nur irgendwie ging. Schließlich kann man nur König sein, wenn man über allen anderen thront und sie in den Schatten stellt, besonders die wertvollen, weil mehrere Tage, ja manchmal Wochen getrockneten Würste und Schinken, die von meinem Klimmzug beindruckt waren. So etwas kannten sie nicht. Und konnten sie nicht. Begeistert feuerten sie mich an und riefen mir, sich gegenseitig übertreffend, immer wieder zu: «Länger, länger, noch länger!» Ich wollte sie und auch mich nicht enttäuschen und hielt den Klimmzug, solange es nur irgendwie möglich war. Doch ich hielt ihn zu lange. Meine Arme begannen zu zittern, ich versuchte mit den Füßen die Leiter zu erreichen, geriet in Panik, stieß gegen die Leiter, sie fiel um, ich zitterte am ganzen Körper, und der Räucherspieß rutschte mit mir und den Würsten vom Gestänge ab, wir stürzten zu Boden, und von da an weiß ich nichts mehr … Vielleicht haben die Würste und Schinken, während ich auf dem Boden liegend verblutete, gelacht, mich und meinen Hochmut ausgelacht, weil ich versucht hatte, mich mit ihnen, der Königsklasse, zu messen, und den Kampf, aus ihrer Sicht zu Recht, verloren hatte.

Was die Polizisten nicht wissen konnten, war, dass ich als sechs Jahre nach meiner Schwester und zwei Jahre nach meinem älteren Bruder Geborener auch einmal der Erste hatte sein wollen. Das konnte ich ihnen als Toter aber nicht verraten, denn es hätte irgendwie komisch geklungen.

Und ich konnte ihnen auch nicht verraten, denn ich konnte ja damals nicht mehr sprechen, dass mich Klaus, als ich einmal im Wursthimmel hing, ganz genau beobachtet hatte – ohne mir zu helfen. Vermutlich, um herauszufinden, wie lange ich wohl da oben hängen bleiben konnte, damit er, sollte er einmal allein in der Küche sein, es mir nicht nur haargenau gleichtun könnte, sondern mich durch längeres Festhalten sogar noch übertreffen würde. Aufgebahrt in meinem Kindersarg sehen sollte ich mich erst später.

22.

Das Glück

Abzustürzen drohte ich auch aus dem Kirschbaum in unserem Garten in der Sommerleithe. Und doch war es mein größtes Glück, so hoch wie möglich die Äste hinaufzuklettern, meiner Mutter zu zeigen, was ich schon konnte, es mir in einer Astgabelung bequem zu machen und ihr zuzuschauen, wie sie die Weißwäsche zum Bleichen auf dem Rasen ausbreitete und mit hölzernen Klammern die Buntwäsche an der Leine zum Trocknen aufhängte. Dabei hat sie gesungen. Für uns beide. Man sagt, dort, wo der Regenbogen die Erde küsst, sei das Glück: Man kann es sehen, aber nicht erreichen. Doch in meiner Kindheit wusste ich genau, wo ich mein Glück fand. Im Kirschbaum in unserem Garten. Auf der Wiese hinter unserem Haus. In der Astgabelung, dem Hoch- und Stammsitz meines Glücks. Ich schwebte in der Luft. Mit ausgestreckten Armen und baumelnden Beinen – und der Baum gab mir Sicherheit.

Hatte meine Mutter die Wäsche zum Trocknen ausgebreitet und auf die Leine gehängt, pflückte sie zwei Paar glänzend roter Kirschen vom Baum, ich sprang zu ihr hinunter und lächelte sie an – und sie lächelte zurück. Uns beiden war klar, was jetzt kommen würde. Sie würde mir die prallrot glänzenden Kirschen mit den zusammengewachsenen Stielen über die Ohren hängen. Es war ein Spiel der Gleichzeitigkeit. Während ich ihr die eine Seite des Kopfes zuwandte, kam mir ihre Hand schon entgegen und hängte die Kirschen über mein Ohr. Und obwohl wir nie wussten, mit welcher Seite wir beginnen würden, verfehlten wir uns nie … Das Glück … lächelte mich an …

Mutter-und-Sohn-Spiele eben. Vater-und-Sohn-Spiele sahen anders aus. Wie hätte ich sie vergessen können.

23.

Lullumann in Russland

Für Mutti war das Leben im Westen kalt, für Vati war es der Krieg im Osten. «So kalt, dass, mussten wir Soldaten Pipi machen, der Strahl sofort zu Eis erfroren ist.» Ich dachte, sie könnten dann nicht weiter Pipi machen, denn der Eisstrahl hätte ja den Lullumann verstopft, und die Soldaten müssten alle rückwärts laufen, wollten sie weiter pinkeln. Nach vorne ging ja nicht mehr, denn da war das Pipi schon hart wie ein erfrorener Regenbogen. Also rückwärts. Und da ich wusste, dass beim Militär alles auf Kommando geschieht, also auch das Pipimachen, stellte ich mir ein Heer von Soldaten vor, die im Gleichschritt rückwärts marschieren und dabei vorwärts zu pinkeln versuchen. Aber wie sollen rückwärts laufende und vorwärts Lullu machende Soldaten einen Krieg gewinnen? Diese Frage traute ich mich nicht zu stellen, denn diese Dinge wurden bei uns nicht besprochen. Also musste ich sie selber beantworten – und mein drittes Königreich half mir dabei. Sie müssten rückwärts vorwärts laufen und dabei vorwärts rückwärts pinkeln. Allerdings bräuchten sie dann einen Rückspiegel an der Uniform, müssten mit der freien Hand das Gewehr falsch herum auf die Schulter legen und mit dem Blick in den Rückspiegel den Feind erspähen und zu erschießen versuchen.

Aber was machen die Soldaten, wenn sie «groß» müssen? Gefriert das Groß sofort oder erst, nachdem es sich zum Haufen gekringelt hat? Und manchmal, bei Durchfall, ist es flüssig und fließt, manchmal aber auch hart und fällt hinunter wie kleine Kiefernzapfen oder Schafsköttel. Wie verhält es sich dann? Müssen die Soldaten in der Hocke weiterlaufen, um ihr Geschäft zu erledigen? Und was machen die Russen? Sind sie darin geübter als die deutschen Soldaten, weil es bei ihnen ja fast immer eisig kalt ist? Vielleicht sollten die deutschen Soldaten den russischen dabei zuschauen, wie sie es machen, um von ihnen zu lernen.

Eines Tages – es war ein Mittwochnachmittag, da war der Laden geschlossen, und mein Vater saß an seinem schweren, alten Schreibtisch mit Blick auf den Metzgereihof, um den Bürokram zu erledigen, beziehungsweise nicht zu erledigen, denn diese Arbeit gehörte, wenn es nicht gerade um das Zählen von Kasseneinnahmen ging, nicht zu seinen Lieblingsbeschäftigungen, und er ließ sich gern davon ablenken – nahm ich meinen Mut zusammen und fragte, ob er jemanden erschossen habe im Krieg. «Als Metzger war ich in der Küche, immer hinter der Front. Aber wenn es hart auf hart ging, dann musste auch ich zum Gewehr greifen und mich und uns verteidigen. Ob ich getroffen habe, weiß ich nicht, denn es war immer weit weg, und viele haben gleichzeitig geschossen, da konnte man das nicht mehr sehen, aber was ich erzählen wollte: Manchmal ist eine Maus in den großen Kochtopf gesprungen, auch die Mäuse waren hungrig im Krieg, die haben wir dann drin gelassen und mitgekocht, denn schließlich ist Mäusefleisch auch nur Fleisch, und allen hat's geschmeckt ...», und wenig später: «Gegen die Kälte haben nur Filzstiefel geholfen, die wurden den Toten von den Füßen gerissen, Lederstiefel nicht. Die wurden erst gebraucht, wenn im Frühjahr Eis und Schnee schmolzen und es so viel und so tiefen Matsch und Schlamm gab, dass sich die Filzstiefel voll Wasser gesogen haben und man nicht mehr in ihnen gehen konnte; da wurden den Toten die Lederstiefel von den Füßen gerissen und angezogen. Selbst die Panzer sind nicht mehr vorangekommen, die sind im Matsch stecken geblieben, da brauchten wir dann die Panjepferde und ihre Wagen. Die mussten wir uns von den Russen holen.»

«Haben die sie euch einfach so gegeben?»

«Nein, Junge. Aber dafür bist du noch zu jung.»

Aber als ihr mich in unserer Geraer Metzgerei in den Himmel für Trockenwurst und Schinken gehängt und mich alleine meiner Angst überlassen habt, da war ich nicht zu jung!

24.

Chthonisch

Pünktlich zur Weihnachtszeit stellte mein Vater jedes Jahr kleine Würste und Schinken für die Kaufmannsläden der Kinder her. Keine Attrappen. Sondern echte Würste und Schinken. Geräuchert. Zum Reinbeißen und Essen. Im Kleinformat. Da sie, wie meine Mutter sagte, «der Renner» waren und, für einen Metzgerladen ungewöhnlich, weggingen «wie warme Semmeln», mussten sie, wenn sie am Heiligen Abend zuverlässig die Kaufläden der Kinder schmücken sollten, von den anderen Müttern rechtzeitig vorbestellt werden. Schneller verkauft als gemacht, standen sie auch uns Weise-Kindern nur in begrenzter Anzahl zur Verfügung. Ich habe sie meiner Schwester, sie hatte einen Kaufmannsladen, mit Spielgeld abgekauft – und sie mir in den Mund gestopft, genüsslich zerkaut und runtergeschluckt. Da waren sie weg. Das kam nicht gut an. Denn das Spiel konnte nicht wiederholt werden.

Aber etwas anderes kündigte sich an. Eines Nachts, die Eltern waren ausgegangen und wir Kinder allein zu Haus, lag ich im Bett, als plötzlich das Licht anging und – war ich noch wach, schlief ich schon? – Renate wie eine Erinnye über mich herfiel. Sie drehte mich auf den Rücken, setzte sich auf mich, packte meine Handgelenke und drückte mit ihren Knien meine Oberarme in die Matratze. Mein Körper wurde von ihrem erdrückt. Stillgelegt. Nur die Beine nicht. Mit ihnen trat ich die Luft und zappelte wie ein Frosch, versuchte mich mit aller Kraft zu wehren, irgendwie unter ihr wegzuschlüpfen, denn mir schwante Schlimmstes.

Meine Versuche, mich zu befreien, waren vergeblich. Nicht nur, dass meine Schwester älter war als ich und mir körperlich überlegen, nein, in ihrem Überfall lag eine Unbedingtheit und Entschiedenheit, ja eine Wildheit, die ich zuvor nie an ihr erlebt hatte, als hätte der Überfall auch sie überfallen. Was wollte sie von mir? Ich konnte es nicht im Geringsten erahnen. Doch dann erfuhr ich es: Sie steckt mir ihre Zunge, von der ich bisher nicht wusste, wie groß sie ist, in den Mund, leckt darin herum und lutscht ihn aus, stopft sie, so weit es nur geht, in meinen Hals und tiefer, als wollte sie meine Innereien umschlingen und herausziehen oder zumindest etwas hervorholen, das ich verschluckt hatte. Die Weihnachtswürstchen? Die waren doch lange zerkaut, und zwar, bei aller Eile, recht gründlich! Aber das konnte ich mit vollem Mund ja nicht aussprechen. Es dauerte eine Weile, bis Renate es selber feststellte. Sie zog ihre lange Zunge aus meinem Schlund zurück und begann erneut, meinen Mund, den Gaumen, die Backen auszuschlecken, als wären sie mit Honig eingerieben und nicht befeuchtet von ordinärer klebriger Spucke. Inzwischen, dessen war ich mir sicher, war mein Mund so sauber wie noch nie, aber umso mehr sehnte ich mich danach, ausgiebig mit dem sonst so verhassten Mundwasser zu spülen und zu gurgeln, um den Ekel loszuwerden, wie ihn nur Geschwister füreinander empfinden können. Doch mit den Zähnen gab sich Renate nicht lange ab, vermutlich wollte sie ihre Zunge nicht in meine Zahnbürste verwandeln, denn plötzlich hörte sie mit dem ekligen Schlabbern, Wischen und Lutschen auf. Jetzt, endlich, hätte ich schreien können, aber die Eltern waren ausgegangen, also presste ich sofort die Lippen zusammen, um dem Albtraum ein Ende zu setzen.

Aber anstatt mich laufen zu lassen, richtet die Rächerin, ich bin bereits erledigt, sich über mir auf, stiert mir wild in die Augen und befiehlt: «Mach den Mund auf! Los, mach deinen Mund auf!» Widerstand ist zwecklos. Sie ist der Sieger – und ich bin geschlagen und muss gehorchen. An den schmatzenden und saugenden Bewegungen ihrer Wangen und Lippen sehe ich, dass sie Speichel in ihrem Mund sammelt, mehr und mehr, bis sie sich dann nach vorne und ein wenig zu mir herunterbeugt. Ihr Kopf schwebt über meinem, und der Ausdruck ihres Gesichts verrät Triumph, Sieg, Gier, Besessenheit. Eine warme, klebrige und von unterschiedlich großen Luftbläschen durchsetzte Flüssigkeit schiebt sich träge wie Brei und unaufhaltsam aus der Öffnung ihres Mundes über ihre Unterlippe, löst sich, immer neue, sich dehnende Speichelfäden hinter sich herziehend, und landet … in meinem Mund.

Gera liegt an der Weißen Elster. Das ist allgemein bekannt. Doch selbst bei Hochwasser sind die Wassermassen dieses berühmten Flusses nur Rinnsale verglichen mit dem Speichel, der sich aus Renates Mund in den meinen ergoss. Ich wollte ihn unter keinen Umständen schlucken, ließ, als mein Mund voll war, so viel wie möglich davon über Mundwinkel, Wangen und Hals in den Kragen meines Nachthemds und aufs Kopfkissen fließen – und schluckte dann doch, reflexhaft, wie einen Bonbon, der zu weit in den Rachen gerutscht ist.

Seltsam, was ich damals zuweilen träumte.

25.

Wohin (nicht) schauen

In den Sommerferien konnten wir nur in die mit der DDR befreundeten kommunistischen Nachbarländer fahren, was meine Eltern aber nicht wollten, nicht nur, weil sie der Landessprachen nicht mächtig waren. Also ging es jedes Jahr an die Ostsee. Rügen, Kühlungsborn, Kölpinsee, Sellin …

Wir fuhren mit dem Zug in Richtung Rügen und saßen schon eine geraume Zeit im Abteil. Mein Blick war auf die vorüberziehende Landschaft gerichtet, dann wanderte er im Zugabteil umher. Ich beobachtete meine Eltern, erkundete, ob sie mich beobachteten, dann meine Schwester, die, irgendwie mit sich selbst beschäftigt, ohne erkennen zu lassen, womit genau, mich keines Blickes würdigte. Egal, wohin meine Augen wanderten, immer wieder wurden sie magisch angezogen von den nackten Beinen meiner Schwester. Ich wischte meinen Blick weg, doch immer wieder kam er zurück und landete auf ihren Beinen, den nackten Beinen meiner Schwester. Wohin ich auch zu schauen versuchte, ich war gefangen vom Bann ihrer Beine. Ich war verhext. Wie ein Kompasszeiger nur Norden kennt, kannten meine Augen nur Renates Beine. Auf deren heller Haut die ganze Zeit ein hell-dunkler und geheimnisvoller Schimmer glänzte.

Und Renate, die, wenn auch nur im Traum, ihre Zunge in mich hineingesteckt und ihren Speichel in meinem Mund versenkt hatte und mir noch nicht einmal die Nase hatte zuhalten müssen, damit ich ihn schluckte, stand im Begriff, die ganze Macht ihrer irgendwie magnetisch aufgeladenen Beine über meinen Blick zu entdecken. Was hielt sie unter ihrem Rock und zwischen ihren Beinen verborgen? Einen Prinzen, der sich in einen Frosch verwandelt hatte und sich, eingequetscht zwischen ihre übereinandergeschlagenen Beine, aus eigener Kraft nicht befreien kann? Ich schaute, starrte, glotzte – bis ich nicht anders konnte, als mich auf meine Schwester zu stürzen und ihr mit aller Wucht in den linken Oberschenkel zu beißen. Ich biss zu. Und wie!

Renate, zuerst stumm, perplex, nicht wissend, was geschah, war wie betäubt vom Schock. Dann, einen Moment später, als der Schreck wohl verklungen war und die Hitze des Schmerzes ihr jäh in Kopf und Körper brannte, schrie sie plötzlich auf. Sie versuchte mich wegzuschubsen, doch ich hing an ihr wie eine Zecke. Erst die Tracht Prügel meines Vaters brachte mich dazu, den Biss zu lösen. Klaus, der auf dem Schoß meiner Mutter eingeschlafen war, wurde von dem Lärm wach und begann sicherheitshalber zu weinen. Mutti drückte sein Gesicht an ihren Busen und hielt ihm die Ohren zu. Er sollte weder sehen noch hören, wie Vati mich verdrosch. Ob ich selbst weinte, weiß ich nicht. Wenn ja, dann aus Gewohnheit, weil man zu heulen hat, wenn man verprügelt wird. Oder um meinem Vater einen Gefallen zu tun. Die Gewalt seiner Schläge jedenfalls spürte ich nicht. Ich war empfindungslos. Und sollte ich etwas empfunden haben, dann höchstens die Befreiung von dem Zwang, einen Pfeil auf dem Bogen gespannt zu halten, ohne ihn je abschießen zu können. Ich hatte geschossen – und getroffen.

Nachdem Attacke, Prügel, Geschrei und Weinen beendet waren, sah ich, dass meine Zähne sich, anders als erwartet, nicht durch die Haut in Renates wundes Fleisch hineingebissen hatten. Keine Wunde. Es gab nur den Abdruck meiner Zähne auf ihrem Oberschenkel zu sehen, wenngleich dort, wo die Spitzen der Vorderzähne am tiefsten in die weiße Haut eingedrungen waren, kleine blutige Perlen funkelten. Immerhin. Im Lauf des Urlaubs wurden die Spuren meines Bisses auf Renates linkem Oberschenkel von Blut unterlaufen und verfärbten sich in das dunkelfarben unansehnliche Farbgemisch malträtierten Fleisches. Heute weiß ich, warum ich über meine Schwester herfallen musste. Damals wusste ich es nicht. Ich wusste nur, ich musste es tun. Ich konnte nicht anders.

Natürlich gab es im Urlaub auch viele andere Ausgelassenheiten und Blödeleien. Meine Mutter war sehr kitzelig, und auf dem Bett unserer Ferienwohnung wurde sie von uns mit großem

Vergnügen gekitzelt. Sie konnte nicht mehr aufhören zu lachen, und das steigerte unsere Lust, sie weiter zu kitzeln. Allen machte es Spaß. Doch ab einem gewissen Punkt schien es mir, als müsste sie, wenn ich ihr jetzt nicht beistünde und sie aus ihrer Not befreite, an ihrem eigenen Lachen ersticken. Es war, so schien es mir, kein Lachen der Freude mehr, sondern ein völlig unkontrolliertes, gequältes, ja, schmerzhaftes Lachen. Von meinem Vater wusste ich zuverlässig, dass im Mittelalter und auch noch darüber hinaus Lügner bestraft wurden, indem man ihnen die Fußsohle mit Salz bestreute und eine Ziege das Salz ablecken ließ: Die raue Ziegenzunge ließ den Lügner lachen. Ich wunderte mich, worin die Strafe bestand, war doch Lachen Ausdruck heller Freude. «Ja,» erwiderte mein Vater, «aber nur bis zu einem gewissen Grad. Wer lacht, bekommt kaum Luft, und wer zu viel und zu lange lacht, kann daran ersticken – wie ich an meinem Asthma. Aber so weit ist es dabei gar nicht gekommen. Denn irgendwann wurde nicht mehr gelacht, sondern vor unerträglichen Schmerzen geschrien, nämlich dann, wenn die raue Zunge der Ziege die Haut von den Füßen geleckt hatte und das rohe Fleisch erneut mit Salz bestreut wurde. Dann kam die nächste Ziege und leckte das neu auf die Wunde gestreute Salz. Diese Prozedur konnte lange dauern. Auf jeden Fall so lange, bis der Lügner die Wahrheit sprach oder das, was die Folterer hören wollten, indem er eine Lüge erfunden hat, mit der sich die Folterer zufriedengaben.» Doch Vati, Renate und Klaus hörten nicht auf, meine Mutter zu kitzeln. Als ob sie nicht längst hätten spüren müssen, dass das Lachen kein Lachen mehr ist, sondern ein Flehen aus Verzweiflung und Todesangst!

Ich griff ein, denn es ging um Leben und Tod. Mutti musste gerettet werden. Von mir. Ich wurde wütend, schrie, Klaus schrie mit, ich kämpfte, Klaus kämpfte mit, ich begann verzweifelt zu heulen, Klaus heulte verzweifelt mit, ich versuchte, Vati und Renate von ihr wegzuzerren, und Klaus zerrte mit – doch es gelang uns nicht. Mutti konnte sich schon nicht mehr wehren. Sie waren stärker als wir. Und, was ich als besonders ungerecht empfand, sie waren uns altersmäßig weit überlegen. Ich geriet in Panik, trat und schlug besinnungslos um mich, mit all der Kraft, die die Wut meiner Seele in meinen Körper pumpen konnte, um meiner Mutter das Leben zu retten. Wie konnten sie – vor allem mein Vater, der selber an schwersten asthmatischen Erstickungsanfällen litt, aber auch meine Schwester, die doch auch wusste, dass ihr Akkordeon nach jedem Ausatmer wieder Luft schnappen musste, um neue Töne spielen zu können – wie konnten sie den Überlebenskampf meiner Mutter, ihre Angst zu sterben, als Spaß begreifen?

Doch als wir wenig später am Sandstrand toter Mann spielten, mit einem Körper ohne Kopf und einem danebenliegenden lebenden Frauenkopf ohne Körper, war alles wieder gut.

26.

Wurstdecke und Nasengestrüpp

Sonntagmittags, wie hätte es anders sein können, gab es auch bei uns das Thüringer Nationalgericht: grüne Klöße mit Soße und Braten. Die Klöße mussten aus rohen Kartoffeln zubereitet werden, beim Fleisch war eine gewisse Auswahl gestattet zwischen gebratener Kalbsbrust, Kalbsrollbraten mit Nieren, Rinderrouladen, Rinderschmorbraten, Schweinebraten, Spanferkel, Zicklein, Fasan, Hase, Reh, Hirsch, Wildschwein … kurz: allem, was der tierische Speiseplan zu bieten hat als sonntägliche Krönung.

Klar, als Metzgerfamilie wurden wir um diese Auswahl in der ganzen Sommerleithe und vermutlich in ganz Gera beneidet, außer natürlich von den anderen Metzgerfamilien der Stadt, einigen Parteibonzen, Richtern, Staatsanwälten, Beamten, Ärzten, Handwerkern, Händlern, Unter-der-Hand-Händlern und vielen anderen, die Vorteile hatten im Austausch von Fleisch gegen Wissen und andere Waren, die ansonsten überhaupt nicht vorhanden, angeblich nicht vorhanden, nicht lieferbar oder nicht prompt lieferbar waren. Ohne die Gabe erst der Fleischvermehrung, dann der Fleischverteilung wäre mein Vater nie, wirklich niemals, in den Männergesangverein aufgenommen worden, weil er überhaupt, wirklich überhaupt nicht singen konnte. Selbst Weihnachten in der Kirche brummelte und brummte er nur irgendwie Unverständliches vor sich hin, als könnte er nicht nur nicht singen, sondern auch nicht lesen. Aber er hatte andere Qualitäten – Qualitäten, die zuerst in Pergamentpapier, dann in altes Zeitungspapier eingewickelt wurden und ganze Familien erfreuen und satt machen können.

Wie gesagt, Fleisch war da. Aber die eigentliche Kostbarkeit des sonntäglichen Festmahls waren die grünen Klöße – und ihre Zubereitung ein Familienritual. Mutter und die Schwester wuschen die rohen Kartoffeln, schälten sie und legten sie in kaltes

Wasser. Das Schaben der Kartoffeln am Reibeisen war meist Mutters Aufgabe, denn wenn man nicht Obacht gab, konnte man sich an der Reibe die Knöchel verletzen, und Mutter hatte die geschicktesten und flinkesten Finger. Vor allem aber musste es schnell gehen, damit die Kartoffelmasse sich nicht grau, sondern nur grün verfärbte, denn graue Klöße will nun wirklich keiner essen. Schnell wurde deshalb der rohe Kartoffelbrei in einen beigen Jutesack hineingestopft, dieser kam in die Kartoffelpresse, und hier wurden ihm von Vati und mir Saft und Stärke ausgepresst, bevor Mutti die Masse zu mit Brotröstchen gefüllten Kugeln formte und in siedend heißes Wasser legte. Uff! Und bereits jetzt, etwa zwanzig Minuten vor dem Essen, kam der eigentliche Höhepunkt des Essens. Alles, was an Röstchen nicht Einzug hielt in die Klöße und im Tiegel übrigblieb, wurde von uns Kindern verzehrt. Und es gibt nichts Besseres als diese kleinen Würfel von vertrocknetem Brot und alten Brötchen – in echter Butter gebräunt! Ich übertreibe nicht, wenn ich behaupte, dass der Sonntag einzig und allein erfunden wurde, damit einmal in der Woche die goldgelbbraunen übriggebliebenen Röstchen gegessen werden können. Unsere Mutter wusste dies und briet jedes Mal zu unserer Freude deutlich mehr von ihnen, als für die grünen Klöße benötigt wurden. Das Fleisch wurde sonntags aufgegessen, wenn nicht zu Mittag, dann am Abend. Doch von den Klößen mussten immer welche übrigbleiben. Diese wurden am Montag in Scheiben geschnitten und mit Eiern und Speck angebraten oder einfach angebraten und mit dem Rest der Bratensoße gegessen. Sie schmeckten dann viel besser als sonntags, denn da waren sie Beigabe zum Fleisch, montags spielten sie konkurrenzlos die Hauptrolle auf dem Teller.

Nach dem Essen pflegte mein Vater ein Nickerchen zu halten auf dem Sofa, das eigens für die Nische in unserem Wohnzimmer angefertigt und ungewöhnlich breit war. Derweil erledigten Mutti und Renate in der Küche den Abwasch. Das hatte leise zu geschehen, bei geschlossener Schiebetür, die Wohnzimmer und Küche trennte. Denn meist hörte mein Vater, um besser einschlafen zu können, beruhigende Musik aus dem Radio. Ich kuschelte mich zu ihm, den Kopf auf seine Brust gelegt. Klaus lag zu unseren Füßen. Immer fiel mein Blick auf eine bemalte Kachel, die an der Wand hing und von einem Schleier des Geheimnisvollen umgeben war, den selbst meine Phantasie nicht lüften konnte. Vati hatte sie aus der amerikanischen Kriegsgefangenschaft mitgebracht. Ein abgemagerter Mann lag auf einem Eisenbett. Über seinen Beinen, zwischen Hüfte und im rechten Winkel hochgestellten Füßen, hingen Würste, von denen Vati mir immer wieder weismachen wollte, es seien Falten einer Decke, aber da irrte er, das war klar. Es waren Würste. Nur: Wer bei Verstand ist, würde doch nie im Leben, vor allem wenn Krieg herrscht, einen Kriegsgefangenen, der ja noch immer Feind ist, so lange durchfüttern, bis er wieder zu Kräften kommt und dann womöglich erneut in den Krieg zieht gegen den, der ihn aufgepäppelt hat. So etwas würde kein Mensch tun. Höchstens ihm eine Decke aus Würsten spendieren, damit er sich die Portionen selber einteilen und entscheiden kann, wie lange er noch leben will: Alle Würste auf einmal essen und danach sterben oder in kleinen Portionen langsam verhungern, damit er seiner Familie in der Heimat noch viele Brief schreiben kann .... Und danach müsste er sterben, so wie Opa Paul, der ja auch im Bett liegend gestorben war, nur dass er tatsächlich eine Decke über den Beinen hatte, keine Würste.

Der Brustkorb meines Vaters hob und senkte sich in ruhigen, gleichmäßigen Bewegungen. Ich hatte mich an ihn geschmiegt; mein Kopf lag auf seiner Brust, mein Arm auf seinem Bauch. Ich ließ mich in diesem ruhigen Rhythmus auf und nieder tragen, als läge ich auf dem stillen Wasser der Ostsee, deren sanftes Wogen, unsichtbaren Händen gleich, mich in den Himmel hebt und zurückschweben lässt ins Wellental. Unsere Gesichter waren nahe beieinander. Der Mund meines Vaters, weit geöffnet, als wollte der lockere Unterkiefer gleich vom Kopf herunterrutschen, atmete, gelegentlich von einem beruhigenden und leisen Schnarchen begleitet, vor sich hin. Ich spürte den Puls seines Atmens als Hauch in meinem Gesicht; sah sein Gebiss, das gelber war als meines; sah die plombierten Zähne und die Goldfüllungen einiger Backenzähne; sah hinein in die beiden Nasenlöcher, in denen so viele Haare wuchsen, dass ich dachte, vielleicht rührten Vatis häufige Asthma-Anfälle von dem Gestrüpp in seiner Nase, das ihm das Atmen erschwerte, obwohl es Mutti regelmäßig und vorsichtig mit der Nagelschere aus der Nase herausschnitt. Ohne dass ich sie gehört hätte, spürte ich, dass sie ins Zimmer gekommen war und uns still beobachtete. Ich fühlte das Glück.

Klaus, wie immer am Fußende zusammengekringelt, war schon lange eingeschlafen. Bald schlief auch ich.

27.

«Zwar, eine Sonne, sagt man, scheint dort auch …»

Einige Jahre nach ihrem frühen Tod hat meine Mutter mich noch einmal besucht. Es war wieder ein Nachmittag. Die Sonne schien. Ich lag mit meiner Freundin im Bett. Und im Zimmer nebenan spielte Brendel die Romanze aus Mozarts Klavierkonzert Nr. 20 in d-Moll. Auch diesmal hatte ich sie nicht kommen gehört; sie erschien in der halb geöffneten Tür, war da, stand, nein, schwebte in der Luft, eine Gestalt aus Staub und Licht. Schaute sie uns an? Ihre Augen waren blicklos, trüb, in Unschärfe zerflossen. Doch irgendetwas ruhte auf mir, vielleicht auf uns, ein Fluidum, gesäubert, gereinigt, befreit vom Gemache und Geplärre einer wichtigtuerischen Welt …

Wollte sie, bevor wir heirateten, meine Freundin kennenlernen und prüfen, ob sie tauge zur Frau, ob sie gut sei für mich und, falls ja, uns ihren stillen Segen schenken? Oder wollte sie mich, der ich sie schändlich verlassen hatte, obwohl ich bei ihr war, als sie im Sterben lag, fühlen lassen, wie es ist, unerlöst im Grenzbereich umherzustreifen, im nebligen Dreiländereck zwischen Grab und Welt und Himmel, und keinen Ort zum Bleiben finden zu können? Wollte sie mir einen wortlosen Vorwurf machen oder mich entsühnen, mir Gewissheit geben, dass sie auch in einer Welt, in der eine andere Sonne scheint als hier bei uns, bei mir ist? Oder war es Zufall, ein kleiner Abstecher auf ihrem Weg ins Wohin, dass sie mal kurz vorbeikam, um zu sehen, wie's mir so geht? Ich konnte ihre Absicht nicht erraten, zu fremd empfand ich meine Mutter und jene Welt, aus der sie kam und die sie in dieses Zimmer hier mitbrachte. War sie es, die Brendels empfindsamen Fingern Mozarts Musik entlockte, oder ich, oder waren es wir beide, die sie erklingen ließen, um uns in der Musik zu treffen?

Die Erscheinung löste sich auf, wie sie gekommen war, verschwand, war weg oder verwandelte sich in von mir nicht wahrnehmbare Unscheinbarkeit. Ich war traurig. Nie wieder würde sie mir, nie wieder ich ihr so nahe sein. Sie würde weiterziehen durch eine Welt wie jemand, der nach langer Reise in die Heimat zurückkommt, und was einst pralles Leben war, sind Gespinste von poröser Fadenscheinigkeit. Er wird weiterziehen und Fetzen der Erinnerung begegnen, auf deren verblichenen Schleiern die emsigen Bilder vergangenen Lebens wie in einem Stummfilm zappeln und seine Haut berühren, sie werden sich auf sein Gesicht legen … und er wird versuchen, sie einzuatmen, damit sie ihn noch einmal für Momente beseelen und er lächeln kann, bevor ihr Licht von unbestimmter schwarzer Unendlichkeit geschluckt wird.

Meine Mutter und ich waren uns diese Begegnung schuldig. Und wie Musik, die uns entführt in eine schattenlose Welt, deren Schönheit wir nur aushalten können, weil sie weiß, wann sie uns loszulassen hat, und uns zurückbringt in das, was wir Leben nennen, so wusste meine Mutter auch, wann sie zu gehen hat. Ich war erleichtert und, wer weiß, vielleicht ging es ihr ebenso.

Ich, hilflos verlorener Sohn, dem sie die Gewissheit ihrer mütterlichen Liebe für ein ganzes Leben und vielleicht darüber hinaus mit auf den Weg gegeben hat, war – unfertiger und schlaffer Charakter, der ich bin – unfähig, sie nun, da sie im Sterben lag, zu begleiten, ihre Hand zu halten, für sie da zu sein. Ihrem Sterben war ich nicht gewachsen, las am Sterbebett den «Kirschgarten» von Tschechow und wünschte, dass es bald mit ihr zu Ende gehe. Sie würde ihren nahenden Tod aushalten müssen, ich konnte es nicht. Ich saß neben ihr, betäubt von der Unfähigkeit zur Anteilnahme, gestorben, bevor sie sterben konnte. Ich war abwesend anwesend, wollte dabei sein, wenn es soweit wäre, doch sie auf ihrem Weg dorthin zu begleiten, war ich nicht Kerls genug. Ich konnte noch nicht einmal ihre Hand halten oder meine Mutter, als sie tot war, berühren. Das tat mein Vater.

Die Anwesenheit meiner Mutter an jenem Nachmittag war körperlos, fast unbeteiligt. Ohne Freude, ohne Trauer. Und doch war sie es, die hier sein und sich mir wahrnehmbar machen wollte. Oder hatte ich sie mit dem Garn meiner Phantasie gewebt und herbeigesehnt, und sie ist meinem Wunsch gefolgt?

Ich musste zurückfinden in meinen Körper, wenn es denn mein Körper war, der da auf dem Bett lag, und nicht eine schwebende Schimäre im stillen Ätherraum, musste zurück ins mir vertraute Leben, heraustreten aus dem Totenreich meiner Mutter und wie anders hätte mir das gelingen können, als mit dem höchsten Glücksgefühl zwischen Mann und Frau? Dann lag ich da, leer, als sei das Leben aus mir entschwunden, als hätte es mich nie gegeben.

28.

«Und über buntre Felder noch, als hier ...»

Freitags war Schlachttag. Jede Woche, Freitag für Freitag, wurden dreißig bis vierzig Sauen geschlachtet. Dazu noch fünf Mutten – größere, ältere Sauen, die schon mehrfach geworfen haben. Und heute ist Freitag. Eingeklemmt zwischen zwei Gesellen sitze ich auf der Fahrerbank im VW-Bulli und habe Angst. Angst vor dem, was mich erwartet, Angst vor dem, was ich sehen werde, und noch größere Angst vor dem, was ich werde tun müssen: töten.

Eingenebelt in Zigarettenrauch, wirken die Gesichter von Rudi und Max entrückt – in eine unwirkliche, mir fremde Fröhlichkeit, deren Ursprung ich nicht erklären kann, fahren wir doch zum Schlachthof und nicht ins bunte Licht und in die sämige Musik des *Paradiso*. Auch die Gesellen im Transit sind eingehüllt von Zigarettenrauch, auch ihre Stimmung ist locker und gelöst. Als sie uns nach mehreren Versuchen schließlich doch noch überholen, lachen sie, schneiden Grimassen und gestikulieren wild. Wir sollen spüren, dass wir die lausigen Verlierer sind und sie die tollen Hechte. Haben sie vergessen, wohin die Reise geht? Woher diese ausgelassene Heiterkeit, als wären wir auf einer Art wöchentlichem Betriebsausflug – raus aus dem Trott des Alltags, rein in den Rausch des Tötens? Woher diese überschäumende Lebenslust? Kann es sein, dass die Aussicht zu töten fröhlich macht? Oder sehen sie einfach nur, wie ich vor Angst immer mehr zusammensinke und am liebsten ganz in mir verschwinden würde, und machen sich über mich lustig? Oder wollen sie angeben, sich vor mir aufplustern, weil auch sie sich insgeheim fürchten vor dem, was es bald zu tun gibt?

Mein Vater fährt standesgemäß in seinem weißen Mercedes der S-Klasse zum Schlachthof. Was immer die Transporter veranstalten, der Mercedes des Chefs darf nicht überholt werden, unter keinen Umständen. Ob er die Musik aus dem Autoradio – Rudolf

Schock, «Dein ist mein ganzes Herz», «Das ist der itzi bitzi tini wini honolulu Strandbikini» von Caterina Valente und «Hohe Tannen weisen die Sterne» vom Bund Deutscher Ringpfadfinder, also Operettenmelodien, deutsche Schlager und Volksmusik – dazu nutzt, sich auf die Zeremonie des Tötens einzustimmen, weiß ich nicht; wohl aber, dass er meist wohlgelaunt zum Tempel des Todes aufbricht und auch wohlgelaunt, wenngleich ein wenig erschöpft, wieder zu Hause ankommt. Auf dem Sofa im Büro pflegt er nach dem Schlachten ein Nachmittagsnickerchen zu halten, und sein Schnarchen verrät, dass er mit sich und der Welt im Reinen ist. Wäre er tot, sähe er dann genauso aus, nur ohne Schnarchen?

Beim Akt des Tötens selbst habe ich ihn noch nie beobachtet. Wie ist das, wenn der eigene Vater tötet? Wie tötet er? Hochkonzentriert, sich des Ernstes seines Tuns bewusst, von der Notwendigkeit gelenkt, keine Sau dem ihr bestimmten Tod entkommen zu lassen? Schwingt er sich vom ordinären Kopfschlächter in die Höhe des Herrschers auf? Oder verlacht, verspottet er mit seiner Todesschwadron die verängstigte, aufgescheuchte Kreatur, die doch nichts anderes will, als ihr Leben retten, und nicht weiß, dass es kein Entrinnen gibt? Sie glaubt doch in ihrer grenzenlosen Naivität nicht wirklich, sie könne den Takt des Tötens unterbrechen und verhindern, dass ihr Fleisch im Wurstdarm auf der Ladentheke landet und ihre Seele in den Schweinehimmel entflattert in der Hoffnung, zumindest hier werde ihr Klagelied erhört. Sie muss doch wissen, dass jedes Messer eine Bestimmung hat und seine eigene Geschichte schreibt – mit Blut und nicht mit Tinte – und dass auch ich, der ich nicht töten will, sie töten werde, weil ein Messer ein Messer ist und in der Hand des Metzgers zu erfüllen hat, wozu es erschaffen wurde.

Wir – die Gesellen und ich – tragen bescheidene, aber adrette Tracht: blau-weiße Kittel, grob gestreift, mein Vater weiß-blau, fein gestreift, gestärkt, mit breitem Revers und doppelter Knopfleiste. Er ist der Chef, und diese Hierarchie und sein berechtigtes Selbstwertgefühl soll man auch an der Arbeitskleidung erkennen. Nur die Stiefel sind die gleichen wie unsere. Aus Gummi.

Unser Konvoi aus drei Fahrzeugen fährt durch eine dunkle Unterführung. Ich fürchte mich vor dem Schrecklichen, dem großen Schlachten, dem Blutbad, dem wir unabwendbar entgegenfahren. Insgeheim hatte ich gehofft, meine Mutter könnte mich retten, indem sie meinen Vater dazu bewegte, mich erst nächstes Jahr in den Sommerferien zum Schlachten mitzunehmen, und als sie mir vor der Abfahrt meine Butterbrote überreichte, konnte ich spüren, dass sie mich lieber in den Arm genommen und zu Hause behalten hätte. Aber ich habe auch gespürt, dass sie diesen Initiationsritus, der mich als Vierzehnjährigen durch Töten zum Mann machen soll, nicht aufhalten konnte – oder auch nur verschieben. Vielleicht auch nicht wollte. Der Blick, mit dem sie mich verabschiedet hat, war ein mir unbekannter. Ihre Augen haben mich angeschaut, als sähen sie zum letzten Mal die kindlich weichen Züge der Unschuld in meinem Gesicht. Ich konnte lesen, was sie sah: Wenn ich zurückkomme, werde ich das Stigma des Tötens tragen, das seine harten Spuren in mein Gesicht eingeschrieben hat. Mein Kainsmal. Ich werde auch nur ein Mann sein, von denen es schon so viele gibt. Das schattenfreie Glück der Kindheit, das meine Mutter mir geschenkt hat, werde ich eingetauscht haben gegen tathafte Männlichkeit. Ihr Blick verriet mir, dass ich sie betrogen haben werde um die durch nichts zu ersetzende Einzigartigkeit der Verbindung zwischen Mutter und Sohn. Ihre Augen waren mein Spiegel, und sie hatten mich verändert, noch bevor ich mich verändern konnte.

Dass die Tiere sich nicht freiwillig und fröhlich lächelnd, wie Schweine in den 1960er Jahren noch gern auf Fleischtransportern dargestellt werden, umbringen lassen, um mundgerecht und schmackhaft zubereitet den Weg durch die Münder in die Mägen der Esser zu finden, weiß sie natürlich auch. Und ebenso weiß sie, dass dieser Schritt in den schwarzen Schatten nicht mehr irgendwann getan sein muss, sondern heute – ein Schatten, den ich nicht mehr werde abschütteln oder abwaschen können. Er wird mich fortan begleiten, und Gott allein weiß, wohin er mich führen wird. Und heute ist der Tag, an dem der Sohn des Fleischermeisters Hans Weise und seiner Frau Charlotte (vom

Ehemann im Alltag Lotte genannt und Charlotte, wenn es ernst wurde) initiiert werden wird auf dem Altar der Schlachtbank. Nur dann ist er ein richtiger Weise. Nur dann darf er die Standarte der Familie Weise tragen, Beispiel geben und Vorbild sein. Andernfalls würde ich von allen als verweichlicht und schlecht erzogen verspottet. Von den Gesellen, den Verkäuferinnen, den Viehhändlern, den Lieferanten, den Vertretern, den Putzfrauen, der Kundschaft, von meinen Freunden und den Freunden und Bekannten meiner Eltern, von den Verwandten, meiner Schwester, Monika und den Holzköppen. Von meinem Vater würde ich mit tiefster Verachtung gestraft … und von meiner Mutter vermutlich auch. Nichts zu machen. Außer mitzumachen.

Noch immer sitze ich vorn im Bulli, eingequetscht zwischen Rudi und Max. Ich brauche nicht zu rauchen wie sie, denn ich bin schon berauscht – von meiner Angst. Im Fonds des Wagens liegen die vor Blut und Wasser schützenden Gummischürzen, die Koppel mit den fürs Schlachten erforderlichen unterschiedlichen Metzgermessern und der Wetzstab zum Schleifen der vom Stechen, Schneiden, Entborsten, Bauch-Öffnen, Kopf-ab- und Galle-raus-Schneiden stumpf gewordenen Messer. Sie alle warten auf Arbeit, auf die befreiende Arbeit des Tötens – und selbst die Wurstbrote, die für jeden von uns in Pergamentpapier eingepackt sind, warten – auf die Erfüllung ihrer Existenz: gegessen zu werden. Von hungrigen Männern. Nach getaner Arbeit. Außerdem wartet noch jemand. Die große, einsame, weil noch nicht gefüllte Aluminiumkanne, die im leeren Laderaum munter hin und her hoppelt, nicht wegen der Schlaglöcher auf der Straße, sondern aus Freude über ihre Wichtigkeit und in der fröhlichen Erwartung, bald gefüllt und aufgewärmt zu werden. Mit vielen Litern Lebenssaft. Mit körperwarmem Schweineschlachtblut. Unsere Fahrt kennt nur eine Richtung. Und die heißt: töten.

Beim Schlachten findet der Beruf des Fleischers seine eigentliche und einmalige, seine höhere und heilige Bestimmung. Denn wer darf schon töten? Soldaten. Sie töten – die Fernsehbilder der damaligen Zeit, vornehmlich vom Vietnamkrieg, liefern den Beweis – angeblich im Namen des Friedens und der

Menschlichkeit, doch tatsächlich, um sich im Blutrausch des Tötens auszutoben, ihre Macht über das Leben, ihre Wir-Macht, zu erfahren, indem sie anderen Lebewesen das Leben wegnehmen und ihr durchschnittliches, alltägliches Ich ins Unermessliche der eigenen Allmacht steigern. Und es gibt keinen Unterschied zwischen Soldaten und Metzgern, wenn sie sich – unsere Metzger einmal pro Woche, unsere Soldaten nach den Erfordernissen des Krieges – zum Herrscher erheben über Tod und Leben, Körper ausweiden, Augen ausstechen, Geschlechtsteile und Därme samt Darmausgang abschneiden, Körper aufschneiden und zerhacken, Hirnmasse aus den gespaltenen Schädeln der Muttertiere greifen, sie den Babys auf Bauch und Gesicht schmieren, bevor sie diese als Trophäen aufspießen, über dem Feuer grillen und verspeisen, um dann in offene Fleischwunden zu urinieren und, aufgegeilt durch ihre Lust an der Lebensvernichtung, ungehemmt ihren Samen in wimmerndes Fleisch zu spritzen. All dies – dieser überreizte, sabbrig-herumsudelnde Grenzgang zwischen Stechen, Häuten, Flämmen, Ertränken, Foltern, Blut, Fleisch, Knochen, Vergewaltigen und Zerhacken, zwischen Phantasie und Wirklichkeit, zwischen kühler Präzision und archaischem Gemetzel, zwischen der Perfektion handwerklichen Könnens, der Lust an besinnungsloser ungebändigter Gewalt und dem Kitzel der Verausgabung – all dies findet, wenn alles vernichtet ist, am Ende Momente schrecklicher Schönheit: Im Glanz irgendeines nicht zu vernichtenden Sonnenstrahls setzt sich eine Fliege auf ein totes Auge oder in die Ritze einer klaffenden Fleischwunde und legt ihre Eier ab. Kommt ein Vogel geflogen, setzt sich nieder auf mein' Fuß, hat ein' Zettel im Schnabel, von der Mutter ein' Gruß.

Passt nicht. So ein Unfug. Der reinste Kitsch. Säße ich jetzt neben meinem Vater im Mercedes – was ich niemals tun würde –, könnte ich mit ein wenig Glück etwas Besseres hören. «*He's the Universal Soldier and he really is to blame / His orders come from far away no more / They come from here and there and you and me / And brothers, can't you see? / This is not the way we put the end to war.*» Das wär's, was ich jetzt bräuchte. Aber leider ist mein Vater zu geizig, um wenigstens in den Bulli ein Autoradio einbauen zu lassen. Und sollte er, zwar unwahrscheinlich, den Song jetzt hören, so würde er den Text nicht verstehen. Er war zwar im Paradies, in amerikanischer Gefangenschaft, aber dessen Sprache zu erlernen, dazu war er trotz des vom Baum der Erkenntnis gefallenen Apfels in Form des dunkelroten Wörterbuchs zu faul. Außerdem: Selbst wenn er den Text verstünde, würde er seiner Botschaft nie zustimmen.

Doch alle Ablenkungsmanöver meiner Gedanken, die schlimmsten Bilder der Gewalt und die schönsten Protestsongs können meine Angst vorm Schlachten nicht besiegen. Sie brennt in meiner Seele wie das Napalm auf der Haut verzweifelt davonrennender vietnamesischer Kinder. Jetzt noch die Unterführung mit den Schienen oben drauf, die das Vieh, das nicht in LKWs angeliefert wird, in Eisenbahnwagons zum Todestempel transportieren, Vieh, das auf seinem Weg ins Messer zum ersten Mal im Leben die Sonne sieht. Schnell eine letzte Zigarette angezündet, diesmal rauche ich mit, vielleicht hilft es ja, die Angst zu betäuben, und schon taucht vor uns die abgenutzte und furchteinflößende Silhouette des Schlachthofgebäudes auf. Der Rauch von nur einem Zug an der Zigarette sticht mir in den Magen, brennt sich in die Gedärme, und als sich die Schranke öffnet, die nur den Eingeweihten Einlass gewährt zum Töten, habe ich das Gefühl, meine Magen- und Körpersäfte zersetzten meinen Körper. Aber es bleibt nur ein Wunsch.

Mir, dem Vierzehnjährigen, wird nun Einlass gewährt in jene gusseisern und trüb-gläsern überdachte Todeszone der Schlachthofhalle. Was hier geschieht, bleibt dem klaren Licht der Sonne verborgen. Doch die Geräusche von Fleisch und Metall, von Tieren und Menschen, werden von diesem Klangkörper eingefangen, sodass sich das schrille Schlagen des Bolzengeräts, das dumpfe Zu-Boden-Brechen schwerer Milchkühe, das leichtere Aufschlagen junger Stiere und Färsen und das Quieken der Schweine in der Schlachthalle nebenan sich mit dem metallenen Rollgeräusch der mit dampfenden Tierhälften behängten Laufkatzen vermischt, die auf ihren Metallträgern vom Schlacht- zum Kühlhaus geschoben werden – begleitet, verhöhnt und gefeiert von schallenden und verhallenden Rufen, von Pfeifen und Lachen, von Schlagergeträller aus Männerkehlen; und all diese Geräusch-, Lärm-, Sprach-, Ruf- und Musikfetzen strömen gnadenlos auf meine Ohren ein und vermischen sich in meinem Kopf zu einer nur für mich zur Aufführung gebrachten Symphonie, mit welcher der Tod persönlich mir seine Aufwartung macht.

Die Männer hier in der heißen Zone der Schweineschlachthalle – manche haben das Hemd ausgezogen und schlachten und arbeiten im ärmellosen Unterhemd unter der Wachsschürze und dem am Hals aufgeknöpften Metzgerkittel – pendeln schwitzend zwischen warmem Blut, dem Siedewasser des großen Brühkessels und den Absengflammen hin und her und wischen sich mit dem nackten Oberarm den Schweiß von der Stirn. Ihre Wachsschürzen und die mit Messern und Wetzeisen bestückten Koppeln klatschen ihnen beim Gehen gegen die Oberschenkel, die aus kniehohen Gummistiefeln herauswachsen. Und was für sie, die Profis des Tötens, die, indem sie die Schärfe der Schlachtmesser prüfen, sich die Haare von den linken Unterarmen abrasieren, zweckmäßige Kampfmontur ist, schlottert mir fremd, schwer und drei Nummern zu groß um den schmalen Körper. In der Kältezone, also im Gefrier- und Kühlhaus, tragen die Schlachter schwarze Ledermützen oder Hüte aus Plastik und über doppelten Lagen von Pullovern und Jacken weiße, blutverschmierte Kapuzenkittel und mit Fell gefütterte Lederstiefel mit Gummisohlen.

Verloren und voller Angst stehe ich mit 37 Sauen, die nicht mehr lange zu leben haben, in einem Pferch. In einem anderen sind die fünf Mutten eingesperrt. Die Sauen und ihre Mütter riechen, hören, schauen – ihre Sinne sagen ihnen, was ihnen bevorsteht, wenn ich sie auf den Wink meines Vaters, dass nun das Schlachten beginne, durch das enge, knapp mannshohe Mauerloch in die Halle treibe. Manche meiden das Rechteck, aus dem der sauer-beißende und metall-süße Duft in ihre Rüssel weht, die mutigen und die besonders neugierigen wagen einen Blick durch das Loch in die Halle, vielleicht ergibt sich ja eine Möglichkeit zur Flucht …

In der viel zu großen Schlachtermontur und mit dem schwarzen Räucherspieß in der Hand kann ich mir kaum vorstellen, wie ich die Sauen durch das Loch und in die Falle direkt dahinter treiben soll, wo sie betäubt und dann getötet werden. Viel eher werden die Sauen über mich herfallen als ich über sie, mich umwerfen, mich lynchen wegen meiner beabsichtigten Freveltat und mich fressen. Schweine fressen alles, besonders gern einen erbärmlichen Angsthasen. Ich habe mehr Angst vor den Sauen als diese vor mir. Doch die allergrößte Angst habe ich vor dem, was ich zu tun haben werde.

Da blickt mein Vater durch das Mauerloch und nickt mir zu. Jetzt beginnt das Schlachten. Doch bevor geschlachtet werden kann, muss eine Sau ausgewählt und durch die Mauer in die Falle getrieben werden. Ich bin gefordert, denn ich muss auswählen, welche Sau als erste getötet werden soll. Ich. Das kann ich nicht. Ich bleibe ängstlich und ratlos stehen. Was mir hier aufgetragen wird, von meinem Vater, den Gesellen, meiner Schürze, meinen Stiefeln, dem Koppel mit den Messern und dem Abziehstahl, sogar von mir selbst, ich kann es nicht. Das Schlachten stockt, bevor es begonnen hat. Da klettert Rudi durch das Mauerloch und kommt zu mir und den Sauen in den Pferch. Er lernt mich an. Er zeigt mir, wie die Sauen mit sanfter oder brutaler Gewalt, je nach ihrem Angst- und Panikpegel, in die Falle getrieben werden. Mal genügt ein sanfter Druck mit dem Knie, mal ein Tritt, mal Schläge, mal müssen sie am Schwanz und am Ohr gezogen werden und quieken dann erbärmlich – und bei besonders renitenten Viechern kommt der Elektrostab zum Einsatz.

Jetzt ist die Reihe an mir. Ich muss die erste Sau in die Halle treiben. Für sie, wie für jede weitere, beginnt die Halle mit der Betäubungsfalle. Einer Falle, aus der es kein Entrinnen gibt. Nur den Tod. Doch bevor ich sämtliche Sauen eine nach der anderen in die Betäubungsfalle getrieben habe, winkt mich mein Vater zu sich, in die Halle. Adelino löst mich als Treiber ab.

29.

«… nur schade, dass das Auge modert, das diese Herrlichkeit erblicken soll»

Wenig später, in der Halle, liegt zu meinen Füßen eine Sau. Betäubt. Noch nicht tot. Sie wollte nicht aus der Gemeinschaft ihrer Artgenossinnen aus dem engen Pferch durch das noch engere rechteckige Tor des Todes getrieben werden. Doch gegen Stromschläge aus dem Elektrostab war auch sie machtlos. Steht sie erst einmal in der engen, V-förmigen Betäubungsfalle, ist ihr Schicksal besiegelt. Noch zwei, drei Sekunden kann sie wahrnehmen, wie sich das Todeskarussell in Gang setzt … Der Anblick ihrer aufgeschnittenen, ausgeweideten, zersägten und zerteilten Artgenossinnen erschreckt sie, der Geruch von stinkendem Kot, beißend scharfem Urin, süßem Blut, abgeflämmten Borsten und der Zigarettenrauch der Kopfschlächter stechen ihr in die Nase, Gequieke und Gequietsche, Todesschreie, Rufe, Metallgeräusche, von irgendwoher ein Lachen dringen ihr ins Ohr, und als ob das alles nicht schon schrecklich genug wäre, kommt es noch schrecklicher: Ihre Augen verfolgen ein Baby, das der Betäubung durch Strom entwischen konnte und nun zur Belustigung der meisten Anwesenden gejagt wird und orientierungslos durch die Todeshalle rennt und in seiner Angst eine Insel sucht, auf der es gerettet wäre und leben könnte – für viele der Schlachter eine fröhliche Abwechslung in der Öde des Tötens, für manche keines Blickes wert, unwertes Leben, zum Verzehr und zweiten Schlachten mit Messer und Gabel auf dem Teller bestimmt. Doch unsere Sau, voller Mitleid für das kleine Leben, das erst vor Kurzem die Welt betreten durfte, sieht, wie es gefangen und gepackt wird – doch währenddessen drückt ihr ein Schlachthofbeamter für einige Sekunden eine Elektrozange in den Nacken, und schon durchzuckt unsere mit sensibler Wahrnehmung begabte Sau der Stromschock der Betäubung, beraubt sie ihrer Sinne, sie erstarrt,

Schwanz und Ohren stehen steif. Man könnte sagen, es wird ihr schwarz vor Augen, aber das wäre eine Übertreibung, denn es wird ihr gar nichts mehr. Durch eine Drehung der Falle wird sie auf den Kachelboden gekippt, und da liegt sie nun.

Geschähe jetzt nicht das Unvermeidliche, sie würde sich nach einiger Zeit berappeln, auf die Hufe stellen, davonlaufen und denken, sie habe geträumt. Zwischen Berg und tiefem, tiefem Tal ... Doch Schweine sind keine Hasen. Und vermutlich singen ihnen ihre Mütter auch keine Lieder, zumindest nicht das von den Hasen, die, im Traum vom Jäger erschossen, erwachen, sich aufrappeln, sich besinnen und fröhlich davonhoppeln ...

Die Sau liegt also betäubt auf dem leicht zu säubernden Kachelboden, und bevor sie erwacht, muss sie tot sein. Du trittst hinter sie, schiebst deinen rechten Fuß unter ihren Rücken, beugst mit dem linken ihren Kopf zurück, fasst mit der linken Hand die linke, obere Vorderpfote, biegst sie nach oben, um Brust und Hals der Sau zu spannen, und jetzt – hier zeigt sich der Könner – stichst du zu, etwa zwei fingerbreit von der Brust entfernt, versenkst die Klinge – das Messer muss scharf sein und spitz, mit schmaler Schneide, muss, je nachdem, wie viele Schweine du stichst, immer wieder am Stahl abgezogen und geschärft werden – stichst ins Fleisch, das muss so leicht geschehen, als würdest du in Butter stechen, ziehst das Messer heraus, und das Blut, sofern du ein Könner bist, sprudelt aus der Stichwunde heraus, dass es eine Freude ist. Doch eine letzte, das Sterben beschleunigende Berührung sei dem Tier nicht vorenthalten: Mit der linken Hand kannst du, ähnlich wie bei Herzinfarktpatienten, auf deren Brustkasten man drückt, um sie zu reanimieren, die Pfote der Sau im Herzschlagrhythmus, der an der Blutfontäne abzulesen ist, heben und senken, damit die Sau besser ausblutet – denn Blut lässt Fleisch schnell faulen – und schneller stirbt. Das Blut wird, soweit für Blutwurst, Zungenwurst, Panhas und roten Schwartemagen benötigt, in einer Aluminiumschale aufgefangen, in die noch vor Kurzem erwartungsvoll hoppelnde Blutkanne gegossen und mit einem Pulver verrührt, damit es nicht gerinnt, sondern später in der Wurstküche flüssig weiterverwendet werden kann.

Der Könner, wie gesagt, zeigt sich an dem einen, dem ersten und einzigen Stich, der die Halsschlagader trifft und durchtrennt. Stich, Messer raus, sprudelndes Blut. Das ist der Dreiertakt. Der Nichtkönner blamiert sich folgendermaßen: Stich, Messer raus, träge fließendes Blut. Also sticht er nochmals zu, stochert zur Sicherheit und zur Vermeidung erneuter Blamagen dilettantisch in der Halswunde herum, zieht das Messer raus, und das Blut sprudelt erst jetzt. Aber wenn er zu viel herumstochert, zerschneidet er das Fleisch der Nackenkoteletts, die sich später im Laden nicht gut verkaufen lassen. Oder er zieht das Messer raus, wieder fließt das Blut nur langsam, und dann steht die Sau auf, rennt davon, muss eingefangen und doch noch getötet werden, diesmal von einem Könner. Das kostet eine Extrarunde in der Kantine.

Doch noch ist unsere Sau erst betäubt, liegt wie schlafend im Blutrest der vor ihr geschlachteten Schwester. Und wie es *der Zufall* will oder *das Schicksal* oder beide es gleichzeitig wollen, werden ihr Hals und der Hals des Babys im selben Augenblick gestochen, und beider Leben fließt mit dem ausströmenden Blut davon. Nur dass die Sau vermutlich nicht spürt, wie die Wirkung der zeitlich begrenzten Betäubung in die Betäubung für die Ewigkeit hineinfließt, während das Baby unbetäubt gestochen wurde und sich über das viele Blut wundert, das aus seinem Hals hervorsprudelt, versucht, sich auf die Pfoten zu stellen, was ihm gelingt, um vor dem Schwall des eigenen Blutes davonzurennen. Auch das gelingt ihm. Aber nicht lange. Denn seinem verblutenden Körper kann das Spanferkel nicht davonlaufen. *Quocumque incedis, sequitor mors.* Das Herz pumpt das Blut aus dem Körper, und das Davonrennen hilft dem Herzen, seine Arbeit zu tun: die Blutentleerung. Sie schnell zu tun. Die Beine des kleinen Ferkels rutschen weg, es fällt zu Boden und bleibt liegen.

Mutter und Kind? Einer, verpackt in Gummistiefel und Wachsschürze, die Ärmel des Metzgerkittels hochgekrempelt, steckt das Messer ins Koppel, packt das Baby an den Hinterbeinen, hält es hoch wie eine Trophäe, wartet noch ein paar Zuckungen ab und versenkt es im Brühkessel. Wohl noch nicht ganz tot, denn auch dort zappelt es noch ein bisschen. Macht nichts: Schon bald verwandelt sich das Zappeln in ein erlöstes, schwereloses gemeinschaftliches Schweben in der Hitze der Schlachtsuppe, in welche ein Schwein nach dem anderen hinabgesenkt wird – nicht kochend heiß, damit die Borsten zwar aufweichen, aber, ebenso wenig wie die Haut, nicht verbrühen oder zusammenschrumpeln.

Die Sau indes ist fachmännisch gestochen und blutet aus. Noch währenddessen erfolgt der Stich in den Unterkiefer, in dessen Loch der Haken des Flaschenzugs hineingeschoben wird; die Sau wird hochgezogen – gern zappelt sie noch mit den Hinterpfoten –, zum Brühkessel geschoben und ins Wasser abgesenkt. Da der Kopf zuletzt ins siedende Wasser kommt, kannst du an den Augen – sie werden erst später herausgeschnitten – erkennen, ob die Sau noch lebt oder schon tot ist. Aber kein Metzger wird jemals die Sau vom Haken nehmen, sie nochmals betäuben und stechen, bis sie wirklich tot ist, denn das hält nur auf, und eine Chance zu leben hat die Sau ohnehin nicht. Hat sie nie gehabt. Besonders nicht in ihrem jetzigen Zustand, in dem sie so gut wie tot, aber nicht ganz tot ist. Also ab ins heiße Wasser des Brühkessels, wenn's auch wehtut … Mit ein wenig Glück wird sie sofort bewusstlos. Mit weniger Glück spürt sie, wie ihr Körper langsam ins dampfende Wasser des Brühkessels versenkt wird und sich die beißende Hitze Zentimeter für Zentimeter ins Unerträgliche steigert, bis die heiße Brühe in Maul, Ohren, Augen und Rüssel fließt. Die Zunge zuckt vor Schmerz, und schon flutet die heiße Metzelsuppe die Lungen. Vielleicht noch ein paar weitere Zuckungen, doch über kurz oder lang schwebt die Sau träge, erlöst von dem Wahnsinn und der Pein des Schmerzes an Leib und Seele, mit ihren Artgenossen im Sud der Schuld, als Schwein geboren worden zu sein. Das war's. Sieben, vielleicht auch acht Schweine schwimmen, treiben und trudeln jetzt da im großen Fruchtwasserbottich, aus dem der Dampf steigt wie der Odem ausgehauchten Lebens, soeben von Metzgerhand gemordet, als habe das Leben, bevor es zu kalter Ware wird, im Tod noch einmal das Recht auf wärmende Besänftigung. Ein friedliches Idyll, in dem – wie immer nach dem Morden – die Stille des Todes dem endlich zur Ruhe gekommenen Körper eine befremdliche Würde verleiht.

Doch die Ruhe ist von kurzer Dauer. Denn nach einigen Minuten werden die Schweine von einer Art großer Gabel unter Abtropfen aus dem Brühkessel gehievt und in eine rotierende Maschine geworfen. Ein paar Umdrehungen in der Entborstungstrommel, wo der Großteil der im Bad aufgeweichten Borsten abgeschabt wird, dann wird das leblos sich selbst überlassene Fleisch ausgespuckt, und die letzten Stoppeln auf der Schwarte werden mit zischender Gasflamme geföhnt: Die borstigsten Borsten, jene mit besonders festen Wurzeln, werden im ersten Durchgang versengt und im zweiten mit einem «Glocke» genannten Schaber und scharfer Messerschneide abgekratzt.

Zwei gekonnte Schnitte legen die Achillesfersen frei, und schon hängt das tote Tier mit gespreizten Beinen kopfunter am Haken. Ein Wasserstrahl säubert Sau, Oberarme, Hände und Wachsschürze der Metzger, und nun ist erneut meisterliche Perfektion gefordert. Ein Schnitt zwischen den Hinterkeulen, nicht zu tief, öffnet bauchseitig die Schweinehautdecke, dann dreht das Messer die Metzgerfaust, denn es wird getan, was das Messer, nicht der Metzger, will: Seine Hand ist nur willfähriger Diener der Erfordernisse, die das Messer besser kennt als er; und er lässt sich führen, schiebt die Hand, die den Griff umfasst, ins Innere der Sau, und die Messerspitze nimmt die Perspektive der Sau ein, schaut ihr aus dem Unterleib hervor, lacht den Metzger an und zerschneidet langsam, in gerader Linie zwischen den Zitzen, den hellen Hautvorhang des Schweinebauchs, während der Metzger das Lachen des Messers erwidert. Messer und Metzger, Hand und Werkzeug, liebevoll vereint im Töten und Ausweiden des Schweinekörpers.

Hat das Messer dem Auge des Betrachters die Bühne der Innereien eröffnet, sieht dieser: Därme, Magen, Leber, Galle, Milz, Lungen, Herz. Die Galle – sie darf nicht platzen, denn sie schmeckt ekelhaft bitter – wird von der Leber abgetrennt und weggeworfen, Leber und Herz werden entnommen und an Haken neben dem Schwein aufgehängt. Der After wird samt anhängendem Darmende herausgeschnitten und je nach Laune, gerne weit, in die Halle geschleudert, damit er jemanden treffe, am liebsten im Gesicht. Der Hinterknochen, der die beiden Keulen zusammenhält, wird durchtrennt, sodann werden zusammen mit dem Gedärm auch Magen, Lungen und Schlund entnommen, auf eine breite Aluminiumkarre gelegt und, wie alles andere auch, erst dann zur weiteren Verarbeitung weggefahren, wenn der Veterinär jedes geschlachtete Schwein als unbedenklich begutachtet hat.

Besonderes Können erfordert das Federn – die Zweiteilung des kopfunter aufgehängten Schweins mit einem langen, schmalen Beil in zwei möglichst gleiche Körperhälften. Dies geschieht mit sensibel geführten Schlägen in sich abwechselnd leicht diagonal geführter Ausrichtung vom Hinterschinken bis zum Hals. Nur der Kopf, auf den es nicht mehr sonderlich ankommt, wird mit langen und geraden Hieben zerteilt. Ist der Rüssel zerschlagen, baumeln die zwei Hälften und der gespaltene Schädel des Schweins am Haken. Meine Aufgabe war es nun, den Schweinen, die mich vor noch gar nicht langer Zeit ängstlich angeschaut hatten, in die Schädelhälften zu greifen – welche Hälfte ich zuerst nahm, stand mir frei –, die Hirnmasse in zwei handtellergroßen Portionen zu entnehmen und in einem blauen Plastikeimer zu sammeln. Welch Riesenhirn da jetzt entsteht, dachte ich, doch beim Schlachten stört das Denken, denn wer nicht achtgibt, hat sich schnell an den scharfen Kanten und den spitzen Splittern der zertrümmerten Hirnschale geschnitten.

Die Därme werden auf Schubkarren in Kojen gegenüber dem Sudkessel gebracht, um entleert zu werden. Der Kot wird mit warmem Wasser von vorsichtig knetenden Metzgerhänden aus den Därmen gespült. Diese, im Gegensatz zum Plastikdarm «Naturdarm» genannt, dürfen nicht reißen oder platzen, weil sonst, wenn später die frische Wurstmasse für Bratwurst, Mettwurst, Blut- und Leberwurst hineingefüllt wird, diese an den porösen Stellen herausplatzen würde. Das darf nicht sein. Denn dann müsste der Darm zerrissen oder durchgeschnitten werden und seine Enden mit Knoten verschnürt. Das kostet Zeit. Aber vor allem widerspricht es dem ästhetischen Empfinden eines jeden guten Metzgers, das sich aus dem Anspruch auf die Perfektion gekonnter Handgriffe beim Töten und Zerlegen speist. Das ist es, was einem jeden Tier, das getötet wird, zusteht, das Grundgesetz des Schlachthofs. Oder sollte es sein.

Ist der gröbste größte Teil der Arbeit verrichtet, kommt Hunger auf. Eine Pause wird eingelegt, die Stullen werden ausgewickelt und, manchmal von Coca-Cola und Sinalco begleitet, gegessen. Kaum zu glauben, aber nie und nirgendwo, noch nicht einmal auf einer Autofahrt, schmecken diese Brote, von Mutti zubereitet und demzufolge gut, ja, üppig mit vor gar nicht langer Zeit an selbiger Stelle geschlachteten Tieren belegt, fein gewürzt, geräuchert oder gebrüht – nie und nirgendwo schmecken sie, egal, wie sehr es stinkt, besser als zwischen dem darmentleerten Kot auf dem Fußboden und den blutentleerten Schweinehälften an den Haken.

Bis zum Ende eines Schlachttags häuft sich auf der Kotseite der Halle, also der Seite, die der Schlachtseite gegenüberliegt, eine Landschaft an, die den deutschen Mittelgebirgen nicht unähnlich ist – nur, dass sie aus Kot besteht, in dem sich hie und da weiß-rosafarbene Spulwürmer drehen und winden und es sich gutgehen lassen. Irgendwann am späten Mittag, wenn die Tiere tot, zerteilt und ausgenommen und die Kleidung und Gerätschaften der Metzger gesäubert sind, kehrt Ruhe in die Halle ein, und manchmal gesellt sich noch Sonnenschein hinzu. Dann wird geraucht, ein paar belanglose Gespräche werden geführt, Witze und Frotzeleien gemacht, die Überschriften der *Bild*-Zeitung kommentiert, ihre Bilder angeguckt.

Doch irgendwann werden die Männer still. Nicht, weil sie erschöpft sind von ihrer Arbeit – das auch, das sind sie jeden Tag –, sondern weil sie warten, schweigen, innehalten, lauschen, um hineinzuhören in die Stille nach dem Töten, nach dem Orgelkonzert der Gewalt, nach dem Gequieke der Kreatur. Diese Stille nach dem Aufschneiden, Ausweiden, Zerteilen, nach der Unmenge an Blut, Urin und Kot, die, in den Abfluss gespült, keine Spuren hinterlassen, sie hat zwei Seiten. Alles, was zu sehen, zu hören, zu riechen und zu tun war, haben Unsichtbarkeit und Stille verschluckt, geräuschlos gemacht und verschwinden lassen, als wäre nicht und nie geschehen, was geschah. Doch eine andere Stille rumort im Untergrund: als dämmerte im Seelenraum der noch ganz in der Betäubung der Tat Verlorenen etwas auf, das Stille braucht und Befreiung von den Spuren und den Bildern der Gewalt, etwas, das auf Vergebung wartet – und die Tat nicht etwa ungeschehen machen will: Denn was haben sie anderes getan, als was das Leben von ihnen fordert? Und das Leben fordert Fleisch. Nicht jeder kann, verdammt noch mal, Gandhi sein oder Albert Schweitzer – und will auch leben. In diese Stille nach der Tat horchen sie hinein, als suchten sie Vergebung für ihr Tun. Nicht von Gott, sondern von der Kreatur, vom Leben, an dem sie sich vergangen haben. Oder vielleicht auch von Gott, dessen Anwesenheit ihnen fremd ist – den sie aber in seiner Abwesenheit erahnen?

Sie hängen der Melancholie des Lebens nach, ohne sie je vor sich und anderen einzugestehen oder gar zu benennen. Und mit jedem Zigarettenzug inhalieren sie, was nach dem ganzen Spülen, Schrubben, Waschen gar nicht mehr da sein sollte: die scharfe Säure der Fäkalien, den süßlich-metallenen Geruch des Blutes, von Fleisch, das sich aus dem Leben in den Tod geatmet hat. Doch auch wenn die Schlachthalle gesäubert ist, Schürze, Stiefel, Hände und Oberarme gereinigt sind, die Metzger später geduscht und die Kleider für den Abend zum Tanz gewechselt haben, sich Pomade ins Haar geschmiert, damit die Locken vor Lust glänzen: Diesen Geruch wird niemand los, der ihn einmal geatmet hat. Und am Abend riechen ihn auch ihre Geliebten, die mit den Gesellen tanzen und ihnen lustvoll die Zunge in den Mund stecken, um ihn zu schmecken, ihn herauszulutschen, wo er am tiefsten sich verbirgt. Dieser Geruch der Bloßlegung des Fleisches, dessen, was wir sind, dringt durch Nase, Ohren, Augen, Mund und Haut, dringt nach innen und bleibt, wird zum Geruch, der nicht mehr riechen muss, um da zu sein und gerochen zu werden. Blut lässt sich abwaschen. Sein Geruch nicht. Er bleibt, wie die Tat.

Ich bildete mir ein zu wissen, wie ich – eine höhere Macht schien nicht in Reichweite – sie würde erlösen können: Rudi, Friedhelm, Paul, Horst, Harald, Adelino Duarte, Max Huber und Oswald, der, obwohl noch in der DDR, auch irgendwie dazugehörte, und auch Friedel, die nicht selbst schlachtete, sondern nur wegwischte. Ich würde sie in weiße Tücher wickeln, zöge ihnen Sandalen an, schmückte ihr Haar mit Locken, ihr Haupt mit Lorbeerkränzen, hieße sie, im Kreis sich aufzustellen, sich bei den Händen zu fassen, würde die Panflöte spielen und ließe sie tanzen. Ob sie wohl mitgemacht hätten? Aber ich kann nicht Panflöte spielen. Also unerlöst in den Keller. Ab in die Kantine, zu Bier und Schnaps. Auch ich habe mir das heute verdient.

Zuvor noch schnell unter Aufsicht des Chefs die Schweinehälften gewogen – Tot-, nicht Lebendgewicht – und an Laufkatzen hängend in die verschließbare Zelle des großen Schweinekühlhauses geschoben, ein paar in Bulli und Transit verstaut, um sie am Montagmorgen in der Metzgerei zu verarbeiten: für die Großkunden, fürs Hauptgeschäft, für die beiden Filialen und für die Lebensmittelmärkte, die bald ihre eigenen Metzgereien gründen und den redlichen Metzgern den Hals abdrehen werden. Erst wenn alles gewogen, geprüft und verstaut ist, gibt es Schnaps und Bier in der Kellerkantine, bezahlt vom Chef und ausgeschenkt von der Kantinenwirtin und ihrer Kellnerin, die, wie hätte es anders sein können, schon allein einen Besuch wert ist. Sicher, manchmal taucht auch eine Veterinärin auf, aber die zählt nicht, denn Frauen, richtige Frauen, haben andere Berufe zu haben als Veterinärin auf dem Schlachthof.

Als ich neben meinem Vater stand und ihm zusah, wie er mit einem perfekten Stich in den Hals das Blut der zu seinen Füßen liegenden Sau sprudeln ließ, hob er den Kopf und lächelte mich an – stolz auf sein Können und voller Vertrauen, dass ich können würde, was er konnte. Nie habe ich ihn jemals wieder so lächeln sehen. Mich freundlich ermunternd, reichte er mir sein Messer. Und ich – nahm es entgegen. Nach dem ersten Stich, mit dem ich eine Sau tötete, wurde ich süchtig, wollte mehr und mehr, fühlte das warme Blut frisch auf meinen Händen, meinen Armen, und die rote Fontäne, die aus der Halswunde sprudelte, war mannhafte Belohnung und Zeugnis, dass ich meine Angst überwunden hatte. Ich wollte nicht, ich *musste* töten; und nun wollte ich nicht mehr aufhören zu töten, wollte mehr Blut sehen, riechen, spüren, und das leicht verstohlene, verhalten anerkennende Lächeln meines Vaters und der Gesellen, mit dem man kein Kind anlächelt, gab mir Gewissheit, aufgenommen worden zu sein in die Welt derjenigen, die töten, und Teil einer uralten geheiligten Tradition zu sein. *Köpi* und *Doornkaat*. Ich hielt meinen Mund über die Blutfontäne, musste meine Zähne mit dem Blut umspülen, das Blut schmecken, es trinken, das Blut, für das ein Tier zu meinen Füßen im Sterben liegend sein Leben hergibt.

30.

«Die Liebe ist ein seltsames Spiel»

Auch ich wurde betäubt. Aber nicht mit der Elektrozange. Herr Nolens, Filialleiter meines Vaters und ein Wiedergänger von Peter Lorre, ein Rundkopf mit stets schwitzigem Gesicht und kleinen Pupillen, nahm mich eines Tages, nachdem wir Fleisch und Wurstwaren ins Kühlhaus der Filiale gebracht hatten, mit in seine Wohnung. Dort hatte sich seine Frau geschminkt, kräftiger als sonst, und gekleidet, wie ich es nicht gewohnt war, denn ich kannte sie nur als Verkäuferin hinter der Ladentheke. Ihre Augen wirkten größer als üblich, wenngleich nicht so groß wie die von «Tante» Lore, der Gina Lollobrigida unter den Frauen der kegelnden Holzköppe; die Wimpern waren aufgeklebt, wie ich es von meiner Schwester kannte, und auch die Augenbrauen wirkten dunkler, als es natürlicherweise zu ihrem hochgesteckten blonden Haar gepasst hätte. Sie lächelte mich an – freundlich, aber irgendwie abwesend, jedenfalls anders als sonst – und trug einen dünnen, durchsichtigen und schwarz glänzenden Morgenmantel, unter dem rote Unterwäsche hervorleuchtete. Kann sein, dass es umgekehrt war; kann sein, dass der Umhang rot war und die Unterwäsche schwarz, aber vielleicht täusche ich mich, und es war wie zuerst beschrieben. Sie hatte einen Busen, der, wenn auch halb im BH versteckt, nicht zu übersehen war. Für so etwas hatte ich ein Auge. Er konnte nicht mit Tante Lores mithalten, wenngleich ich deren Busen nie im BH, sondern nur als Abdruck unterm gestrafften Pullover und in engen Blusen gesehen hatte.

Ich weiß nicht, wie ich es ausdrücken soll, aber Frau Nolens wirkte stolz auf ihren Körper, und ihr Lächeln wollte, dass ich sagte, wie schön sie sei. Ja, sie war schön, aber sagen konnte ich das nicht, denn ich war verwirrt. Was ging hier vor sich? Das Schlafzimmer – denn was sonst sollte es sein, wenn ein französisches Bett, also kein deutsches mit Besucherritze, im Zimmer stand, sonst nichts – war zwar eng, fast ganz von dem Bett ausgefüllt, aber hell und freundlich, ausgeleuchtet von einer Lampe, wie es sie im Schlafzimmer meiner Eltern nicht gab. Ich solle die Schuhe ausziehen und mich auf das Bett setzen. Ich wusste nicht recht, wozu, aber ich gehorchte. Mich irritierte, dass keine Bettdecken vorhanden waren, denn was soll ein Bett, auch wenn es ein kleines französisches ist, in dem Mann und Frau sich zum Schlafen nicht zudecken können. Ich gehorchte. Herr Nolens, der Filialleiter, kniete sich aufs Bett, kroch räudig wie ein falscher Hund zu mir, einen Wattebausch in der Hand und ein ekelhaftes Grinsen im Gesicht. Sein Schwitzkopf mit den stechenden Augen schob sich näher und näher. Ich wich aus, so gut ich konnte und ohne unhöflich zu werden, denn am Fußende des Bettes stand immer noch seine ja irgendwie schöne Frau und lächelte und lächelte wie in einer Fernsehshow. In Frau Nolens setzte ich meine Hoffnung; bestimmt würde sie mir helfen bei dem, was mich jetzt erwartete und von dem ich nicht wusste, was es sei. Verbrechen, das wusste ich aus dem Fernsehen, geschehen in der Dunkelheit, und hier leuchtete angenehm helles Licht. Den Rücken an die Wand gedrückt, konnte ich nicht weiter ausweichen. Die Hand mit dem Wattebausch drückte sich auf mein Gesicht, mit der anderen ergriff Herr Nolens meinen Hinterkopf und drückte ihn nach vorn. Ich war gefangen. Ob Frau Nolens noch immer lächelte, weiß ich nicht, denn plötzlich war es dunkel. Ich glaube, man sagt es so. Vielleicht sagt man auch, es wurde dunkel. Das weiß ich nicht so genau – ja, ich weiß noch nicht einmal, ob dunkel das ist, was mir widerfuhr. Ich weiß gar nichts. Von dem, was mit mir geschah.

Folglich wusste ich auch nicht, was ich meinen Eltern erzählen sollte. Ich wusste ja nicht, was geschehen war. Ich sagte nur, alles sei hell und weiß gewesen, auch, bis auf die Unterwäsche und den Umhang, die Haut von Frau Nolens, und dass sie mich angelächelt und der Wattebausch nach Äther gerochen habe. Ein paar Tage später wurde die Filiale geschlossen. Herr und Frau Nolens waren verschwunden. An ihre Gesichter erinnere ich mich genau. Ich könnte für Aktenzeichen XY exakte Phantombilder erstellen und alles genau rekonstruieren, bis zum Moment der Tat. Nur die Tat selber, eben das, was geschehen ist, nicht. Denn als ich erwachte, war alles vorbei. Wie mit einem feuchten Schwamm von der Tafel gewischt, als habe da nie etwas gestanden, woran ich mich hätte erinnern können. Herr Nolens fuhr mich nach Hause.

Sollten sie noch leben, würde ich ihn und seine Frau gern ausfindig machen, um zu erfahren, was geschehen ist. Was ist geschehen? Was haben sie mit mir gemacht? Es ist mein Leben, und ich habe ein Recht zu erfahren, was sie mit mir und mit meinem Leben gemacht haben. Über meinen Verleger bin ich problemlos zu erreichen. Und sollte ich sie ausfindig machen, ich forderte sie auf zu reden. Täten sie es nicht, würde ich sie foltern, um es zu erfahren. Das würde ich. Bei Herrn Nolens bin ich mir sicher. Bei ihr weiß ich es nicht. Denn sie hat ja nur gelächelt.

31.

Fliegende Hunde, ja. Fliegende Teppiche, auch. Aber …

Opa Paul nahm mich mit, wohin auch immer er ging. Er wusste, wo der Fuchs seinen Bau hatte, wusste, wo er Küken kaufen konnte und dass man sie am besten in einem Leinensack transportiert: Da konnten sie zwar nichts oder nur wenig sehen, dafür aber gab es Luft und keine scharfen Kanten, an denen sie sich hätten verletzen können. Er ließ mich Karnickel füttern und, wenn ich wollte, von ihrem Futter probieren. Er zeigte mir, wie man mit einem Schlag dem Karnickel den Hals bricht, es an der Leiter aufhängt, die Halsschlagader ritzt, es ausbluten lässt, wo an den Hinterläufen man das Fell aufschlitzt, um es dann, ganz ohne Zuhilfenahme eines Messers, über die Ohren abzuziehen. Er half mir, einen Molch zu fangen, stibitzte von der Oma ein Einweckglas und sagte mir, was in das Glas hineingehörte, damit der Molch darin leben konnte. Doch Oma schüttete den Molch samt Erde, Wasser und Pflanzen in die Sickergrube unterm Klo und konnte das Glas wieder benutzen zum Einwecken von Sauerkirschen, Birnen und Pflaumen.

Nachdem Opa gestorben war, geriet ich zusehends unter Oma Herthas Fuchtel. Das gefiel mir nicht, war aber nicht zu ändern. Nach dem Mittagessen musste ich mit hinauf in ihr Schlafzimmer und mich zu ihr ins Bett legen. So lag zwar nicht Opa an ihrer Seite, aber immerhin ich. Oma war dick, die Bartstoppeln sprossen aus ihrem Gesicht, was mich verwunderte, denn sie war ja kein Mann. Außerdem schnarchte sie. Den Mund geöffnet, lag sie auf dem Rücken im Ehebett, hielt ihren Mittags- und Verdauungsschlaf und schnarchte: laut, gefährlich, unberechenbar. Manchmal wurde das Schnarchen leiser und schien ganz zu erlöschen. Aber dann, plötzlich, brach es aus ihren Lungen, aus Hals und Mund hervor wie glühende Lava, die aus einem Krater in den Himmel schießt. Manchmal kündigten sich ihre eruptiven Schnarchattacken auch mit lautstärkemäßiger Steigerung an, und der Donner der Eruption war vorherhörbar. Dass bei diesen Detonationen nie Speisereste aus ihrem Mund flogen, bleibt verwunderlich, hatte doch die Größe ihres Magens dem Bauchumfang nach zu urteilen ein unerschöpfliches Entleerungspotenzial, mit welchem sich das gesamte Schlafzimmer innerhalb kürzester Zeit tagtäglich neu hätte tapezieren lassen.

Die Höhepunkte und Entladungen ihrer abrupten oder sich gleichmäßig steigernden Schnarchanfälle klangen stets wie ein schwer beladener LKW, der mit voller Wucht und Geschwindigkeit ins Schlafzimmer hineinkrachte – ein wirklich sehr sehr großer Lastwagen, denn das Schlafzimmer lag ja nicht im Erdgeschoss, sondern darüber. Und pro Mittagsschlaf war es nicht nur ein einziger Lastwagen, der ins Schlafzimmer krachte, sondern häufig waren es bis zu neunzehn schwere LKWs, die zertrümmert wurden. Ich, neben Oma liegend, habe sie gezählt. Wie es ihr gelang, niemals von dem selbst produzierten Lärm zu erwachen? Irgendwie muss sie es geschafft haben, sich an die Lautstärke ihres eigenen Schnarchens zu gewöhnen. Und wenn ihr dann zu langweilig wurde, hat sie etwas geträumt, das sie explosiv aufschnarchen ließ. Oma jedenfalls schien jeglichem Lärm gewachsen. Ich nicht. Ich konnte noch nicht einmal einschlafen, sondern wartete auf die Einschläge und zählte sie. Dass das Haus diesen unzähligen und regelmäßigen nachmittäglichen Erdbeben standhielt, darüber habe ich mich gewundert. Gute Bausubstanz. Offenbar gebaut fürs tausendjährige Reich. Ich war froh, dass Oma nur meine Stiefoma war und nicht meine richtige Oma.

Und wie jede Krankheit eine Ursache hat, so musste auch ihr Schnarchen, besonders in dieser Heftigkeit, eine Ursache haben. Und diese erklärte ich mir so: Nachdem Oma vom Mittagessen müde geworden war, musste sie sich hinlegen und einen Verdauungsschlaf halten. So wie alle Erwachsenen, wenn sie nicht arbeiten müssen. Doch selbst die, die mittags nicht schlafen, weil sie arbeiten müssen, würden, dürften sie mittags ein Nickerchen halten, im Schlaf laut schnarchen. Und war Oma eingeschlafen, begann sie zu träumen. Und was träumte sie? Dass ich mit dem Einweckglas in den Händen vor ihr stehe, ihr meinen schwarzen Molch in den geöffneten Mund springen lasse und die Brühe, die er zum Leben braucht, hinterherschütte, damit sie diese Molchsuppe herunterschluckt und mit ihr den Molch. Und endlich Ruhe gibt. Doch das tut sie nicht. Im letzten Moment muss ihr dämmern, was ich ihr als Nachtisch servieren wollte, und um beides nicht zu schlucken, weder den Molch noch seine Soße, spuckt sie beides dank der ungeheuren Kraft ihrer Lungen und ihrer Kehle und mithilfe ihrer nahkampferprobten Schnarchlärmdetonationstaktik in den weiten Raum des Schlafzimmers. Doch der Molch, den sie ja tatsächlich ins Klo geschüttet hatte, bekam in ihrer Phantasie Flügel, kehrte zurück und kannte nur ein Ziel: ihren geöffneten Mund.

Omas Mittagsschlaf dauerte nie länger als neunzehn Molchangriffe und neunzehn schwere LKW-Unfälle in zwanzig Minuten. Für Oma, für den Molch und für mich wäre es besser gewesen, sie hätte ihn nicht entsorgt, denn seine Rache war gnadenlos. Und beharrlich. Aber verständlich. Wer will schon durchs Klo in die Jauche der Sickergrube geschüttet werden? Jauche mag keiner. Noch nicht einmal ein Molch.

Irgendwann war der Molch weg. Und Oma auch. Sie muss ihn verschluckt haben. Um Ruhe vor ihm zu haben. Und daran ist sie wohl gestorben. Und ich sah nie wieder einen Molch mit Flügeln.

Wie viel schöner war es, unter die Bettdecke meiner Mutter zu schlüpfen, mich von ihr in den Arm nehmen und in den Schlaf summen zu lassen.

32.

Bürgerliches Heldenleben

Ich fuhr mit Mutti nach Mittenwald in den Urlaub. Die Zugfahrt dauerte ewig. Es war langweilig. Also dachte ich an den Sandalenfilm, den ich am gestrigen Sonntagnachmittag im *Löwenhof* gesehen hatte. Da hatte sich zum Finale der Marmorfußboden eines Palastes beiseite geschoben und sich langsam, aber unaufhaltsam ein großes Bassin aufgetan, gefüllt mit Wasser und Krokodilen. Die Krokodile lauerten. Der Bösewicht geriet in Panik. Es war abzusehen, dass der Boden unter seinen Füßen schließlich ganz verschwinden und er als Reptilienfutter enden würde. Er presste sich gegen eine Wand aus buntem Marmor, die von einem Mauersims verziert wurde, auf dem Amphoren standen, antike Blumenvasen ohne Blumen. Er versuchte sich an dem Sims festzuhalten. Das gelang ihm. Aber dabei stieß er eine Amphore um, sie fiel ins Wasser und wurde, kaum war sie ins Wasser geplatscht, von einem Krokodil verschluckt. Dass Krokodile sogar Porzellanvasen fressen, war mir neu. Dem Schurken offenbar auch. Wir waren beide überrascht. Sein Gesicht wurde noch ängstlicher als zuvor, hatte er doch gesehen, was ihm bevorstand. Allerdings würde das Krokodil ihn nicht so elegant verschlucken können wie die Vase. Nein, es würde ihn zwischen die Zähne nehmen müssen, um ihn zu zerkauen, und andere Krokodile würden kommen und ihm die Beute streitig machen. Und dabei würden sie ihn bei lebendigem Leib zerreißen.

Das hatte er mir voraus. Nicht, dass er sterben würde – das muss jeder, wenn auch nicht auf so brutale Art wie er –, sondern dass er zuvor noch sehen konnte, wie. Da hing er nun am Sims im Palast wie ich am Räucherspieß im Wursthimmel. Doch er würde seinen Tod weniger lang hinauszögern können als ich, weil er schwerer war und sich nur am Sims festkrallen konnte; wohingegen ich den durchgebogenen und schwarzen

Räucherspieß, auch wenn er fettig war, mit meinen Händen fest hatte umschließen können.

Noch ein ängstlicher Blick auf die Bestien im Wasser unter seinen Füßen, gierige Blicke der Monster auf ihr schwächelndes Opfer, und schon verloren seine Finger ihren Halt, die Hände rutschten ab, er fiel ins Wasser, die Krokodile schnappten ihn, er wurde von den scharfen Zähnen in ihren langen Mäulern zerrissen und, während sich das Wasser rot färbte, lebendigen Leibs gefressen. Ende. Und Abspann. So wollte ich nicht sterben, so nicht!

Ich ging jeden Sonntag ins Kino, um solche Filme zu sehen. *Maciste, der Rächer der Verdammten, Spartacus, Ben Hur, Cleopatra, Kampf um Rom* – Filme in der «Röte des Rots von Technicolor». Oder Western und *Fuzzy*-Filme in Schwarz-Weiß. In der Vorstadt oder im Zentrum. Als Extra zum Taschengeld gab es drei Mark für den Film und 60 Pfennig für die Pommes frites mit Mayonnaise oder Ketchup danach.

Manchmal trat, bevor die Werbung, *Fox' Tönende Wochenschau* oder *Blick in die Welt* und der Hauptfilm begannen, ein Jo-Jo-Künstler, meist ein Holländer, auf die kleine Bühne vor dem geschlossenen Kinovorhang und demonstrierte dem Publikum sein Können. Er ließ das Jo-Jo an gespannter Leine über den Boden rollen wie einen angeleinten Hund, dessen Beine sich wie bei einem Zeichentrickfilm in schnellen Kreisen drehten, um seinem Herrchen im nächsten Augenblick mit schier unglaublicher Geschwindigkeit davonzurennen. Nach kurzer Zeit ertönte ein scharfer Pfiff, das Jo-Jo wickelte sich am Faden auf und kehrte zurück in die Hand des Künstlers, der es daraufhin in die Luft warf, den Faden um seine Finger wickelte und es in diesem Gefängnis aus Fäden kunstvoll sich drehen, baumeln und tanzen ließ. Dann plötzlich löste er dieses Labyrinth auf, indem er den zuvor vervielfältigten Faden von den Fingern rutschen und das Jo-Jo einige weitere uns allen imponierende Kunststückchen vorführen ließ, bevor es endgültig in seiner Hand verschwand. Wie schaffte er das bloß, das Jo-Jo sich derart lange drehen zu lassen? Wir waren zutiefst beeindruckt. Wer Geld hatte, kaufte ein Jo-Jo und konnte das Ende des Films kaum erwarten, um dem Experten nachzueifern. Die Eltern waren froh, den Sonntagnachmittag für sich zu haben.

In ihrer Jugend hatte meine Mutter im Rahmen eines BDM-Programms der Nazis Berlin und München besucht und schwärmte von diesen beiden Städten: der Lärm, die Lichter, die aufregende Hektik der Großstadt und nicht der langweilige Puls der Provinz. Ich hörte ihr gern zu und hatte beschlossen, noch bevor ich eine der beiden Städte besucht oder bei der Flucht durchquert hatte, dass mir München besser gefiel als Berlin. Zwar seien die Alpen, erzählte sie, von München noch so weit entfernt, dass man sie von dort normalerweise nicht sehen konnte, doch bei Föhn, wenn man klare Sicht hatte, könne man vom Alten Peter südwärts über die Stadt schauen und die Gestade der selbst im Sommer noch schneebedeckten Gipfel sehen. Welch gewaltiger Anblick! Und der Föhn lasse die Alpen so nah erscheinen, dass man glaubte, sie zu Fuß erreichen zu können. Aber für mich begannen die Alpen in München – da konnte mir meine Mutter erzählen, was sie wollte. Wenn es aussah, als könnte man sie zu Fuß erreichen, dann konnte man sie zu Fuß erreichen, und dann mussten sie in München stehen. Oder so gut wie in München, was auf dasselbe hinauskommt. Und wenn der Glaube Berge versetzen kann, wieso dann nicht auch die Alpen nach München? Denn wenn man an etwas glaubt, dann wird es auch möglich! Hatte nicht Vati mit der Kraft seines Glaubens an ein besseres Leben die DDR beiseite geschoben und sie gegen Westdeutschland eingetauscht? Für mich standen die Alpen in München, weil ich wollte, dass sie hier stehen. Das war beschlossene Sache. Basta. Ein für alle Male. Also irrte Mutti in diesem Punkt.

Ein weiterer Vorteil von München gegenüber Berlin besteht darin, dass man dort sommers wie winters in unterschiedlich langen Lederhosen herumlaufen kann, ohne aufzufallen – mit einem Hirschfänger in der Seitentasche und einem Edelweiß in der Mitte des Querträgers, der die ledernen Riemen des Hosenträgers zusammenhält, damit sie einem beim Spielen nicht von den Schultern rutschen und mit ihnen die Hose von den Beinen.

In den Querträger war eine kleine Tasche mit Reißverschluss eingearbeitet, in der sich das Taschengeld sicher aufbewahren ließ. Würde einen jemand bestehlen wollen, dann müsste er den Reißverschluss öffnen. Und wer würde sich das sehenden Auges direkt unter der Nase gefallen lassen?

Von Berlin, und das ist ein großer Nachteil der Stadt, konnte ich mir auch nach der Flucht noch keine rechte Vorstellung machen. Außer, dass es riesengroß und bedrohlich war und man sich verlief, wenn man sich nicht auskannte. Sicher, Doppeldeckerbusse, auf die man während der Fahrt aufspringen konnte, klangen verführerisch, aber den Rest der Zeit tranken die Berliner ihre Berliner Weiße, ein Bier in einer Schale, aus der normale Menschen Vanille- und Schokoladeneis mit Sahne essen und in das Kinderlimonade, Himbeer- und Waldmeistersirup gegossen wird. In München hingegen gab es nicht nur Lederhose, Hirschfänger und die Alpen direkt in der Stadt, sondern auch noch das Oktoberfest mit Karussells, Achter- und Geisterbahnen und riesengroßen Biergläsern, von denen die Kellnerinnen im Dirndl fünf in jeder Hand tragen konnten, Blasmusik, Jodeln, Schuhplatteln, Männer, die sich am Finger verhakt über Tische ziehen, auf Biertische springen und zum Takt der Blasmusik lange Peitschen schnalzen lassen. Mein Urteil war klar: München. Nicht Berlin. Männer gehören nach München.

Also Urlaub, für Mutti und mich. Und da die Metzgerei in den Sommerferien nicht geschlossen werden durfte, weil weiterhin Geld verdient werden musste, blieben mein Vater und die Schwester zu Hause. Nie haben sie sich von der Begeisterung meiner Mutter für Berlin und München anstecken lassen, und da war es nur gerecht, dass sie daheim bleiben und arbeiten mussten. Selber schuld.

Auch von München sah ich bei diesem ersten Besuch nicht viel. Eigentlich nur den Bahnhof. Das macht aber nichts. Ich war trotzdem begeistert. Denn München war ja schon immer meine Lieblingsstadt und, ich gestehe es und schäme mich ein wenig, ist es bis heute geblieben. Wir stiegen um vom D-Zug in den Eilzug, der uns über Garmisch-Partenkirchen nach Mittenwald fuhr. Die

Spannung stieg. Ich wusste von Mutti, dass die Alpen überwältigend sind – und überwältigt wurde ich tatsächlich vom Anblick des wuchtigen Massivs des Karwendelgebirges. Der Gedanke, dort hochzukraxeln, auf dem Gipfel im Himmel zu stehen und auf die Welt herunterzuschauen, versprach ein unvorstellbares Glück. Noch nie hatte ich Vergleichbares gesehen! Und dann die Pferdekutsche mit den vier riesigen Kaltblütern, die die Pensionsgäste vom Bahnhof abholten und in den Gasthof Gries der Familie Pfannzelter fuhren, wenn sie gerade nichts Wichtigeres zu tun hatten, zum Beispiel riesige hölzerne Bierfässer durch Mittenwald zu transportieren.

Im Gasthaus, in dem wir logierten, hing ein Spruch an der Wand der Gaststube, den ich, einmal gelesen, für immer im Kopf behalten und ins Herz geschlossen habe: «Wenn sich der Mutter Augen schließen, / Das gute Herz im Tode bricht, / Dann ist das schönste Band zerrissen, / Denn Mutterlieb ersetzt man nicht.» Und an der Tür zum Etagenklo stand: «Wenn's Arscherl brummt, ist's Herzerl g'sund.» Auch dieser Spruch gefiel mir gut, da ich zuhause nie Arsch sagen durfte, sondern nur Hintern, Po oder Podex.

Das beste Milcheis weit und breit. Malzbier, Dunkelbier, an dem ich manchmal nippen durfte. Bayerisches Volkstheater. *Der verkaufte Großvater*. So was in der Art. Lustig! Frühe Spaziergänge, wenn meine Mutter noch schlief, durch Wald und Wiesen, an Berghängen entlang, den Hirschfänger zum Schutz an meiner Seite, Nebelschwaden, Tau, glitzerndes Licht der Morgensonne. Noch schlief der Ort, doch ich war unterwegs, dem Wild und Wald zu lauschen ... Kam ich zurück und setzte mich ins Gasthaus zu meiner Mutter an den Frühstückstisch, fühlte ich mich als Held, obwohl ich nichts getan hatte, keinen Drachen getötet, kein Hirschgeweih mitgebracht, ja, noch nicht einmal einen Hasen mit Schrot erschossen, sondern ich war hinausgegangen in die Welt, um ihr Erwachen zu erwandern, allein, für mich; und nur für mich allein erwachte diese Welt und begann zu leben; ich, ein Held, Erwecker einer Welt, ach was, Weltenerwecker, der nun, bei Kakao und Marmeladenbrot, der Mutter berichtet: nicht von großen Taten, nicht von *helden lobebæren*, nicht von *grôzer arebeit*, sondern von etwas viel, viel Wichtigerem: Hätte es mich heute, in der Frühe, nicht hinausgezogen in die weite Natur, auf die Berge und unters Firmament, die Welt wäre nicht aufgewacht. Sie hätte verschlafen. Ich hatte die Welt an diesem Morgen, wenn nicht sogar erschaffen, so doch zumindest erweckt, und die vielen Menschen, die nach und nach aus dunklem Schlaf auf ihre Füße fielen, die sie durch den hellen Tag und ein sonnenbeschienenes Leben führten, waren Beigabe zu meiner Schöpfung.

Helden kennen ihre Aufgabe und handeln. Wenn sie sie denn erkennen. Kleine Helden wie ich erkennen jedoch nicht nur ihre Aufgabe, sie kennen die Welt! Wie sonst hätte ich eines frühen Morgens im Urlaub die Welt erwecken und Mutti dann am Frühstückstisch davon berichten können? Wie sonst hätte ich schon Jahre früher den Wursthimmel erobern können, als vermutlich erster Junge weltweit? Denn auch wenn ich dort nach anfänglichem Triumphgefühl zugegebenermaßen von blanker Todesangst gepackt worden war – was zweifelsohne meinen jungen Jahren und nicht mangelndem Mut geschuldet war –, so hatte ich diese Angst am Ende doch besiegt. Wie es sich eben für einen Helden gehört.

Und wie schlafen Helden? Hmh! Wie – schlafen – Helden? Auf dem Rücken. Weil sie unverwundbar sind. Die stolze Brust gen Himmel gerichtet. So auch meine. Eines Nachmittags in der Pension erwachte ich mit einem unbestimmten, aber eindringlichen Gefühl aus meinem Mittagsschlaf. Irgendetwas stimmte nicht. Ohne die Augen zu öffnen, erkannte ich sofort, dass ich noch nicht lang geschlafen haben konnte; irgendetwas hatte mich geweckt. Aber gleichzeitig wusste ich, dass es weder geknallt noch geblitzt hatte, und auch die Erde hatte nicht gebebt. Nein, es herrschte Ruhe, und die einzigen Geräusche waren die sanften Geräusche meiner Mutter neben mir. Vielleicht war ja gar nichts?

Ich hielt die Augen geschlossen in der Hoffnung, gleich wieder einzuschlafen. Aber irgendwie herrschte Unruhe. Muttis Atmen, anfangs noch sanft und langsam, wurde nachdrücklicher und tiefer. Bei Oma Hertha, deren Namen – allerdings ohne «h» – mir im Westen öfters und zu meiner großen Freude in den beliebten Fernseh-Werbesendungen mit dem Spruch «Herta, wenn's um die Wurst geht» wiederbegegnete, wären jetzt die LKWs gekommen. Aber Muttis Atem steigerte sich in einen ganz anderen, unberechenbaren Wechsel von Geräuschen. Er wirkte gequält, fast stöhnend, keuchend, dann japsend, als litte sie unter Sprachverlust, sei zurückgefallen in urwaldartige Geräusche fern jeder Sprache, Geräusche, in die sie, ohne es zu wollen, von einer dunklen Kraft hineingetrieben worden war, und als flehte sie, nun immer heftiger und schneller atmend, darum, durch den Dschungel hindurchgetrieben zu werden, um endlich wieder die Ruhe in der Heimat ihrer Muttersprache zu finden. Die Urwaldgeräusche steigerten sich immer weiter, und ich spürte, dass es Mutti zunehmend Kraft kostete, dieses Stöhnen, Ächzen, Hecheln und Schnaufen überhaupt noch menschlich klingen zu lassen, diesen willkürlich-unberechenbaren Wechsel zwischen dem hellen Japsen eines verängstigten Mädchens und dem dunklen Röhren eines Hirschs auf nebliger Morgenlichtung. Alles, was ihrem Körper, ihrer Kehle und ihrem Mund entwich – der bei jedem anderen Menschen zum Sprechen benutzt wird, doch offenbar nicht mehr bei meiner von irgendetwas besessenen Mutter –, wollte offenbar nicht nur aus ihr hinaus, sondern im gleichen Moment auch in sie hinein. Hier war etwas am Werk, fern jeglicher Sprache, das sich äußerst lebensbedrohlich anhörte und von keiner Macht der Welt würde aufhalten lassen. Gleichzeitig meinte ich zu spüren, dass Mutti mich von all dem nichts bemerken lassen wollte und dass sie die Intensität der Lautäußerungen zu unterdrücken versuchte, um mich nicht aus dem Mittagsschlaf zu reißen.

Vorsichtig, um nicht beim Sehen gesehen zu werden und Mutti zu enttäuschen, indem ich entgegen ihrer Absicht doch wach war, wollte ich die Augen nur einen Schlitz öffnen – was nicht ganz einfach war, da eines der Augenlider verklebt war, wie ich es nur nach langem Schlaf kannte. Wollten sie mich hindern, etwas zu sehen, das ich nicht sehen sollte?

Was ich schließlich sah, war so gut wie gar nichts. Zunächst. Soweit ich es aus meinem Versteck hinter dem Wimpernvorhang erkennen konnte, schien Mutti ganz normal unter ihrer Decke zu liegen. Doch merkwürdig war, dass sich die Decke sanft bewegte und ein vages Eigenleben führte, wohingegen Mutti selbst, deren Atem und unartikulierte Stimme einen Aufruhr hätten erwarten lassen, sich kaum bewegte. Im Gegenteil. Ihr Körper schien sich verkrampft zu haben, wirkte wie erstarrt, und ihre Augen waren geschlossen.

Nur der Unterkiefer war in ständiger Bewegung, und als sich Muttis Kopf zu meiner Seite drehte, eröffnete sich ein ständig verändernder Einblick in ihren mal weit, mal weniger weit geöffneten Mund. Ich sah den Schlund, den Eingang in die Tiefe der Kehle, die danach gierte, etwas zu verschlingen. Doch wer oder was immer dem Anblick des feucht glänzenden Golds ihrer Zähne nicht widerstehen konnte und sich eingeladen fühlte, hineinzuschlüpfen und sich verschlucken zu lassen, musste damit rechnen, als fremder Eindringling nicht erwünscht zu sein und vom blitzschnell zuschnappenden Zaun ihrer Zähne gebissen und aufgespießt zu werden oder – wie die Maus in der Falle, die ich im Herbst und Winter im Keller aufzustellen hatte, weil die Frauen sich sonst nicht hinunter getraut hätten – mit gebrochenem Rückgrat zu verenden. Nur, dass der Bügel nicht von oben herunter, sondern das Zahngitter des Unterkiefers von unten hinaufschnellte.

Schweiß klebte in feinen feuchten Perlen auf ihrer Stirn, wie es bei Opa Paul auch gewesen sein muss, als ihm Oma, während er im Sterben lag, die Stirn mit feuchtem Tuch erfrischt hat. Ich war mir unsicher, ob auch ich Muttis verschwitzte Stirn mit einem kalten Waschlappen erfrischen sollte. Doch da Opa Paul trotzdem, oder vielleicht auch wegen des kalten Waschlappens, gestorben ist, ließ ich es bleiben. Kalte Waschlappen mochte ich nie. Ich finde, sie müssen schön warm sein.

Plötzlich verzerrte sich Muttis Gesicht zu einer Maske, wie ich sie noch nie gesehen hatte, während ihr Dschungelatem noch geräuschvoller und heftiger wurde als zuvor. Mal schien es, als weinte sie, dann wieder lachte sie, wer kennt sich da noch aus? Und plötzlich explodierten quiekendes Wimmern und stöhnender Todeskampf in lachendem Weinen und weinendem Lachen. Kein Zweifel, meine Mutter war dabei zu sterben. Oder sich in ein Urviech, das eigentlich längst ausgestorben war, zu verwandeln. Ich schloss die Augen, um nicht mit ansehen zu müssen, wie meine Mutter neben mir das Leben aushauchte oder sich in ein vorsintflutliches Wesen verwandelte, und während ich noch darüber nachdachte, was mir wohl lieber wäre, und mich nicht entscheiden konnte, weder für das eine noch für das andere, vernahm ich schon ein ruhiges und mich beruhigendes Ein- und Ausatmen, in langen Zügen, und sah: Es war Mutti. Sie war wieder da. Sie war die, die ich kannte und liebte. Und sie hatte, darüber war ich besonders froh, auch keine Maus zwischen den Zähnen.

Aber dass sie im Urlaub, an meiner Seite liegend, im Bett fast gestorben wäre, blieb merkwürdig. Denn dafür war sie viel zu jung. Sollte ich es zu Hause meinem Vater erzählen? Sagen, dass ich befürchtete, sie könnte sich – schlimm für mich – in ein längst ausgestorben geglaubtes Tier verwandeln oder sogar – schlimmer für sie und genauso schlimm für mich – sterben? In ersterem Fall hätte er vermutlich laut gelacht, gesagt, ich sei ein Spinner, und in letzterem mir eine runtergehauen, weil ich keinen Arzt gerufen hatte, um sie zu retten. Nein. Nichts verraten.

Was immer sich ereignet hatte, es war ja auch ein Band, ein unausgesprochenes Bündnis, zwischen meiner Mutter und mir. Ein Geheimnis, das keinen etwas anging. Von dem nur ich wusste. Auch sie? Es war eine weitere Bürde, die ich mit mir herumzutragen hatte, ohne darüber mit jemandem sprechen zu können, nicht einmal mit Mutti. Und hätte mich jemand gefragt, was geschehen sei, in welcher Sprache hätte ich antworten sollen? In Muttis Dschungelsprache? Da hätte ich sie nachahmen müssen – und das wäre für sie peinlich gewesen. Und auch für mich. Also nicht petzen. Oder in meiner Sprache? Aber was Mutti zugestoßen, was ihr widerfahren war, dafür fehlten mir die Worte. Ich hätte stammeln müssen – und das wäre für mich peinlich gewesen.

Ja. Nichts sagen. Ganz einfach: schweigen.

33.

Glitzsch

Während Polizei und Arzt ihre Arbeit verrichteten, blieb ich stehen, wo ich die ganze Zeit gestanden hatte. Neben dem Leichnam. Und seiner geronnenen Blutlache. Mit dem blutgetränkten Schiffchen der ehemals weißen Metzgerkappe. Regungslos. Ich schaute ihn an. Seine Augen konnte ich nicht sehen. Der Arzt hatte die Lider geschlossen. Obwohl das nicht nötig gewesen wäre, denn Klaus konnte beliebig lange seine Lider geöffnet halten – das hatte ich beobachtet, als ich im Wursthimmel hing und er mir gebannt dabei zuschaute, ohne dem Reflex des Augenklimperns nachgeben zu müssen. Mutti saß in sich zusammengebrochen auf einem Stuhl und weinte, scheinbar lautlos. Vati war verschwunden. Wie lange er weg war, weiß ich nicht. Irgendwann kam er zurück. Er trug einen Kindersarg, stellte ihn auf den Tisch, öffnete ihn und hielt den Deckel schräg vor seine Brust, als forderte er Klaus, einen Toten, auf, selber in den geöffneten Sarg zu steigen – und wenn er das könne, sei er dem Tod noch einmal von der Schippe gehüpft, und er, Vati, könne den unbenutzten Sarg zum Bestatter Glitzsch zurückbringen. Aber Klaus denkt nicht daran. Er ignoriert die stumme Aufforderung und bleibt liegen; bleibt einfach liegen. Jetzt lehnt Vati den Deckel gegen den Tisch, geht zu Mutti, stellt sich vor sie und umfasst ihren Kopf. Dann gleitet er an ihr hinunter, umarmt sie und legt seinen Kopf in ihren Schoß.

Ich konnte all das sehen, ohne hinzuschauen. Mein Blick blieb die ganze Zeit auf den Leichnam gerichtet. Tote Menschen haben groß auszusehen, dachte ich, nicht klein. Ich hörte nichts. Alle Geräusche waren verschwunden. Und hilflose Worte, denn in dieser Situation gibt es keine angemessenen, wären ihnen gefolgt und hätten sich in lautlose Nichtigkeit aufgelöst.

Mit einem feuchten Tuch betupft Mutti Klaus' Gesicht. Dann gibt sie mir einen Kuss auf den Mund. Wie schön, dass sie mich küsst, auch wenn ich tot bin. Vati hob mich auf, stützte mit der linken Hand meinen Kopf, wie man es bei einem Baby macht, das seinen Kopf nicht halten kann. Mein Kopf wirkte locker, ausgeleiert wie bei einer von Renates Puppen, die wir zur Reparatur in die Puppenklinik brachten. Dann legte er mich in den Sarg, blieb stehen und war ratlos. Mutti wischte mit einem Scheuerlappen das geronnene Blut vom Boden, mal zärtlich, mal wütend-aggressiv, als könnte sie, wischte sie den Tod energisch weg, das Leben unter der Blutschicht hervorzaubern. Nachdem sie den Putzlumpen zum ersten Mal im Wasser der Plastikschüssel ausgewrungen hatte, hielt sie inne. Das Wasser gab dem Blut die Röte zurück, die es auf dem Fußboden verloren hatte. Als sehnte sich das Blut zurück ins Leben. Jetzt umarmte Vati mich, hob mich hoch, was ihm schwerfiel, drückte mich an sich und stellte mich wieder ab. Ich war steif, konnte mich kaum bewegen, hatte das Gefühl, mein Körper sei doppelt so schwer wie vor dem Unfall. Hatte sich das Körpergewicht meines toten Bruders auf mich übertragen?

Irgendwann fahren wir mit dem Dreirad nach Hause. Vati und Mutti sitzen vorn, wir liegen auf der offenen Ladefläche, Klaus im Sarg, ich im Sargdeckel neben ihm. Ich schaue in den Himmel und betrachte die Sterne. Und schweige. Ob Klaus jetzt auch so ein Stern am Himmel ist und seine Seele auf uns niederschaut? Das Knattern des Dreirads war laut, ein Totengebet ohne Worte, dessen flehentliche Anbetung und verzweifelter Schmerz durch den Abend hallten und dessen Rhythmus und Lautstärke von nichts anderem gesteuert wurden als vom Gaspedal, dem metallischen Kratzen der Gangschaltung und dem Aufheulen des Motors, mit denen das Dreirad kundtat, dass es mit seiner ungewohnten Last nicht einverstanden war und dass es sich sträubte, sie zu transportieren.

Zu Hause erwarteten uns Oma und Renate vor der Haustür. Sie weinten. Die Tür stand weit geöffnet, und im Haus brannte das Licht. Ich ging als Erster hinein, legte mich bäuchlings mit meinen Straßenkleidern ins Bett, roch den kalten Zigarettenrauch an den Fingerkuppen meiner rechten Hand und schlief ein.

Früh am nächsten Morgen ging ich ins Wohnzimmer und stellte mich neben den Sarg, der auf zwei seitlich versetzte Küchenstühle gestellt war und am Kopf- und Fußende von ihren Rückenlehnen festgehalten wurde – damit der Leichnam, nahm ich an, falls er sich bewegen, wieder lebendig werden und aus dem Sarg steigen wollte, diesen nicht umkippen könne. Denn der eine Absturz war genug.

Auf dem Wohnzimmertisch brannte eine Kerze. Doch auch ohne ihren gelblichen Schimmer konnte ich mich im grauen Dämmerlicht des Morgens gut sehen. Ich betrachtete mich. Offenbar hatte Mutti mich in der Nacht, während ich schlief, schön gemacht. Ich trug den braunen Sonntagsanzug mit kurzer Hose, weißem Hemd und dunkelroter Kinderkrawatte, weiße Socken und meine schwarzen Sandalenschuhe. Ich sah zufrieden aus, mit der Welt versöhnt, ohne ihr einen Vorwurf zu machen für meinen frühen Tod. Auch wenn ich noch gern mehr von der Welt erfahren hätte. Die Haare waren ordentlich gescheitelt.

Ein kurzes Flackern des Kerzenlichts verriet mir, dass jemand ins Zimmer getreten war. Behutsam näherte sich diese Person oder was immer es war von hinten, und eine Hand legte sich auf meine Schulter. Es war die Hand meines Vaters. Mutti berührte mich anders. So machen es nur Männer, wenn sie jemanden trösten wollen und nicht wissen, wie, wenn Worte fehlen.

Da tritt Mutti aus dem Dunkel ins Licht der Kerze, hält einen Kamm in der Hand und scheitelt noch einmal meine Frisur, obwohl sie in ihrer Vollkommenheit nicht zu verbessern ist. Sie streicht mir zärtlich über den Kopf, benetzt die Fingerspitzen ihrer rechten Hand mit Speichel und dreht aus dem Haar, das akkurat in diagonaler Linie über meine Stirn gekämmt ist, eine Locke und drückt sie mir, ihrem kleinen Gernegroß, mit traumverlorenem Blick auf die Stirn. So behalte ich Mutti bei mir. Mit dieser Locke. Mit der zärtlichen Berührung ihrer Finger auf meiner Stirn. Dann tritt sie vom Sarg zurück und verschwindet mit Vati in der Dunkelheit.

34.

Zweimal Sonne

Es gab einen See, zu dem wir mehrmals wanderten. Meine Mutter sonnte sich und las in Illustrierten: *Quick, Stern, Constanze.* Ich schwamm, streunte umher, aß Eis und guckte, was es zu sehen gab. Abends, im Gasthof Gries, saßen wir fast immer mit einem Ehepaar am Tisch, das keine Kinder hatte. Und da meine Mutter keinen Mann hatte, zumindest nicht dabei, ergänzten sich die Erwachsenen ganz gut. Doch heute war das Ehepaar beim Abendessen nicht in der Wirtsstube. Der Mann hatte zu lange in der Sonne gelegen und sich nicht eingecremt. Welcher Mann tut das schon? Ich meine, sich eincremen. Als wir ihn am nächsten Vormittag auf dem Pensionszimmer besuchten, war es abgedunkelt, wohl damit der gnadenlose Gegner Sonnenlicht ihm keine weiteren Verbrennungen zufügen konnte. Vielleicht aber auch, falls er sterben müsse, um ihn langsam an die Dunkelheit des Todes zu gewöhnen.

Bei Opa Paul war es auch so. Gardinen und Vorhang waren geschlossen, Opa lag im Wohnzimmer auf der Couch in der Ecke, oder vielleicht hatte man ihm auch ein Bett aufgebaut, damit, wie mein Vater sagte, die Leichenbestatter sich nicht so abmühen müssten – ihn nicht im Sarg aus dem Schlafzimmer im oberen Stock den engen Flur hinuntertragen müssten und er womöglich aus dem Sarg fiele. Ein Toter, das lernte ich, muss mit den Füßen voran, nicht mit dem Kopf, aus dem Haus getragen werden, sonst bringt das Unglück. Aber welches Unglück soll einem Toten schon widerfahren, sterben kann er ja nicht mehr, wenn er schon tot ist, außer, er wird in der Hölle geschmort, wenn er ein schlechter Mensch war. Doch Opa war ein guter Mensch und käme bestimmt in den Himmel der Glückseligkeit. Also warum die vielen Tränen? Es ergab keinen Sinn, dass die Hinterbliebenen um die Toten weinten, denn sie wurden entweder zu Recht bestraft oder zu Recht belohnt. Demzufolge weinten die

Lebenden nicht um die Toten, sondern um sich selber, über den Verlust, den sie erlitten hatten. Um böse Menschen weint man nicht, wenn sie tot sind. Im Gegenteil, man freut sich, dass sie weg sind. Und wenn sie gute Menschen waren, freut man sich ebenfalls. Darüber, dass sie gut, nicht böse waren. Warum also die Tränen? Weinten sie darüber, dass der Tod auch sie, wie jetzt Opa Paul, jederzeit hinwegraffen könnte aus dem Leben, an dem doch jedes Lebewesen hängt, selbst eine Eintagsfliege mit ihrem kurzen Leben? Und wenn dem so wäre, dann müssten sie doch froh sein, dass der Tod nicht sie, sondern Opa Paul mitgenommen hat, und sich freuen, statt Tränen zu vergießen. Die Gardinen und der Vorhang der Wohnzimmerfenster waren also geschlossen und blieben es auch, als Opa gestorben war und zur Verabschiedung noch ein, zwei Tage aufgebahrt liegen blieb, bevor sein Leichnam mit den Füßen voran im Sarg aus dem Haus getragen wurde.

Ich selber hatte ja auch oft Sonnenbrand – ein Junge cremt sich nicht ein, und kein Junge, den ich kannte, hat sich je eingecremt, das war was für Frauen und Mädchen – mit Bläschen und dünnen verbrannten Hautfetzen auf dem Rücken, die sich leicht abblättern ließen. Nur manchmal tat es weh, wenn die Risse in der toten Haut bis in die noch lebende und nicht verbrannte Haut reichten. Aber was immer ich an von Sonne verbrannter Haut gesehen hatte, war ein Kinderspiel verglichen mit dem Rücken des Mannes, an dessen Bett, vielleicht Totenbett, seine Frau, meine Mutter und ich jetzt versammelt waren. Er sah aus wie ein großer, unfertig verrührter und misslungener Kuchenteig, ein Schlachtfeld aus Eiter, wässrigen kleinen Schimmelpfützen, abgestorbenen Hautlappen und feuchten Fleischfetzen, alles noch mit Salbe zu einer Soße vermengt, gelb, grünlich, rosa, bläulich, dunkelrot, ekelhaft. Und das im Urlaub. Trotz seiner schütteren schwarzen Haare und wuscheligen Augenbrauen schaute uns der Mann mit den weichen Augen eines kleinen Kindes an, hilflos, als müsste man ihn beschützend in den Arm nehmen und ihm ein Lied singen, wäre er nicht ein Aussätziger. Verboten, ihn zu berühren.

Ich stellte mir vor, dass so die Haut meines richtigen Opas ausgesehen habe könnte, also nicht von dem, der sich in der

Silvesternacht erhängt oder vergast hat, Opa Kunze, der Vater meiner Mutter, sondern vom Vater meines Vaters, Opa Weise, der im Ersten Weltkrieg ums Leben gekommen ist, und auch die Haut der vier im Zweiten Weltkrieg gefallenen Brüder meines Vaters, obwohl, wie ich oft gehört habe, der Erste Weltkrieg brutaler gewesen sein soll als der Zweite, weil es hier im Stellungskrieg um den Kampf Mann gegen Mann ging, mit Dolch, Gewehr, Bajonett, und man den Gegner noch vor sich hatte und ihm in die Augen schauen konnte, bevor man ihn getötet hat. Senfgas war besonders gefährlich: Es schlich sich geruchlos an und tötete wirkungsvoll. Wer es durch Weglaufen oder Windumschwung überlebte, war seines Lebens trotzdem nicht sicher, denn er konnte jederzeit durch feindliche Granatsplitter getötet werden. Am Heiligen Abend sollen die deutschen und die französischen Soldaten gemeinsam Weihnachtslieder gesungen haben, bevor sie sich danach wieder abmurksten. Kaum zu glauben: Die Soldaten versuchen, sich gegenseitig umzubringen, dann singen sie andächtig vereint zwei, drei Weihnachtslieder, anschließend geht's zurück in die Schützengräben – und, zack, bringen sie sich wieder um, als hätten sie sich zuvor nicht singend in den Armen gelegen.

Ich schwamm im klaren Wasser eines Bergsees. Ich war auf Entdeckungs-, nicht auf Urlaubsreise. Meine Mutter hatte mir den Rücken eingecremt, und ich, eingedenk des offenen Geschwürs auf der Rückseite unseres Tischnachbarn – von einem Rücken konnte nicht die Rede sein –, ließ es über mich ergehen, sprang schnell ins Wasser, damit niemand die mädchenhafte Creme auf meinem Rücken entdecken konnte, und schwamm ziellos vor mich hin. Bis plötzlich etwas vor mir aufleuchtete. Etwas, das ich nie zuvor gesehen hatte. Ich konnte nicht ausmachen, was es war – was da derart hell leuchtete, als wäre es das Licht der Sonne selbst, nur silbriger. Aber die Sonne konnte es nicht sein, sie strahlte ja am Himmel. Was war es dann? Kein Licht der Welt – außer vielleicht das Licht beim Schweißen, in das ich aber nicht hineinschauen sollte und es dennoch tat, um zu sehen, was ich nicht sehen sollte, und in dem ich nicht viel sah, außer einer weißbläulichen Helligkeit, von der gelbliche Funken absprühten – war so hell wie dieses Licht, das am entfernten Ufer, am Ende des Sees, glitzerte, flimmerte, aufblitzte.

Es wirkte außerirdisch, und plötzlich hatte es sich vermehrt, denn es funkelte an mehreren Stellen, als seien soeben galaktische Wesen auf der Erde gelandet oder Ritter in silbern glänzender Rüstung. Vielleicht war der Schatz im Silbersee entdeckt, aus dem Wasser gehievt und an Land gebracht worden. Vielleicht waren Ufos aus der Unendlichkeit des Universums herabgeschwebt, beobachteten uns nun und überlegten sich, ob sie landen sollten oder nicht. Oder unbekannte, silbern glänzende Fische, die aus der Tiefe des Sees aufgestiegen sind und wie Vögel, die schwimmenden Fische des Himmels, schwerelos in der Luft stehen können, ohne abzustürzen? Nein. Es gibt nur eine Erklärung. Was immer es ist, es ist vom Himmel gefallen, denn nur im Himmel gibt es solch ein Licht. Außerdem schwirren aufgeregt ein paar Leute herum. Was geschieht da? Ich will es wissen und schwimme, so schnell ich kann, durch den See. Doch je näher ich dem Licht komme, umso schwächer wird es. Und als ich das Ufer erreiche, ist es nicht mehr da. Doch da ist etwas anderes. Etwas noch nie Gesehenes fesselt meinen Blick: Ein Film wird gedreht. Ich muss es noch einmal sagen: Ein Film wird gedreht. Und ich bin dabei! Darf zuschauen – und muss schweigen. Aber das macht nichts. Denn alles, was geschieht, ist neu und spannend. Undurchschaubares Gewusel, Gewirr, Gerenne und Gerede, Kommandos aus dem Megaphon. Und dann offenbart sich das ominöse Lichtgeheimnis – als billiger Trick: Mit Silberpapier bezogene Holztafeln werden auf Stative geklemmt und so ausgerichtet, dass sie das reflektierte Sonnenlicht auf die Gesichter der Schauspieler werfen und wir deutlicher sehen können, was sie mit dem Gesicht spielen. Einer ruft: «Ruhe bitte!», und sofort wird alles ruhig. Eine angespannte, konzentrierte Stille. Dann ruft eine andere Stimme: «Ton läuft!», und noch ein anderer antwortet: «Kamera läuft!», ein weiterer ruft etwas, das ich nicht verstehe, eine schmale Latte unter einer kleinen Holztafel mit Kreideaufschrift klappert einmal laut, und noch ein anderer ruft: «Bitte!»

Ein rotes Cabriolet steht am Ufer. Ein Mann und eine Frau. Sie küssen sich. Dann rennt die Frau zum Auto, verliert einen Stöckelschuh, ich wundere mich, wieso sie das nicht bemerkt, anhält, umkehrt, sich den Stöckelschuh anzieht und erneut wegrennt oder zurückrennt, den Schuh aufhebt und den, den sie noch anhat, auszieht, ebenfalls in die Hand nimmt, um jetzt barfuß schneller zum Auto rennen zu können als mit zwei Stöckelschuhen an den Füßen. Aber nichts von dem geschieht. Sie lässt den Stöckelschuh, der vermutlich ziemlich teuer war, einfach liegen, Geld scheint für sie keine Rolle zu spielen, rennt zum Cabriolet, steigt ein, startet den Motor und braust davon.

Die Kamera, auf einem Wägelchen befestigt, das auf Schienen steht, wird von einem Mann hinter der Frau hergeschoben, aber bevor die Kamera sie einholen kann, fährt die Frau schon davon. Und da die Schienen nur sieben oder acht Meter lang sind, kann die Kamera die fliehende Frau nicht verfolgen, sondern muss stehenbleiben. Doch selbst wenn die Schienen länger wären, würde der Mann, der das Wägelchen schiebt, nie so schnell rennen können, wie das Auto davonfährt. Es müsste dann ein zweites Auto bereitstehen, in das der Mann mit der Kamera hineinhüpft, und der Fahrer dieses Wagens nimmt die Verfolgung auf. Doch auch das geschieht nicht. Weil etwas anderes geschieht. Und das erklärt, warum die Frau den Stöckelschuh nicht mitnehmen durfte. Denn der Mann, vor dem die Frau weggerannt ist, geht nun zu dem Schuh, hebt ihn vom Asphalt auf, nimmt ihn – wieso liebevoll? – in die Hand, betrachtet ihn wie ein Erinnerungsstück und schaut der Frau im davonfahrenden Wagen hinterher. Jetzt dreht sich die Kamera, fährt schnell auf den Mann zu, als wollte sie in sein Gesicht hineinrasen, ich denke, hoffentlich verletzt sie seine Augen nicht, bleibt aber abrupt ganz nah vor ihm stehen. Dann wendet sie sich von ihm ab und blickt in Richtung Straße, auf der der Wagen hinter einer Kurve verschwindet. Plötzlich wieder ein Ruf, den ich nicht verstehe, der aber abrupt die Angespanntheit und die Konzentration bricht; von überall her kommen Leute, die vorher versteckt waren, rennen geschäftig hin und her und reden durcheinander.

So also entsteht ein Film. Ein roter Stöckelschuh in der Hand eines Mannes und eine Frau, die davonfährt. Keine Krokodile, die den Bösewicht im Swimmingpool eines antiken Palastes mit beweglichem Marmorfußboden fressen.

35.

Diamat

Nacht. Schlafzimmer. Dunkelheit. Nur das Licht einer Straßenlaterne. Ein Mann steht vor einem Kleiderschrank, öffnet die Tür und pinkelt hinein. Er ist Richter. Und er ist betrunken. Es ist spät. Sehr spät. Seine Frau liegt im Bett und schläft. Sie wird erst wach, als er mit Gepolter in den Schrank fällt und liegenbleibt. Er übergibt sich. Was soll's, denkt sie, jetzt ist es zu spät. Jetzt, da es wieder mal passiert ist, ist es eben passiert. Da kann man nichts machen. Und heute Nacht sowieso nicht mehr. Muss ich morgen saubermachen, den Schrank, die Kleider. Nur das Holz nimmt für ein paar Tage den Gestank an, dann verschwindet auch der. Sie dreht sich zur Seite, zieht das Kopfkissen über den Kopf, um den Gestank nicht riechen zu müssen, und schläft wieder ein. Sie hat einen gesunden Schlaf, den nichts so schnell erschüttern kann.

Der Mann kommt langsam zu sich. Offensichtlich sind keine Knochen gebrochen. Vielleicht ein paar Schürfwunden, mehr nicht. Morgen ist Samstag, da ist das Gericht geschlossen. Und bis Montag noch lange hin. Er rappelt sich auf, was ihm schwerfällt, da der Schrank eng ist und er nicht wirklich weiß, wo seine Beine sind. Doch es gelingt ihm, sie zu entknoten, er richtet sich auf und stürzt erneut. Wieder steht er auf. Er plumpst ins Bett und landet nicht etwa mit dem Hinterkopf auf der Bettkante, was auch leicht hätte passieren können in seinem Zustand, sondern bäuchlings auf seiner Frau. – Kannst du nicht aufpassen? Du hast schon wieder in den Schrank gepinkelt. – Ja, tut mir leid, sagt er in besoffen-thüringisch-geraischem Dialekt, von dem ich nicht weiß, wie anders der klingt im Vergleich zu nicht-besoffen-thüringisch-geraischem Dialekt. Das muss sich jetzt jeder selber ausmalen, wie das klingen könnte. – Du weißt doch, das mache ich immer, wenn ich besoffen bin. – Ja. Und du hast gekotzt. – Ich? Wirklich? Kann ich nicht glauben. Ich rieche gar nichts …

Beide schlafen wieder ein. Ob sich der Mann wohl ausgezogen hat? Nackt? Oder hat er in den Kleidern geschlafen, die er beim geselligen Beisammensein mit meinen Eltern trug? Oder ist es ihm gelungen, einen Schlafanzug anzuziehen und ein Minimum menschlicher, wenn schon nicht richterlicher Würde wiederherzustellen? Oder denkt er, er sei in ein Nachthemd geschlüpft, und hat es in Wirklichkeit mit seiner Richterrobe verwechselt – so ein Nachthemd, wie ich es gerne trage, auch wenn es sich im Lauf der Nacht immer, wirklich immer unter den Armen zu einer Wurst zusammenringelt?

Die Geschichte vom betrunkenen Richter, dem Kleiderschrank und seiner Frau habe ich immer gern gehört, wenn mein Vater sie später, im Westen, erzählte. Ich fand sie lustig. Weniger lustig hätte ich sie gefunden, wenn es mein Vater gewesen wäre, der in den Schrank pinkelte. Nein, mein Vater war es, der sie erzählte und der den Richter von Zeit zu Zeit betrunken machte. Wahrscheinlich mit Schnaps, während er selber im Schnapsglas Wasser trank. Hat mein Vater das aus hinterhältiger Schadenfreude getan? Auch. Vielleicht. Aber auf jeden Fall, um etwas von ihm zu erfahren. Er brauchte den Richter.

Denn für die selbstständigen Metzger in der DDR gab es nur eine vom Schlachthof, also vom Staat, zugewiesene und nicht dem Bedürfnis der Kundschaft entsprechende Menge Fleisch, das ausschließlich gegen die Vorlage von Marken ausgehändigt werden durfte. Die Menge des ausgelieferten Fleisches musste der auf den eingehenden Marken ausgewiesenen Menge entsprechen. Auf diese Art sollten Schwarzhandel und Wucher mit volkseigenem Fleisch verhindert werden. So der Plan. Für jedes Pfund Fleisch so und so viele Marken. Doch Hunger und Appetit ließen sich mit dem zugeteilten Kontingent nur unzureichend stillen, und so hatten am Ende immer alle zu wenig: an Fleisch, Wurst, Schinken und Fett, selbst diejenigen, die Anspruch auf die größte Zuteilung von Marken hatten – wie, zu Recht, die Schwerstarbeiter und, noch mehr zu Recht, die Funktionäre. Sie, also die Marken, wurden, waren genug beieinander, auf altes Zeitungspapier aufgeklebt, aufbewahrt und mussten bei unangekündigten

Razzien vorgelegt werden und der Menge des gelieferten Fleisches entsprechen. Und wehe, wenn nicht.

Wer sich bestechen ließ – also Fleisch herausgab für Geld, Naturalien, Gegenstände oder wie auch immer geartete Dienstleistungen, Vergünstigungen und Informationen –, sich also wie auch immer bezahlen ließ, anstelle die vorgeschriebenen Marken anzunehmen, dem fehlten diese Marken bei der nächsten, meist nächtlichen Hausdurchsuchung, und er wanderte, wie sich mein Vater ausdrückte, mit tödlicher Sicherheit ins Gefängnis, wegen Betrugs am Volkseigentum. Außerdem wurde er enteignet und musste nach Verbüßung seiner Strafe im Konsum oder in einem anderen volkseigenen Betrieb arbeiten. Aber: Hat man je einen Metzgermeister ohne Schwarzgeld erlebt?

So gut die SED ihre Pappenheimer kannte: Meinen Vater und die Geraer Fleischer kannte sie schlecht. Jedes Problem lässt sich lösen. Auch wenn dies nicht immer ungefährlich ist. Und die Lösung heißt Vertrauen. Die Metzger, die sich vertrauen, müssen sicher sein, keinen Spitzel der Stasi in ihren Reihen zu haben, und versorgen sich gegenseitig mit der benötigten Menge an auf alte Zeitungen geklebten Marken, wenn die nächste staatliche Razzia ansteht. Auf diese Art finden sogar das *Neue Deutschland* und das *Thüringer Tageblatt* eine – wenn nicht sogar ihre einzige – sinnvolle und in den Augen aller am Betrug Beteiligten nützliche Bestimmung. Dieser Handel war nach Gesetzeslage ein Verbrechen. Aber nicht nach dem Selbstverständnis der am Betrug beteiligten Metzger, in deren übergeordnetem Privatrecht die Kommunisten sowieso, ohnehin und überhaupt Verbrecher waren.

Doch eine Frage drängt sich zwingend auf: Woher kennen die eingeweihten Mitglieder der altehrwürdigen Metzgerinnung Ort und Zeitpunkt so einer Razzia? Nun, ganz einfach: Wenn man zum Beispiel einen Richter kennt, der gern in den Kleiderschrank pinkelt, gerne auch beim Pinkeln in den Schrank fällt, und der nicht nur weiß, was man selber nicht weiß, sondern vor allen Dingen die Qualität guter Fleisch- und Wurstwaren zu schätzen weiß. Und der auch weiß, dass die von ihm und seiner Frau nicht selbst verzehrten Fleischwaren im weiteren Handel des Schwarzmarkts gute Dinge tun zur Befriedigung von Wünschen, die in der DDR nicht oder nur nach langen Wartezeiten zu erfüllen sind. Begehrte Informationen zu bevorstehenden Razzien im Austausch gegen schwergewichtige Wurstpakete und lockeres, geselliges Beisammensein, das war die Zauberformel.

Doch immer wieder gab es auch Verhaftungen unter den Metzgern und Zwangsenteignungen. Ich erinnere mich, dass nachts gelegentlich Männer in unser Haus kamen. Mit Hut und Regenmantel bekleidet, trugen sie die Einheitskleidung für die Stasi-Spitzel in der Deutschen Demokratischen Republik oder, wie sich mir später bei unserer Flucht in der U-Bahn von Ost- nach West-Berlin aufdrängte, eben die Einheitskleidung für alle damals in der DDR U-Bahn fahrenden Männer. Entweder waren es zwei, vielleicht auch drei Geraer Metzgermeister, die im Schutz der Nacht Marken vorbeibrachten oder sich ausliehen, oder eben Offizielle, die unangekündigt die vorhandenen Marken auf ihre Vollständigkeit zu überprüfen hatten.

Es gab, wenn man so will, durchaus eine funktionierende Informationsgesellschaft. Die offizielle, der alle misstrauten, obwohl sie mitspielten, und die doppelt inoffizielle, an der offiziell keiner beteiligt war, weder die Stasi noch der Schwarzmarkt, an der sich aber, obwohl gegenseitig Feinde, beide Parteien bedienten und in der sie manchmal schwer voneinander zu unterscheiden, weil nahezu identisch waren: Vertrauen, Geheimhaltung, Vorteilsnahme – oder Nicht-Vertrauen, Geheimhaltung, Vorteilsnahme.

Das systembedingte Angst-Asthma ließ meinen Vater nachts oft nach Luft japsen. Oder war es umgekehrt? Hatte er zu viel Luft eingejapst und konnte sie jetzt nicht ausjapsen? Die andere, die goldene Seite seines Erstickungsgekeuches war der relative Reichtum unserer Eltern. Sie konnten sich und ihrer Familie die materiellen Wünsche erfüllen, die sich in der DDR mit Geld erfüllen ließen. Sie hatten ein eigenes Haus mit Garten und einer zur Heißmangel umgebauten Garage, eine eigene Metzgerei, ein Transportdreirad, Geld für den jährlichen Sommerurlaub, für Kleider, für – meine Mutter bestand darauf, und mein Vater musste mitgehen – Restaurant-, Theater- und Konzertbesuche, für ein wunderschönes Akkordeon, einen funkelnagelneuen Tretroller und für allerlei Geschenke nebenbei. Regelmäßig verwandelte unser Fernseher, der erste in der Sommerleithe, das Wohnzimmer bei Kindersendungen in einen Kinosaal und bei Sportübertragungen – manchmal durfte ich neben dem Fernseher stehen und zwecks besseren Empfangs die Zimmerantenne halten – in eine Arena oder in ein Fußballstadion. Doch nur zweimal im Jahr, um die Zeit der Leipziger Messe, ereignete sich das Unglaubliche, geschah im Familienkreis ein Weltwunder: Mein Vater brachte jedem von uns je eine Banane und eine Apfelsine mit.

Uns Kindern so unbekannt, dass wir noch nicht einmal von ihnen hätten träumen können, waren diese Früchte Botschaften aus dem Garten Eden. Mein Vater war ihnen im Paradies seiner amerikanischen Gefangenschaft begegnet und hatte uns von ihnen erzählt. Aber Apfelsinen und Bananen – man kann sie sich nicht vorstellen und man kann sie nicht erträumen, ohne zuvor in sie hineingebissen zu haben. Sie sind ein Geschenk des Himmels an die Menschen. Allein die Farben! Das leuchtende Orange der Apfelsine, die so gar nicht mit den uns vertrauten Äpfeln zu vergleichen ist, deren Bild aufgrund der Namensverwandtschaft meine Erwartungen prägte, und die gelb leuchtende Schale der Banane, die ein Geheimnis umschließt, an dem nicht nur, ganz alltäglich, die Menschen in fernen Ländern, sondern sogar die Affen teilhaben – weil dort so unglaublich viele Bananen wachsen, dass man sie, wo man geht und steht, nur zu pflücken braucht. Nie habe ich verstanden, wieso wir sie, wenn es so viele von ihnen gab, dass selbst Affen sie essen durften, in der DDR nicht wenigstens kaufen konnten? Paradiesfeigen nannte Vati scherzend die Bananen, als müsste er sie noch wertvoller erscheinen lassen. Ich wusste, dass Menschen essen und Tiere fressen, aber bei einer Banane von Fressen zu reden und nicht von Essen, selbst wenn es Affen waren, erschien mir angesichts dieser exotischen Frucht aus dem Paradies, denn das war es zweifellos, woher sie kam, unwürdig. Apfelsinen und Bananen waren für uns Kinder die essbaren Briefmarken des Paradieses. Und die Leipziger

Messe seine Filiale. Wie sieht wohl erst das Paradies aus, wenn es dort Bananen und Apfelsinen in Hülle und Fülle gibt?

Wir setzten uns um den runden Wohnzimmertisch. Unsere Erwartung, bevor unser Vater die Farbenpracht präsentierte, lässt sich wohl am ehesten vergleichen mit der freudigen Erregung der Christen im Advent, und das zeremonielle Schälen, welches das Fruchtfleisch bloßlegte, ach was, offenbarte, war zumindest vergleichbar mit dem, was wir über die Geburt Jesu an Weihnachten gehört hatten. Das Verzehren von Apfelsine und Banane war das Äußerste an Genuss, was Gott der Menschheit hatte schenken können. Mein Vater, eigentlich nie durch Glaubenseifer aufgefallen, gefiel sich in der Rolle des Priesters. Würde- und weihevoll ritzte er zwei Kreise, die sich im rechten Winkel begegneten, um vier gleiche Teile zu bilden, in die Schale der Orange. Es war darauf zu achten, die Schale nicht zu tief einzuritzen, denn das hätte das Fruchtfleisch verletzt, aber auch nicht zu oberflächlich, denn dann hätte Mutti mit ihren feineren Händen die Schale nicht lösen können von der Frucht. War dies geschehen, wurden mit den Daumen die Apfelsinen halbiert. Die weiche, weiße und trockene Masse in ihrer Mitte, die die Scheiben miteinander verband und vermutlich mit Wasser versorgte und sicherlich einen Namen hat, den ich aber nicht kenne, bei Fleisch hätte ich von Bindegewebe und Sehnen gesprochen, wurde entfernt; sie schmeckte, wenn überhaupt nach etwas, eher bitter. Sorgsam, damit die das saftige Fleisch schützende Hauthülle nicht einriss, wurden die halbmondförmigen Spalten voneinander getrennt und als Schiffchen kreisrund auf die vor uns stehenden Teller dekoriert. Wir aßen mit Anstand und Genuss. Stück für Stück. An den Mund geführt, von Lippen und Zunge betastet und dann – hineingebissen. Die Haut platzte, und der süßlich-saure Saft ergoss sich in unseren Mund, und sein wohltuend-belebender Geschmack offenbarte uns die Schönheit der Welt und den Garten Gottes auf Erden.

Auch das beruhigende Aroma der Banane eröffnete sich unserem Gaumen nach einer kurzen Beschneidung. Die Schale wurde da, wo der grünlich-gelbe Strunk an der Palme gehangen hatte, eingeritzt, gebrochen und in Streifen langsam und bedächtig nach unten gezogen; allerdings nur so weit, dass die leicht gebogene Kerze der Frucht nicht aus der Schale brechen konnte, die von Daumen, Mittel- und Zeigefinger gehalten wurde. Sodann präsentierten wir unsere Bananen, deren Pracht sich erst durch die gebogenen Blätter der Schale so recht entfalten konnte. Wir hielten sie über den runden Wohnzimmertisch wie Leuchtkerzen, die gleich, sobald sie mit Feuer in Berührung kommen, ihre Funken sprühen lassen werden. Das Kopfnicken meines Vaters war dieses Feuer: Gab er in seiner uneingeschränkten Macht und in der unendlichen Großzügigkeit seiner Gnade diese Zeichen, durften wir beginnen. Wir führten sie zum Mund, bissen hinein, erspürten den Geschmack, die mehlige Süße, kauten bedächtig, zerdrückten das Fruchtfleisch behutsam zwischen Zunge und Gaumen, genossen und verlängerten den Geschmack, indem wir das Hinunterschlucken des Breis hinauszögerten, und schluckten ihn schließlich doch. Es versteht sich von selbst, dass, je kürzer die Banane wurde, die Scheiben, die wir abbissen, dünner und dünner wurden, um den Genuss der Banane zu verlängern und ihr Kleiner-und-kleiner-Werden bis hin zum Verschwinden möglichst lange hinauszuzögern. Gewinner war, wer am längsten etwas von der Banane übrigbehalten hatte. Unsere Eltern haben nie gewonnen.

Das Bananenessen war ritueller, andächtiger und genüsslicher als der erfrischende Verzehr der spaßig-zerplatzenden und vorwitzig Fruchtwasser verspritzenden Apfelsinenschiffchen. Aber es hatte einen kleinen profanen Fehler, der nicht ganz zur Perfektion des Paradieses passen wollte. Denn nach jedem Biss in den kleiner werdenden Bananenbaum war der ordinäre Abdruck der Zähne zu sehen und erweckte in mir den Eindruck, es habe zuvor schon jemand hineingebissen. Eva?

Für unsere Familie blieb die Erfahrung des Paradieses ein Ergebnis des Tauschhandels: Tierfleisch für Fruchtfleisch, Schwarzgeld fürs Paradies. Bis heute kann ich nicht begreifen, warum der liebe Gott, wie wir ihn damals nannten, zu Kain und Abels Zeiten das Tieropfer dem Fruchtopfer vorzog. Hätte er sich damals anders entschieden, müsste er vermutlich heute seine Macht nicht mit anderen Göttern teilen. Und hätten die Politiker der DDR zum Heiligen Abend Apfelsinen und Bananen verteilt, es gäbe sie noch heute, die DDR.

«Hans, mach mir den Joachim bloß nicht betrunken, sonst pinkelt er wieder in den Schrank!» Ich finde, für Ankunft und Offenbarung von Apfelsine und Banane hat es sich gelohnt, dass der Richter drei- bis viermal jährlich nachts in seinen Kleiderschrank gepinkelt hat. Und bei der Frau des Richters, die diese Sauerei, die ja selten alleine blieb, jedes Mal säubern musste, möchte ich mich im Nachhinein persönlich und im Namen meiner Familie aufs Herzlichste bedanken.

36.

«Mädel, mach's Ladel zu, 's kommt e Zigeunerbu»

«Da drüben geht ein Neger», sagte meine Mutter. «Aber nicht hingucken!» Natürlich hatten meine Schwester und ich sofort hingeschaut, denn so eine Gelegenheit konnten wir uns nicht entgehen lassen!

Meinen kleinen Bruder nahm Mutti kurzfristig auf den Arm. Vermutlich wollte sie ihm den Anblick ersparen, damit er sich nicht fürchtete und zu schreien begann. Denn tatsächlich: Auf der gegenüberliegenden Straßenseite der Sorge – und zum ersten Mal schien mir die Einkaufsstraße ihren Namen zu Recht zu tragen – ging ein pechschwarzer Mann. Alles, was wir von ihm beziehungsweise von seiner Haut sehen konnten, war pechschwarz: der Kopf, der Hals, der Rücken seiner Hände. Nur die unserer Straßenseite zugewandte Handinnenfläche, die sich im Takt seiner Schritte vor und zurück bewegte, schimmerte rosa hervor. Ob die Innenfläche der anderen Hand, von der wir nur den Rücken sehen konnten, genauso aussah, ließ sich nicht sagen. Sein Gesicht sah anders aus als die unseren, eher wie das unseres Gesellen Oswald, der mich in den Fleischhimmel gehängt hat. Die Lippen waren geschwollen – aufgeworfen, wie Mutti es später nannte –, die Nase war breit und platter als unsere, die pechschwarzen Haare – noch schwärzer als Vatis – ungewohnt gekräuselt. Von uns war er keiner. Aber auch keiner, der in ein Tintenfass getaucht und wieder herausgezogen wurde, weil er irgendetwas Verbotenes getan hatte, so wie ich es aus dem Struwwelpeter kannte – und wie es jederzeit jedem Kind drohte als Bestrafung für Ungehorsam. Ich wäre ja immer noch ich und als ich erkennbar. Nur schwarz.

Andererseits: Sah so ein Wilder aus, ein Ungeheuer, ein in einen Menschen verwandelter gefährlicher schwarzer Panther, verkleidet, um nicht aufzufallen, damit er umso hinterhältiger die Opfer reißen könne? Er hatte einen Kopf, Augen, Ohren, Mund, einen Körper, Arme, Hände, Beine, ging nicht barfuß, sondern trug Schuhe und, wenn ich mich recht erinnere, einen Anzug mit weißem Hemd. Er war also gekleidet, wie sich Männer damals kleideten, und ging über den Bürgersteig wie alle anderen. Offensichtlich war er ein Mensch wie wir, was sollte er sonst sein, und doch entsprach er nicht dem Bild, das ich vom Menschen kannte und das mir vertraut war – und darin lag, bei aller gebotenen Vorsicht, das Faszinierende: Menschen sind unterschiedlich und sehen demzufolge auch unterschiedlich aus.

So sehr wir uns auch bemühten, möglichst verstohlen zu schauen, damit er unser Hingucken nicht bemerkte, hatte er unsere Blicke längst entdeckt und schaute zurück. Vielleicht würde er jetzt gleich die Straße überqueren, auf uns zugehen, um uns Kinder zu holen, um … ja, um was zu tun? Das war die Frage. Um uns nach Afrika zu zaubern? Weil wir ihn so angeschaut hatten? Aber wir wussten nicht, wie man derart fremde Menschen anschaut oder nicht anschaut, wenn man sie zum ersten Mal sieht. Wird er uns mitnehmen? Wohin? Mutti würde uns nicht helfen können, das könnte nur Vati, denn er kannte «die Neger» – die in Afrika und die in Amerika – aus seiner Zeit als Kriegsgefangener. Die in Afrika waren frei, aber es ging ihnen nicht gut. Und die in Amerika, selbst nachdem sie keine angeketteten Sklaven mehr waren, sondern dem Gesetz nach freie Menschen, blieben weiterhin von den Weißen unterdrückt und ausgegrenzt. In den Bussen durften sie nicht mit Weißen fahren oder mussten ganz hinten sitzen, hatten aber, wie jeder in Amerika, der ehrgeizig und arbeitsam war, die Chance, sich vom Tellerwäscher zum Millionär hochzuarbeiten. Aus der Ferne von Vatis Erzählungen wussten wir also einiges von ihnen, aber ob man von fremden Menschen hört oder sie plötzlich und unverhofft sieht, ihnen fast gegenübersteht, ohne mit einer solch einzigartigen Begegnung zu rechnen, das ist schon ein großer Unterschied. Sicherer wäre es, Vati wäre da, um uns zu beschützen, aber er war nicht da … und der Mann auf der anderen Straßenseite schaute uns mit blinkend weißen Augen an.

Wenn bei uns die Sonne scheint, werden wir braun. Wenn in Afrika die Sonne scheint, und dort brennt sie gnadenlos vom Himmel herab, das wusste ich von Vati, dann versengt sie die Menschen, und sie werden schwarz. Ob sie auch so geboren werden? Oder kommen sie weiß wie wir auf die Welt und werden von der heißen Sonne erst braun und später schwarz gebrannt? Und vielleicht verformt die Hitze ja auch das Gesicht? Denn das war neben der Hautfarbe das einzige, was ihn von uns unterschied, wenn auch nicht von Oswald. Sonst war er wie wir. Trotzdem. Komisch war das schon, zum ersten Mal in meinem Leben einem Menschen zu begegnen, den ich bisher nur als Mohren aus dem Bilderbuch kannte, aber noch nie in meinem wirklichen Leben gesehen hatte. Doch ich hatte vieles noch nicht gesehen. Deswegen kommen wir ja auf die Welt: um kennenzulernen, was wir nicht kennen. Im Bilderbuch sahen die «Neger» afrikanisch aus, gingen durch den Busch und jagten wilde Tiere. Der Mann, der, der hier auf der Sorge einkaufen oder auch nur spazieren ging, sah anders aus, als er in seiner Heimat ausgesehen hätte. Vielleicht dachte er das Gleiche von uns. Dass Mutti – ja, wir alle – in seiner Heimat auch anders aussehen würden als hier in Gera, und alle würden sich nach uns umdrehen, wenn wir durch die Stadt gingen. Oder durchs Dorf. Die Begegnung war nur kurz, und schnell waren wir – sehr breit war die Sorge nicht – aneinander vorbeigegangen. Ich konnte mir immer noch nicht vorstellen, dass ein Mensch aussehen konnte wie er. Aber er war ein Mensch. Was denn sonst? Und das war das Beunruhigende.

Dass Menschen derart unterschiedlich sein können, nämlich weiß und schwarz, und mir nichts, dir nichts aus dem Bilderbuch auf die Sorge springen können, hatte mein Menschsein, in dem ich bisher zu Hause war, mit nur einem Blick entwurzelt. Ich musste mich neugierde- und sicherheitshalber noch einmal nach ihm umdrehen. Er hatte es geahnt. Auch er hatte sich umgedreht, und es schien, als lächelte er mir zu. Was hatte das zu bedeuten? Wir betraten die Puppenklinik, schlossen hinter uns die Tür, und vielleicht, aber nur vielleicht, waren wir jetzt in Sicherheit. Was, wenn er uns folgen und plötzlich im Eingang erscheinen würde?

Ich mochte die Puppenklinik überhaupt nicht. Erstens war sie was für Mädchen. Zweitens ging man in die Klinik nur, wenn jemand krank war – und da keiner gerne krank war, ging auch keiner gerne in die Klinik. Drittens waren mir das Ersatzteillager menschlicher Gliedmaßen aus Glas, Plastik, Stoff und Porzellan, all die Augen, Beine, Arme, Köpfe, die Rümpfe, denen die Gliedmaßen abgefallen oder herausgezogen oder -gebrochen worden waren, all die Kleider und Kartone, mit denen der kleine Laden bis unter die Decke vollgestopft war, seine staubige Luft, die komischen Gerüche von Mottenpulver und verbrauchtem Parfüm schon immer unheimlich gewesen. Außerdem wollte ich von keinem meiner Freunde in einem Mädchenladen ertappt werden, auch nicht von mir selber.

Krönender Abschluss unserer häufigen Einkäufe und Bummelzüge durch die Stadt war immer ein Besuch im besten Restaurant Geras, im Quisisana. In diesem ehrwürdigen Haus mit weißen Tischdecken, Stoffservietten und schwerem Silberbesteck hieß es, sich gut zu benehmen. Das konnten wir, fast immer. Wir waren gut erzogen, lieb, höflich, aufmerksam, mit guten Manieren, das, was man herzeigbar nennt – zumindest wenn wir uns nicht stritten. Ein Tisch wurde uns zugewiesen, wir bekamen die Speisekarte, lasen darin und entschieden uns, was wir essen und trinken wollten. Ich konnte noch nicht lesen, las aber trotzdem und bestellte, wie immer, Kalbs-, Rinder- oder Schweineleber mit Kartoffelpüree, denn ich wusste, wo es in der Speisekarte zu finden war, und zeigte zum Beweis, dass ich lesen konnte, mit dem Finger auf das Gericht. Und Klaus sagte nur, ich auch. Meine Mutter lächelte, der Kellner lächelte, und ich war stolz, dass ich wie ein Erwachsener, mindestens aber wie meine große Schwester, behandelt wurde. Zu trinken gab es Limonade – rote, grüne – oder Malzbier.

Meine Eltern und wir Kinder waren, so der Anspruch, privat, aber auch von Geschäfts wegen stets adrett und ordentlich gekleidet und mussten den berühmten *guten Eindruck* machen. Darauf legten meine Eltern viel Wert. Also wurden mittwochnachmittags, da blieb der Laden der Fleischerei geschlossen, Kleider gekauft; für Mutti und uns Kinder – und für Klaus und mich, vor allem bei den schickeren Sachen, am liebsten das gleiche, nur in unterschiedlichen Größen. Manchmal kauften wir auch etwas für Vati, um ihn zu besänftigen. Denn der hatte, wenn wir zurückkamen, meist schlechte Laune, weil wir Geld ausgegeben hatten, obwohl auch er, nicht nur Mutti, wollte, dass wir stets tipptopp gekleidet waren: mit Sommer- und Winterkleidern und Übergangskleidern für Frühjahr und Herbst, und zwar in zwei Kategorien: für den Alltag und für Sonn- und Feiertage. Na ja, so war Vati eben. Damals.

Mein Vater sprach, wenn er keine Lust auf Büroarbeit hatte, und die hatte er nie, oft vom Glück. Von seinem großen Glück, im Afrika-Feldzug gefangen genommen und von Casablanca nach Amerika verschifft worden zu sein … auch wenn die Überfahrt selbst von Sturm begleitet wurde und von rieseigen, haushohen Wellen, die das Schiff zu verschlucken drohten und es dann, aufgepeitscht vom Sturm, in den Himmel emporhoben: Auf und nieder, auf und nieder, ein ständiges Schwanken, von links nach rechts, von rechts nach links, vor und zurück, zurück und vor, von der einen Seite zur anderen Seite und von der anderen zur einen, und all das gleichzeitig, sodass keiner, der nicht gewohnt war, zur See zu fahren, wusste, wo oben ist und wo unten – oder umgekehrt. Stundenlang, tagelang. Als würden sie ewig und ziellos auf dem Atlantik umhertreiben und Amerika nie erreichen. Die meisten wurden seekrank, erbrachen sich und schickten das Erbrochene auf Reise. Durchs Schiffsinnere. Oder über Bord. Und wer nicht seekrank wurde, erbrach sich am Erbrochenen der anderen. Und selbst als alle Mägen leer waren, brach das Erbrechen nicht ab, denn Säfte und Schleim aus dem Körperinneren wollten auch noch raus, wie Schiffsbrüchige, die lieber im Meer ertrinken, als mit dem Schiff im Meer unterzugehen. Und wer sich bei Sturm und hohem Wellengang nicht gut festhielt an der Reling, ging eben über Bord.

Vati wurde nie seekrank. Ihm habe das alles nichts ausgemacht. Hauptsache, weg vom Krieg und Hauptsache, nicht nach Sibirien in russische Gefangenschaft. Amerika bedeutete für ihn Rettung und, selbst als Gefangener, Freiheit. Sonntags, das muss man sich einmal vorstellen, gab es für die Feinde Amerikas – und nichts anderes waren ja die deutschen Soldaten – «Sonntags gab's für uns gebratene Hähnchen zu essen, und wenn die Kreide fehlte, um die Linien des Fußballfeldes zu markieren, bekamen wir Zucker, der tat's auch, denn auch er war ja weiß. Wurde ein Spieler gefoult und fiel zu Boden, haben wir, bevor wir wieder aufgestanden sind, um weiterzuspielen, mit der Zunge den Zucker vom Rasen geleckt, und am Ende des Spiels waren alle weißen Linien verschwunden.» Das habe ich Vati nie geglaubt – aber nichts gesagt. Ich wollte ihn nicht enttäuschen.

«Alabama, Georgia, *peanut*-Ernte und Klapperschlangen. Vor denen mussten wir uns in Acht nehmen, klar, die gab es auch.»

Und es gab ein dunkelrotes, dickes Wörterbuch mit 835 Seiten:

A NEW PRONOUNCING
DICTIONARY
OF THE
GERMAN & ENGLISH
LANGUAGES

ENGLISH-GERMAN
GERMAN-ENGLISH

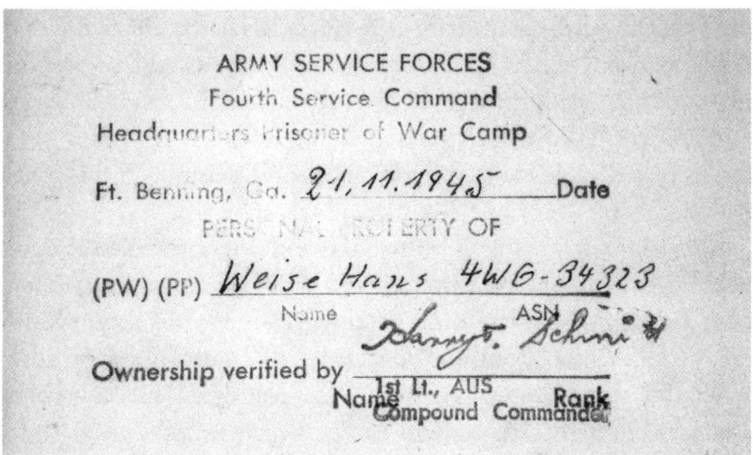
ARMY SERVICE FORCES
Fourth Service Command
Headquarters Prisoner of War Camp

Ft. Benning, Ga. 21.11.1945 Date

PERSONAL PROPERTY OF

(PW) (PP) Weise Hans 4WG-34323
Name ASN

Ownership verified by
1st Lt., AUS
Name Compound Commander Rank

Das waren die Mitbringsel unseres Vaters aus der amerikanischen Gefangenschaft: das Aussprachewörterbuch mit dem in Tinte geschriebenen Namen auf dem verblichenen Stempel; die Kachel über dem Sofa im Wohnzimmer, mit den Würsten als Decke und dem Häftling auf dem Eisenbett; und der Atem der freien Welt. Und ein Unfall, den er überlebt hat: «Am letzten Tag vor meiner Rückreise ins zerstörte Deutschland.»

Wer hat es denn zerstört? Ihr selbst! Ihr wart doch alle Nazis und seid es heute noch! Zweimal hattet ihr die Chance, die Welt zu erobern, und zweimal habt ihr's nicht geschafft. Gebt endlich zu, dass ihr die ewigen Versager seid! Und weil ihr eure verbrecherische Vergangenheit vergessen wollt, reißt ihr alles Alte ab, zieht niedrige Doppeldecken in die hohen Räume eurer alten Wohnungen, um in diesem Luftraum die Erinnerungen an Auschwitz und an Stalingrad wegzusperren, zu entrümpeln, geht zur Maniküre und lasst euch die Hände, die gemordet haben, verschönern, geht in die Tanzschule mit blitzeblank geputzten Schuhen, in denen ihr eure Füße, mit denen ihr getreten habt, versteckt, und plötzlich lernen Mörder im Krieg ihre Friedensmanieren aus dem neuen Knigge und regen sich auf über die nackte Hildegard Knef im Kino, ihr, die ihr noch vor kurzer Zeit Polinnen und Russinnen, die schönen Französinnen und die Frauen vom Balkan und alles, was euch unterkam, vergewaltigt habt, freut euch über die Fußballweltmeisterschaft in Bern, 54, als hättet ihr den Krieg doch noch gewonnen, und könnt frohen Herzens und aus vollem Hals endlich wieder «Sieg Heil!» brüllen, weil ihr zu guter Letzt, endlich, einmal die Welt erobert habt, zwar nur im Spiel, aber das zu begreifen, dazu seid ihr Versager und Verdränger doch viel zu blöd!

Die Männer sprangen vom Sofa und aus ihren Sesseln auf und hatten Glück, dass ihre erhitzten Köpfe nicht zerplatzten oder sich blutig schlugen an der niedrigen Wohnzimmerdecke der Vier-Zimmer-Wohnung von Onkel Erich und Tante Irma in Niederlahnstein, die vor meinen Eltern «in den Westen 'nübergemacht» hatten – denn dann hätten sie mich nicht verprügeln können in ihrer alkoholisierten Wut, ihrem besudeltem Stolz und ihrer beschämenden Demütigung. Mich zu verprügeln trauten sie sich trotzdem nicht. Obwohl sie kurz davor waren. Denn nichts kocht heißer als der Jähzorn beschämter und angetrunkener Verlierer. Noch nicht mal das. Also musste ich nachlegen.

Mit euch ist wirklich kein Krieg zu gewinnen, geschweige denn ein Weltkrieg, mit euch, denen in Sibirien beim Pinkeln die Pisse erfriert, sodass sie rückwärts vor dem Feind weglaufen müssen Richtung Heimat, und denen beim Scheißen der Haufen am Arsch anfriert, dass sie wegen zerkratzter und entzündeter Arschbacken Hämorrhoiden-Heimaturlaub brauchen –

So sprach ich und machte erst mal eine Pause, in der ich wartete, ob sie genug hatten oder noch mehr wollten. Aber es war nicht nötig. Ich hatte sie da, wo ich sie haben wollte. Sie hatten genug. Doch ich noch nicht:

Dann lieber ein Waschlappen von Kriegsdienstverweigerer sein wie ich, ehrlicherweise, als vom Endsieg zu träumen und als Verbrecher in Schutt und Asche zu enden, sich von einem Hitler verführen zu lassen, um Millionen von Menschen zu töten, Städte zu zerstören, Millionen von Juden erst zu enteignen, um sie dann zu vergasen und selbst im erbärmlichsten Untergang noch den wehleidigen Helden zu spielen nach dem Motto, auch wir hatten unser Leid zu tragen. Geschieht euch recht, denn ihr wart nicht Opfer, sondern Täter, höchstens Opfer eurer Blödheit und Unfähigkeit, auch nur ein einziges Mal in eurem Leben einen Krieg zu gewinnen.

Nur die Anwesenheit der Frauen, ich schwöre es, von Tante Irma, Tante Frieda, von Ingrid, ihren Töchtern, meiner Schwester und meiner Mutter, ich schwöre es, hat verhindert, dass ich – auch ich war heißgetrunken wie die Runde – von den Männern verprügelt wurde: von meinem Vater, von Onkel Herbert – dem Ehemann meiner Cousine Ingrid, aber Mitglied der Onkel-Generation – und von Onkel Erich. Hat Erich da eigentlich noch gelebt?

Das hatte ich drauf, in den Jahren der Pubertät: zu wissen, wann, wie und wo, damit es am meisten verletzte, die Nadelstiche der Provokation zu setzen waren, um anschließend das Dynamit explodieren zu lassen und den Helden der

Wir-sind-wieder-wer-Generation eine weitere vernichtende Niederlage zuzufügen.

Am letzten Tag vor seiner Rückreise nach Deutschland, am letzten Tag meines Vaters in amerikanischer Gefangenschaft. «Ein Neger fährt mich und andere Gefangene im Jeep von der Ernte auf dem Feld zurück ins Lager, kommt von der Straße ab, der Wagen stürzt die Böschung hinunter, überschlägt sich, und ich bleibe bewusstlos liegen.» Vierzehn Tage bleibt er liegen. Bewusstlos. Im Koma. Im Militärkrankenhaus. Seine Kameraden sind längst zurück in der Heimat.

Wollte er vielleicht gar nicht zurück, sondern in Amerika bleiben? Schwer vorstellbar, dass er diesen Schritt gewagt hätte. Er war lange genug weg von zu Hause, von seiner in Ferntrauung mit ihm verheirateten Frau, die er weder bei noch seit der Hochzeit gesehen hatte, von seiner Mutter und von den Geschwistern, die den Krieg überlebt hatten. Aber welchen Grund hätte es geben sollen, dass die Amerikaner ausgerechnet einen Nazi, der gegen sie gekämpft hatte, im Land behalten sollten, es sei denn, sie wollten ihm den Prozess machen wegen Kriegsverbrechen? Aber eine so große Kriegsverbrechernummer, dass sich ein amerikanisches Gericht mit ihm hätte beschäftigen wollen, war mein Vater wohl doch nicht. Nein, ich glaube, er wollte zurück. Aber mit Zucker, gebratenen Hähnchen, einem Wörterbuch, einer Keramikkachel, Amerika und der Freiheit im Rucksack.

Trat er die Rückreise in der Uniform des Afrika-Feldzugs an? Legte er sie bereits auf dem Schiff oder erst nach der Landung in Deutschland an? Oder bevor er nach Münchenbernsdorf kam, zu seiner Mutter, oder nach Gera, zu seiner Frau? Trug er Zivilkleider – aber welche, vielleicht von den Amis? –, weil er sich in deutscher Uniform schämte für den Krieg, den auch er verloren hatte, und befürchten musste, als Feigling beschimpft und bespuckt zu werden? Hätte er durchgehalten und tapfer weitergekämpft, hätte er sein Leben geopfert für das Reich, dann hätte es vielleicht doch noch durch den Endsieg ein tausendjähriges werden können, zumal ja die «Wunderwaffe» kurz vor ihrem Einsatz stand.

Nein, wahrscheinlich trug er amerikanische Armeekleidung mit dem Emblem des POW, des *prisoner of war*.

Wen hat er zuerst besucht, Frau oder Mutter? Gab es den Blumenladen ihrer ersten Begegnung noch? Hat sie die Blumen der Auslage auf dem Bürgersteig arrangiert, dann hochgeschaut zu ihm, und da stand er wieder vor ihr, als wiederholte sich das Spiel: der Mann, den sie im Krieg per Ferntrauung auf dem Geraer Standesamt geheiratet hatte, sein Foto, das ihn in Wehrmachtsuniform zeigt, vor sich auf dem Tisch in der Hand haltend, aber ihm selber und nicht ihr zugewandt, sodass er ihr Gesicht als Foto und sein Gesicht als Foto auf dem Foto betrachten konnte? Und sie, die Braut, statt dem Geliebten in die Augen zu schauen, blickt ins Objektiv der Kamera, damit, wenn er das Foto von seiner Fernhochzeit in Händen hält, der erste Blick seiner nun frisch mit ihm verheirateten Frau ihn traf, an welcher Kriegsfront er auch immer zu kämpfen hatte.

Gab es diesen Blumenladen nach dem Krieg überhaupt noch, oder waren Gebäude und Bürgersteig zerbombt worden? Und wer würde Blumen brauchen nach dem Krieg, wenn das wenige, das es zu essen gab, überteuert auf dem Schwarzmarkt zu verhandeln war? Oder waren Blumen als Hoffnungsträger, dass alles irgendwie wieder gut werde, ebenso wichtig wie Kartoffeln und Quark?

Ob sie sich in behutsam austarierter Distanz gegenüberstanden und anblickten, sie, die, kaum waren sie verliebt, durch den Krieg jäh voneinander weggerissen worden waren und ihn, unwahrscheinlich genug, beide überlebt hatten, um nun, nach sechs Jahren der Trennung, fortzuführen oder neu zu beginnen, was … ja, was eigentlich? Oder wollten sie den Blick sich treffender Augen meiden, in dem sich die Gegenwärtigkeit unterschiedlich erlebter Vergangenheit aufs Intimste widerspiegeln würde und in dem sie würden erkennen können, ob sie ihre Liebe verloren hätten oder ob sie ihnen trotz allen Geschehens erhalten geblieben wäre, und sind sie sich deshalb, aus Behutsamkeit oder Angst, den alles entscheidenden Blick meidend, in die Arme gefallen, um sich vor der Ungewissheit der inneren Erkundung zu retten in das, was da ist, was ihnen erhalten geblieben ist, ins umschlingende Festhalten ihrer Körper, als ob das eigene Leben sich seiner selbst nur vergewissern könne in der Umarmung des anderen?

Und wie begegnen sich 1945 er, der Jüngstgeborene, und die Mutter, die 1914 Witwe wurde und elf Kinder zur Welt gebracht hat, von denen nur drei, nur drei überlebt haben? Wie? Plötzlich soll er dagestanden haben, zu Hause in Münchenbernsdorf, am Eingang zum Gasthaus *Hotel Alt-Thüringen*. In welcher Uniform auch immer. Vielleicht hatte er sich Zivilkleider besorgt auf der Reise durch Deutschland und sie angezogen im Gebüsch, kurz bevor er in seinen Heimatort zurückkam, um zu demonstrieren, dass der Krieg verloren und er als Soldat besiegt wurde, aber nicht als Mensch: «Da bin ich, Mutti. Ich lebe. Mich haben sie nicht erwischt!»

Hat seine Mutter geweint, weil ihr in seiner Gegenwart bewusst wurde, wie viele Söhne sie verloren hatte im Krieg? Oder hat sie Tränen der Freude vergossen, dass auch er, außer Erich und Marie, den Krieg überlebt hatten? Wenigstens zwei Söhne. Und eine Tochter. Von elf Kindern insgesamt. Und auch der Mann war weg. Seit einunddreißig Jahren tot. Gefallen an der Westfront. Im Krieg davor.

37.

Kickerlingsberg

Die Zeit war auf Arier umgestellt worden, und um nicht abgeholt und Opfer nationalsozialistischer Rassenhygiene zu werden, wurde Ingrid, «der erste Krüppel von Münchenbernsdorf», die älteste Tochter von Onkel Erich und Tante Irma, zu ihrer kinderlosen Tante Marie und deren Mann, dem Schokoladenfabrikanten Fritz Hemann, nach Leipzig gebracht und dort versteckt. Dort, in Leipzigs bester Lage, am Kickerlingsberg, schräg gegenüber dem Gohliser Schlösschen, wohnten die beiden in einer schicken Bauhaus-Villa.

In den 50er Jahren besuchten auch meine Schwester und ich – Klaus war noch zu klein –Tante Marie und Onkel Fritz ab und an. Ihr Haus war befremdend schön und groß und nicht zu vergleichen mit unserem Häuschen in der Sommerleithe. Es besaß einen Teich mit Springbrunnen und Skulpturen im Garten und beherbergte neben dem Ehepaar selbst einen einbeinigen Mieter mit einem Holzbein, vor dem wir uns, wenn es uns abgeschnallt in einer Zimmerecke begegnete, sehr fürchteten. Es war mindestens so unheimlich wie die weit geöffneten rosafarbenen Mäuler der Nilpferde im Leipziger Zoo, der sich in unmittelbarer Nähe der Villa befand. Wir warfen essbare Abfälle in die Mäuler, die uns, sollten wir uns zu weit vorbeugen und über die Absperrung des Geländers fallen, unzerkaut verschluckt hätten. Wer im Magen eines Nilpferdes landet, ist unwiederbringlich verloren und wird von den Verdauungssäften ganz langsam zersetzt und aufgelöst. So etwas kann etwa vierzehn Tage dauern. Kekse und altes Brot, das nicht für die Röstchen in den Thüringer grünen Klößen gebraucht wurde, sind natürlich schneller verdaut als ein Mensch.

Das Holzbein mit seiner abgewetzten Ledermanschette war angsteinflößend und damit sehr phantasieanregend, besonders wenn meine Schwester und ich abends im Bett lagen und im Zimmer über uns das Holzbein tack, tack, tack seine letzten Schritte ging, bevor es zur Ruhe kam, sein Träger es abschnallte und, damit es nicht umkippte, für die Nacht behutsam in eine Ecke stellte. Er selbst musste dann einbeinig ins Bett hüpfen. Hätte er sich am nächsten Morgen, wenn er es wieder anschnallen wollte an den Stumpf des Oberschenkels, erst bücken und es vom Boden aufheben müssen, so wäre das einbeinig sehr schwierig gewesen. Und wie es Schlafwandler gibt, gibt es auch schlafwandelnde Holzbeine, die nachts die Treppe heruntergehen und Kinder besuchen kommen. Gott sei Dank war ich nicht alleine, denn Renate war bei mir, und ich muss zugeben, es hat auch Vorteile, eine größere Schwester zu haben. Das Bein war also tack, tack, tack alleine unterwegs, verfolgt von einem alten einbeinigen Mann, der, am Geländer sich festhaltend, hüpf, hüpf, hüpf die Treppe herunterhüpft oder sich, seinem Alter gemäß, schlepp, schlepp, schlepp hinunterschleppt, auf der Suche nach seinem Bein, das ihm tack, tack, tack davongelaufen ist und das er vielleicht nie mehr einholen wird, weil es lieber tack, tack, tack allein durchs nächtliche Leipzig spaziert oder, sollte die Haustür verschlossen sein, sich kuschel, kuschel, kuschel zu zwei Kindern unter die warme Bettdecke kuschelt, als alleine, abgestellt in einer Ecke, schnarch, schnarch, schnarch und horch, horch, horch auf das Geschnarche eines alten Mannes zu horchen.

Und wer konnte schon sicher sein, dass in der Dunkelheit der Nacht, besonders so nahe am Zoo, nicht die Schlangen, vor denen meine Mutter und ich – meine Schwester nicht, sie fürchtete sich bekanntlich nur vor Vögeln und deren Geflatter und ließ sich sogar einmal eine Riesenschlange um den Hals und auf die Schultern legen – uns fürchten wie vor nichts auf der Welt, oder die Krokodile und Nilpferde, wenn sie sich klein machten, langsam durch die Kanalisation kriechen und unterm Klodeckel versteckt auf kleine Kinder lauern, die nachts zischel, zischel, zischel Pipi machen müssen, und schon fließt der Pipi fließ, fließ, fließ durch die Hose des Schlafanzugs in die Matratze. Denn lieber im Bett Pipi machen und sich am Morgen dafür schämen, als nachts aufs Klo zu gehen, einem umherwandernden Holzbein, verfolgt von einem hüpfenden Greis, zu begegnen oder einer aus dem Zoo geflohenen Brut von Monstern, die hinterhältig darauf lauern, kleinen Mädchen in den Po und kleinen Jungen in den Lullumann zu beißen.

38.

Juri Alexejewitsch Gagarin

Wie viel schöner war es da, an Opa Nagler zu denken, wenn ich im Garten auf der Schaukel saß und schaukelte und schaukelte, immer der Sonne entgegen. Mit den Beinen Schwung geholt, den Oberkörper nach hinten gebeugt, den Kopf in den Nacken gelegt, dann die Füße nach vorne geworfen und die Beine ausgestreckt, um mich ganz weit in den Himmel zu katapultieren, als gäbe es nur ein Vorwärts, kein Zurück, mit den Füßen die Sonne zu berühren und zu ertasten, ob sie wirklich so heiß ist wie eine glühende Herdplatte und, wenn ich nicht mit den Fußsohlen an der rot glühenden Hitze kleben bleibe, sie mit dem nächsten Schwung wie einen Ball möglichst weit fortzuschießen, bis sie in einem weiten Bogen vom Himmel fällt, verschwindet, auf der Rückseite der Erde wieder auftaucht und dorthin zurückkommt, von wo ich sie weggeschossen habe. Und da strahlt sie nun vor sich hin, als sei nichts geschehen. Sollte mir dies nicht gelingen, würde sie frühzeitig herunterfallen, irgendwo auf der Erdkugel wie ein Fußball aufschlagen, nach ein paar Hüpfern ausrollen, sich durchs Innere der Erde hindurchglühen, diese in zwei Hälfte spalten, und wir alle würden von der Erde purzeln und umhertrudeln wie Sputniks im Weltall, ohne jemals auf die Erde zurückkehren zu können. Und ich wäre der Täter.

Dann wäre es für immer vorbei mit dem rasanten Gefühl der schaukelnden Beschleunigung, wieder und wieder, den beglückenden Sekunden der Schwerelosigkeit und der Ahnung, wie es wohl sein muss, als Vogel in der Luft zu schweben, ganz ohne Angst vor dem Absturz, in völliger Freiheit durch die Luft zu gleiten über Wiesen und Wälder, über Auen und Felder, über Dörfer und Städte, über Berg und Tal, in die Wolken hinein und über sie hinaus, um zu schauen, wie es da wohl aussieht, und dort vielleicht sogar Gott zu treffen: Ich bin klein, mein Herz ist rein, soll niemand drin wohnen als Mutti, Vati, Renate, Klaus, mein Teddy und Gott allein! Und Gott würde mir vergeben, ihn nicht nur uneingeladen, sondern auch ohne Voranmeldung besucht zu haben, und ich flöge heim, zurück zur Erde, meine Arme als Flügel ausgebreitet, und würde singen, aus voller Kehl und frischer Brust …

Im schönsten Wiesengrunde
Ist meiner Heimat Haus;
Da zog ich manche Stunde
Ins Tal hinaus.
Dich, mein stilles Tal,
Grüß' ich tausendmal!
Da zog ich manche Stunde
Ins Tal hinaus.

Wie Teppich reich gewoben,
Steht mir die Flur zur Schau;
O Wunderbild, und oben
Des Himmels Blau.
Dich mein stilles Tal
Grüß ich tausendmal!
O Wunderbild, und oben
Des Himmels Blau.

Müsst aus dem Tal ich scheiden,
Wo alles Lust und Klang,
Das wär mein herbstes Leiden,
Mein letzter Gang.
Dich, mein stilles Tal,
Grüß ich tausendmal!
Das wär mein herbstes Leiden,
Mein letzter Gang.

Sterb ich, in Tales Grunde
Will ich begraben sein,

Singt mir zur letzten Stunde
Beim Abendschein:
«Dir, o stilles Tal,
Gruß zum letztenmal!»
Singt mir zur letzten Stunde
Beim Abendschein.

Und beim Abendessen würde ich Eltern und Geschwistern erzählen: «Ich habe Gott gesehen.» Sollten sie wissen wollen, wie er aussieht, so antwortete ich: «Das darf ich nicht verraten!»

39.

Out of the blue, into the black

Dunkelheit hat mir immer Angst gemacht. Einmal, die Eltern waren abends unterwegs, vielleicht um mit dem Richter und seiner Frau zu feiern, erwachte ich und war von schwärzester Finsternis umgeben. Reglos vor Angst blieb ich liegen, ohne zu atmen, denn die Bewegung des Luftholens und Ausatmens würde wem oder was auch immer verraten, hier liegt ein hilfloses Lebewesen im Bett, als Beute ausgeliefert. Irgendwann, dachte ich, würden sich meine Augen an die Dunkelheit gewöhnen, und ich könnte wahrnehmen, ob ich noch im Schlafzimmer sei oder schon woanders, an einem völlig fremden Ort. Doch Schwarz blieb Schwarz. Kein Lichtschimmer, auch nicht der zarteste, mischte sich in die Dunkelheit. Ich hatte überhaupt keine Orientierung, keine Ahnung, wo ich war. Nichts Vertrautes, das ich wiedererkennen konnte. Ich wusste, ich muss im Schlafzimmer sein, aber das Schlafzimmer gab es nicht mehr, es war weg, denn alles war schwarz. Wäre, wo ich liege, das Schlafzimmer gewesen, dann hätte ich, wie sonst auch, durch die undichten Stellen des heruntergelassenen Fensterrollos ein paar Lichtlöcher der Dunkelheit erahnen können, denn jede Dunkelheit, sei sie auch noch so dunkel, hat ein Licht. Denn wie sonst könnte man die Dunkelheit sehen? Auch die Räucherkammer, in der ich niemals allein sein durfte, war schwarz, pechschwarz. Aber da weiß man, woher das Schwarz kommt: vom Pech. Und dann weiß man, wo man ist. Aber diesmal konnte ich die Dunkelheit nicht sehen, noch nicht einmal durch den Ritz zwischen Schlafzimmertür und Fußboden. Wenn ich gewusst hätte, wo ich bin, dann wäre aus der Schwärze Dunkelheit geworden, auch ohne Licht. Ich lag im Bett. Das war die einzige Gewissheit. Aber wo befand sich das Bett? In raumloser Leere? Alles um mich herum war verschluckt von Schwärze, ins Nichts aufgelöst. Es gab keine Welt mehr, die mich umschloss. Ich fürchtete mich. Die Welt war verschwunden, und das Schwarz aller schwarzen Nächte, daran gab es nicht den geringsten Zweifel, hielt mich gefangen.

Auch jetzt wurde es dunkel. Aber es war eine erwartungsvolle, spannungsgeladene Dunkelheit, keine Schwärze. Mit einem Bonbon im Mund. Der Vorhang öffnete sich. Diesmal gab es nicht *Die Prinzessin auf der Erbse*, sondern es wurde *Der Struwwelpeter* gespielt. Aufmerksame, neugierige Kindergesichter, ganz im Bann der Bühne, bereit, sich verzaubern zu lassen: zu staunen, sich zu fürchten und zu lachen. Und als die «Geschichte von den schwarzen Buben» an die Reihe kommt und der große Nikolas die Buben in das große Tintenfass taucht, bekomme ich Angst, denn ich bin einer von ihnen. Obwohl ich gar nichts Verbotenes getan habe, außer vielleicht beim Einkaufen in der Sorge zu dem «Neger» rübergeschaut zu haben, werde ich nun, wie er, mit Schwärze bestraft. Doch ich kann nicht glauben, dass jemand auf der ganzen Welt so viel Böses tun kann, dass er so bestraft wird. Ich beginne zu weinen. Und wenn ich weine, weint Klaus mit. Was muss man wohl Verbotenes getan haben, um so schwarz zu werden? Ich ernte den verächtlichen Blick meiner großen Schwester. Ich kuschele mich an meine Mutter, suche Schutz in ihrem Schoß, will mich verstecken, mich unsichtbar machen, um nicht gesehen, gepackt und in das schwarze Fass getunkt zu werden, das noch schlimmer ist als die Sickergrube neben unserem Haus, in die meine Schwester hineingefallen war und in der sie an den Gasen menschlicher Ausscheidungen, des Auswurfs von unten rum, fast erstickt wäre. Ach, wäre sie doch erstickt! Dann könnte sie sich jetzt nicht so überlegen aufführen.

Meine Angst wächst, mein Weinen wird lauter und lauter, auch das von Klaus, und die Umarmung meiner Mutter vermag mich nicht zu beruhigen. Ihn auch nicht. Im Gegenteil. Es ist, als ob sich unsere Angst erst in der Sicherheit ihrer Umarmung steigern und entladen könne, immer weiter und weiter. Schließlich verlässt sie mit uns den Theatersaal. Renate bleibt sitzen. Für sie, sagen ihre Blicke, ist das Märchen nur Kinderkram, der ihr nichts anhaben kann. Doch es ist zu spät. Ich weine und weine.

Und Klaus weint mit. Und viele Kinder, die nach und nach den Saal verlassen, weinen auch. Alle sind erfasst vom Strudel einer sich rasant verbreitenden Epidemie, eines sich hochschaukelnden und durch nichts aufzuhaltenden Massenwahns. Sie strömen aus dem Theatersaal, in dem unvorstellbar Schreckliches geschieht. Die Situation eskaliert, gerät außer Kontrolle und erreicht die Eigendynamik einer sich selbst hysterisierenden Hysterie. Selbst meine Schwester, die sich mir gegenüber immer für erwachsen hält, weil sie ein paar Jahre älter ist als ich, kommt aus dem Saal – und weint mit uns.

Im Foyer, in den Gängen, überall weinende und schreiende Kinder, die sich gegenseitig anstecken und von hilflosen Müttern nicht beruhigt werden können. Im Gegenteil. Manche Mütter können sich dem infektiösen Weinen ihrer Kinder nicht entziehen, sind überfordert von der Not und Panik ihrer Kleinen – und weinen, ja, schreien mit, aus Hilflosigkeit, aus Angst, aus Verzweiflung. Schrille Hilfeschreie, von überall her. Und dann: «Hilfe!» Und: «Feuer?» Und: «Hilfe, Feuer!» Ein Veitstanz. Ein kollektiver Wahn. Ein Tollhaus. Alle schreien: «Feuer! Feuer!» und: «Hilfe, Hilfe!» Ein Musentempel, in dem die Phantasie die Angst in immer schrecklichere Albtraumgebilde hineinpeitscht. Auf der Straße bleiben die Passanten stehen, denn solche Schreie werden nur geschrien, wenn es brennt. Auch draußen brüllen sie jetzt: «Feuer! Feuer!» Und Kinder und Mütter schreien mit: «Es brennt, es brennt!»

So steigert sich die Panik mit den immer höher lodernden Flammen des Feuers, das selbst im fürchterlichen Bombenhagel des Zweiten Weltkriegs, von dem meine Eltern uns erzählt haben, kaum schrecklicher hätte sein können. Ein Feuer, ja. Eine lichterlohe Feuersbrunst, auch das. Innere Flammen, entzündet von der ungeheuren Macht kindlicher Phantasie … Und als die Feuerwehr anrückt und alle schreien: «Es brennt! Es brennt!», findet sie, obwohl sie, inzwischen selber entflammt von den Schreien der Not, durchs ganze Theater rennt und verzweifelt das Feuer sucht: kein Feuer. Und doch prasselten die Flammen himmelhoch.

An diesem denkwürdigen Tag hatte die Geraer Feuerwehr den vermutlich größten Fehlalarm ihrer Geschichte. Und den blamabelsten dazu: Es brennt, und ausgerechnet sie, die Feuerwehrleute, finden das Feuer nicht, das zu loschen sie mit Blaulicht und Martinshorn angerückt sind. Ein Feuer gibt es nicht. Jedenfalls keines, das sich mit ihren Mitteln löschen ließe. Wasserschläuche in der Hand, stehen sie hilflos und auf Flammen wartend herum oder rasen – bombenähnliche, große Handgranaten, genannt Feuerlöscher, vor sich hertragend – in ihrer martialischen Montur hektisch durchs ganze Theater und schüren mit ihrem Erscheinen und ihrem bedrohlichen Aussehen die ohnehin lodernden Flammen der Angst schreiender Kinder und Mütter.

Nie in seiner traditionsreichen Geschichte hat das ehrwürdige Reußische Theater Gera einen durchschlagenderen Beweis für die wirksame Wucht des Theaters erlebt – oder für die Sprengkraft eines am Publikum vorbei gestalteten Spielplans: Das Theater ist dann am stärksten, wenn es nicht selber spielt, sondern das Publikum spielen lässt. Und all das dank mir. Dank meiner Phantasie. Dank meiner Angst.

Das Ereignis verbreitete sich noch am selben Nachmittag wie ein Lauffeuer durch die Stadt. Über nichts anderes wurde gesprochen, sich empört, geschimpft und vor allem – gelacht. Am nächsten Morgen stand es groß aufgemacht in der *Geraer Volkswacht* und war für mindestens eine Woche beherrschendes Thema an der Ladentheke unserer Metzgerei. Ich habe mich geschämt. Ein wenig. Nicht allzu sehr. Denn ich hatte ja auch erfahren, dass ich Macht hatte; die Macht, etwas zu bewirken. Ich konnte meine Angst auf alle Zuschauer übertragen und in ihnen das Feuer ihrer eigenen Angst und des Wahnsinns, der in ihnen lauert, entzünden. Ich konnte mich und meine Welt in die anderen hinein verlängern, mich vervielfältigen, indem ich mich aufgebe, um mich in anderen wiederzufinden. Nicht schlecht für einen Knirps wie mich. Ich konnte zufrieden sein.

40.

Gilt nur bedingt. Weil ein Ich (welches?) wie ein Kind bedenkt, wie es dächte, wenn es denken könnte, so aber nicht denken kann

Das verheißungsvolle Silberlicht der Sonnenblenden birgt Menschen und Geschichten, die es noch gar nicht gibt, sondern die aus dem abstrakten, dem reinen Licht erst geboren und sichtbar gemacht werden müssen. Mir erschienen sie damals faszinierender als das dahinplätschernde Leben eines im See schwimmenden Jungen, der mit seiner Mutter in den Bergen Urlaub macht. Aber was, wenn die Mutter, scheinbar friedlich im Pensionsbett liegend und in ein Urlaubs- und Nachmittagsnickerchen versunken, sich völlig überraschend in ein Urtier unbekannter Art verwandelt, als Urtier mit dem Tod ringt und nach einiger Zeit erschöpft, aber entspannt als meine Mutter wieder ruhig neben mir im Bett liegt, als sei nichts geschehen – als hätte keine mir unbekannte Macht Muttis Körper durchgeknetet und den Atem aus ihr herausgepeitscht, sodass sie atemlos fast daran erstickt wäre?

Ist das Erlebte, das Schwergewicht des Geschehenen, nicht ebenso aufwühlend und berührend wie das Federgewicht der Phantasie, das Licht-und-Schattengebilde des visionär Geschauten? Und sind nicht die Pirouetten und Umkreisungen des Erinnerns und die Abziehbilder und Gesichte des Erlebten aufwühlender, berührender, nehmen sie nicht farbiger Gestalt an als das distanzlose, singuläre und immer irgendwie plumpe Dabeisein und Mittun – zumindest solange das Geschehene nicht vom Erinnern vertanzt wird und sich beleidigt zurückzieht ins alles verschluckende Nichts, während die Erinnerungs-Tanzenden weiterhin selbstverliebt in die Luft hüpfen und sich im Kreise drehen oder ins Nichts hinterherhüpfen? Erinnerungen können ins Nichts verschwinden, und auch wenn der Mensch sich erinnern will, können die Erinnerungen bereits verschwunden sein.

Aber was geschieht mit den Erinnerungen, die im Menschen vorhanden sind, wenn er stirbt? Sterben sie mit ihm oder verlassen sie seinen Körper und begeben sich auf Wanderschaft wohin auch immer, um auf andere Erinnerungen zu treffen, sich zu paaren und neue Erinnerungen für neue Menschen zur Verfügung zu stellen? Dann suchen die Erinnerungen sich die Menschen aus, die zu ihnen passen, und der Mensch glaubt irrtümlicherweise, er selber präge durch sein Tun die Erinnerungen. Fließen dann die Bilder und Melodien des Erinnerten durch die Verstorbenen hindurch – zerfließen, zerplatzen und verschmelzen im Strom der Zeit in die Ewigkeit der Vergangenheit und der Zukunft, um von der Gegenwart im alten Gewand geborgen oder in veränderter Gestalt halb geboren, halb wiedergeboren zu werden, wie die Unzähligen, die waren, die sind und die noch kommen werden?

Die Gegenwart existiert, sie ist da, wenn auch nur als kurzes Emporsprudeln aufgeregter Schaumblasen, ein immer wieder neues und einmaliges Lebensgebilde, ein Schaum-und-Schatten-Zwischenspiel, eine ständige Auferstehung zu neuem Leben, eingebettet in Vergangenheit und Zukunft, ein Zwischenspiel nach dem ersten und dem dritten Akt, nach der Zeit, die es nicht mehr gibt, und vor der Zeit, die es noch nicht gibt.

Erlebtes verwandelt sich in Traumgeschehnisse, die wirr und unaufgefordert kommen, sich in- und übereinanderschieben, ein paar Runden drehen im Kopf, der wie eine ständig rotierende Drehtür scheinbar alles und jeden aufnimmt, ohne entscheiden zu können, wen und was. Aus Gründen, die nicht einmal dem Wächter an der Drehtür unseres Gedächtnisses bekannt sind, darf dies und jenes aufspringen aufs Gedächtniskarussell – oder es wird hinuntergeschleudert, ausgespuckt, verschwindet wegen Unwürdigkeit im Nichts, aus dem es gekommen ist, oder findet vielleicht woanders und bei anderen Einlass und Bleibe. Doch manches geht auch freiwillig – und wieder anderes noch nicht einmal das: Ihm wird der Eintritt verwehrt, und es hat nicht die geringste Chance, sich irgendwie ins Gedächtnis hineinzuschummeln.

Ist, was wir erleben, eine Ewigkeitsbaustelle? Schiebt das Leben uns vor sich her wie einen Haufen Geröll, aus dem etwas entstehen kann: Bedrückendes, Beglückendes, Gleichgültiges, abhängig von unseren Veranlagungen und Ausprägungen, den Launen von Zufall und Schicksal, von Ort und Wetter, den Menschen, denen wir begegnen – und dem Spaß, den sich jemand mit uns erlaubt?

Existiert die Welt und was sie umgibt nur durch unsere auf- und verglühenden Sinne, durch unsere Gefühle und unseren Verstand: als endlos vielfältige Ausprägung in der Radikalität der Gegenwart, der einzigen Zeit, die existiert und die, kaum ist sie aus dem Nebel der Zukunft aufgetaucht, schon wieder im Nebel der Vergangenheit entschwunden ist? Sodass, strenggenommen, die Zeit der Gegenwart und damit die Zeit selbst auch nicht existiert, insofern sie der grenzenlose Übergang aus der Unzeit der Vergangenheit in die Unzeit der Zukunft ist? Kaum ist die Zeit da, ist sie auch schon wieder weg. Aber ist es überhaupt möglich, dass sie weg ist, dass sie nicht existiert? Schneide ich mir in den Finger, dann tut das weh, und der Finger blutet. Und wo sollte das stattfinden, wenn nicht in diesem Augenblick, jetzt, in der Gegenwart, also in der Zeit?

Wir sind da, und mit uns die Welt – und sind wir weg, ist auch die Welt weg. Es gibt sie nicht mehr. Dann wäre die Gegenwart das, was ist, und Zukunft und Vergangenheit wären das, was nicht ist. Denn wenn etwas ist, muss auch etwas nicht sein. Und dieses Nicht-Sein ist das Nichts.

So ähnlich stelle ich mir heute vor, dass ich damals gedacht haben könnte, wenn ich in diese Richtung gedacht hätte oder hätte denken können.

41.

Endlich – lange drauf gewartet

Seit einer Woche ging das Gerücht um, Gabi, die Bedienung der dem *Paradiso* vorgelagerten Gastwirtschaft *Zur Kanne*, werde uns am Montagnachmittag, wenn ihr Chef, Wirt Walter, außer Haus sei, ihren Busen zeigen. Der war groß. Und groß war unsere Erwartung.

Nicht alle, die wollten, wurden eingelassen. Aber da mein Vater gelegentlich in der *Kanne* Skat spielte und Walter Koteletts, Mettwürstchen und Hackfleisch für seine Frikadellen bei uns kaufte, und weil ich das Eintrittsgeld von 50 Pfennigen aufbringen konnte, gehörte ich zu den Auserwählten, denen Walters Sohn als Türsteher und Veranstalter Einlass gewährte. Dick wie er war, füllte Walters Sohn – anders wurde er nie genannt, vermutlich hatte er keinen Vornamen, denn seine Mutter hatte ihn und den Vater verlassen und in der Eile vergessen, ihm einen Vornamen zu geben – nicht nur die ganze Breite des Türrahmens aus, sondern wir wussten: Um seinen Interessen Nachdruck zu verleihen, brauchte er nicht mehr zu tun, als einen umzuwerfen und sich mit seiner ganzen Körpermasse draufzulegen. Außerdem hatte er zwei Deutsche Doggen, groß wie Kälber, an sich gutmütige Hunde, denen aber wegen ihrer Größe und Stärke immer mit Vorsicht zu begegnen war und die Walters Sohn jederzeit auf uns hetzen konnte. Sie hätten jeden von uns, selbst Frank Buhde, der mir ein paar Tage zuvor eine gründliche Abreibung verpasst hatte, innerhalb kürzester Zeit in Stücke reißen können.

Frank Buhde war groß und stark, aber nicht besonders aufgeweckt. Hatte man sein Wohlwollen, war man auf der sicheren Seite. Wenn nicht, nicht. Ich hatte ihn vorgeführt, weil ich wusste, dass der Peugeot Pö-schoh heißt und nicht Peu-Gott – wie er behauptete. Ich hatte recht und bestand darauf. Und als er sich mit Worten nicht gegen mich durchsetzen konnte, sagte er in Gegenwart der anderen, ich solle ihn am nächsten Tag um sechs Uhr abends besuchen kommen. Damit waren zwei Dinge klar: Erstens, er würde mich auseinandernehmen morgen Abend, und zweitens, ich musste hingehen, wollte ich nicht sofort mein Gesicht verlieren, sondern erst morgen Abend um sechs, wenn er an mir Rache nehmen würde, in einem Kampf «Mann gegen Mann», aber in zwei völlig unterschiedlichen Kraft- und Größenklassen.

Die Wohnung war leer. Offenbar waren die Buhdes innerhalb des Viertels umgezogen, der Sohn musste einen Wohnungsschlüssel behalten haben, und Nachmieter waren noch nicht eingezogen. Wir waren allein, er und ich. Es gab niemanden, der mir beistehen und Frank Buhdes unbändige Wut würde zähmen können, Wut, die auch ein Element des Klassenkampfes enthielt, da seine Eltern arm waren, während meine Geld hatten. Es gab kein Versteck, keinen Gegenstand, der mir hätte helfen können, mich zu verteidigen, nur den nackten Linoleumboden als Arena meiner unvermeidlichen Niederlage. Zuerst kam ein Ringkampf. Ich hatte keine Chance – nur überall abgeschabte Haut, weil er mich nach Belieben über den teppichlosen Boden zerrte. Es muss fürchterlich gebrannt haben, aber das zu spüren hatte ich keine Gelegenheit, denn schon präparierte er mich auf dem Fußboden wie auf einem Sezierbrett für eine ganze Abfolge noch schmerzhafterer Foltermaßnahmen. Zuerst legte er mich auf den Rücken, ritt mit seinen spitzen Kniegelenken auf den Bizeps-Muskeln meiner Oberarme, dann drehte er mich auf den Bauch, brach mir mit den Knien die Rückenrippen und kugelte mir anschließend im Abführgriff der Polizei beide Arme aus, und zwar, das war offenbar seine Spezialität, gleichzeitig. Schon bevor ich hätte prüfen können, ob überhaupt noch irgendetwas an mir intakt ist, steckte ich im Würgegriff seiner nächsten Attacke. Mein Hals klemmte in seiner linken Armbeuge, die er mit der rechten Hand immer fester zuzog, eine Schlinge aus Eisendraht, die aber in diesem Fall aus seinen Knochen bestand. Ich bekam keine Luft mehr, aber ihm war das egal. Er zog fester und fester, sodass ich nicht nur weiterhin keine Luft bekam, sondern auch befürchtete, dass er mir, bevor ich erstickte, den Hals ausrenkte – und das war der sichere Exitus. Ob er wohl das Wort kannte? Zeit, darüber nachzudenken, hatte ich nicht, denn nun, in dieser für mich ausweglosen Situation, tat er das Überraschende. Er zog die Schlinge seiner Arme um meinen Hals nicht fester, sondern hielt inne und stellte mir eine Frage, deren Antwort, das war mir sofort klar, über Leben und Tod entscheiden würde: «Zum letzten Mal frage ich dich jetzt, wie der Peu-Gott heißt! Pö-schoh oder Peu-Gott?» Ich japste Pö-schoh. Da senkte sich der Daumen des Kaisers, und der Gladiator Frank der Schreckliche fuhr mit seiner Tortur fort.

Wie gesagt, ich gehörte zu den Auserwählten. Wir saßen um den großen ovalen Tisch der Wirtshausküche und warteten. Warteten auf Gabi. Und Gabi kam. Sie war eine echte Wucht, die dollste weit und breit. Und setzte sich zu uns an den Tisch. Nicht neben mich. Das war schade, aber der Stuhl, auf dem sie Platz nahm, wurde zu ihrem Thron, und sie thronte mir gegenüber – im ganzen Überschuss ihrer Sinnlichkeit. Frau Pavel war längst weggezogen, vermutlich nach Frankreich, wenn nicht gar nach Paris: «Pigalle, Pigalle, / Das ist die große Mausefalle mitten in Paris. / Pigalle, Pigalle. / Der Speck in dieser Mausefalle schmeckt so zuckersüß …». Wenn ich mich recht erinnere, hat Bill Ramsey «im Paris» gesungen anstelle von «in Paris», aber das war möglicherweise seiner undeutlichen Aussprache als Amerikaner geschuldet. Nicht nur lebt er noch immer, unglaublich, sondern ist am 21. Februar 2020 in Hamburg mit dem Verdienstkreuz am Bande ausgezeichnet worden, völlig zu Recht, denn er hat ja auch den bekannten Schlager «Ohne Krimi geht die Mimi nie ins Bett, nie ins Bett» gesungen .

Frau Pavel also war weggezogen, aus den Augen, aus dem Sinn, und ich saß der vielversprechenden Gabi gegenüber. Und das war, wie sich gleich herausstellen sollte, besser, als ich zu hoffen gewagt hatte. Denn ich konnte meinen Blick, ohne mir den schmerzenden Hals zu verdrehen, das hatte Frank Buhde vor ein paar Tagen erledigt, direkt auf ihren Busen richten. Was heißt *auf*, ich konnte *in* ihren Busen hineinschauen. Der Blick war tief, abgrundtief:

Weiße, üppig aus dem Ausschnitt des Kleides hervorquellende Brüste brachten mich um meinen Sextanerverstand, zeigten viel und versprachen mehr. So, wie jetzt in mir etwas aufloderte, so musste in meiner Schwester an jenem Abend, an dem sie, ich und die unten rum schwarzbuschige Monika die Gesellen beobachtet hatten, etwas aufgelodert sein, das sie verhext und ihr am nächsten Morgen noch zusätzlich die Luft geraubt hatte. Jetzt gleich würde Gabi ihre Brüste herausholen, sie befreien aus der Enge ihres Kleides und des Triumph-Büstenhalters, der mir aus der Fernsehwerbung vertraut war und von dem mein Freund Paul, der immer bei uns mitguckte, weil sein Vater bei Mannesmann arbeitete und zu wenig Lohn für einen eigenen Fernsehapparat bekam, einmal in meiner und meiner Eltern Gegenwart berichtete, der sei gut, den trage seine Mutter auch. Meine Eltern mussten lachen, ich weiß nicht wieso, und Paul wusste es auch nicht. Also: Gabi würde uns jetzt gleich ihre Brüste zeigen, weil wir sie sehen wollten, und sie würde es tun, weil Walters Sohn es uns versprochen hatte, und außerdem hatte jeder von uns 50 Pfennige Eintritt gezahlt – was nicht wenig war, aber dafür, hatte uns Walters Sohn erinnert, würde schließlich auch etwas geboten, und 25 Pfennige pro Brust sei wirklich nicht zu viel verlangt.

Jede Brust hatte etwas, das man unbedingt gesehen haben musste, um sagen zu können, man habe die Brust von der und der gesehen, denn wenn man *das* nicht gesehen hatte, hatte man auch nicht die Brust von der und der gesehen. Man hatte überhaupt keine Brust gesehen, sondern nur das, was jeder im Ausschnitt des Kleides sehen konnte – gepolsterte weiße Haut. Der Wind, den Gabi uns entgegenblies, war heiß.

«Soll ich ‹Heißer Sand› auflegen?», schoss es aus mir hervor, und alle schauten mich an wie ein Auto nach dem Unfall. Unser aller Hände waren unterm Tisch, und da blieben sie auch. Um die plötzliche Peinlichkeit zu überbrücken, setzte ich nach: «Heißer Sand, und ein verlorenes Land / Und ein Leben in Gefahr.» Nichts. Die Runde der Jungens ohne Arme glotzte mich weiterhin an, als sei dem verunfallten Auto jetzt auch noch der Motor ausgegangen. Also fügte ich erklärend hinzu: «Von Connie

Francis.» Noch immer keine Reaktion. Nur blödes Glotzen, wie ich es eigentlich nur von Klaus kannte, als ich im Fleischhimmel hing – aber das war lange her. Und um endlich ein Ja oder ein Nein auf meine Frage zu bekommen und die Sache abzuschließen, erweiterte ich mein Angebot: «Ich habe noch 20 Pfennig in der Hosentasche.» Pause. Wieder nichts – bis Gabi zu lachen begann. Und sie konnte lachen. Immer heftiger und heftiger. Ich hatte die stockende Situation gelöst und Gabi zum Lachen gebracht, alles lief prima. Doch das Unbändige ihres Lachens irritierte uns. Egal. Irgendwann würde sie aufhören zu lachen, und dann: würde sie uns ihre Brüste zeigen. Doch sie lachte einfach weiter. Wie über einen Witz. Komisch, dachte ich, diese Frauen. Aber weil lachbedingt ihr Busen im Ausschnitt wackelte, machte ich mir darüber keine Gedanken, und ich bin mir sicher, keiner von uns hat sich irgendwelche Gedanken gemacht – außer den einen. Völlig klar, keiner von uns würde gehen, ohne Gabis Brüste gesehen zu haben, denn schließlich hatten wir dafür bezahlt. Ob über dem Tisch oder auf dem Tisch, ob sie sie in ihren Händen hielt oder pur präsentierte, auf jeden Fall müssten sie entblößt sein von Kleid und Büstenhalter. Vorher war uns Gabis Schönheit nie aufgefallen, aber heute Nachmittag war sie die schönste Frau der Welt. Doch Gabi wollte nicht. Noch nicht. Vielleicht ist ihre Weigerung ein Trick, die Spannung auszureizen bis zur Unerträglichkeit? Sie lässt uns zappeln, so wie die Eltern es zu Weihnachten machen, bevor das Glöcklein läutet und endlich die sich öffnende Tür Eintritt gewährt zum Wohnzimmer mit dem brennenden, also kerzenbrennenden, Tannenbaum und den Geschenken: um unsere Not zu steigern und die Lust auf die anschließende Bescherung. Wir alle sahen vor uns, was sie zu tun hätte, wie sie gleich ihre Brüste herausschälen würde aus dem doppelten Versteck – und wurden ganz verrückt.

Doch sie, sie tat es nicht. Nie, wirklich nie, würden wir sie verraten, wenn sie uns jetzt ihren Busen zeigte, da könne sie ganz sicher sein. Aber ihre Brüste seien so schön, so groß, die könne sie nicht länger vor uns verstecken, sie müsse sie uns zeigen, jetzt, jetzt sofort. Gabi spürte ihre sexuelle, ja, jede Macht der Welt, die sie über uns hatte und die uns erregte, wie uns noch nie irgendetwas sonst erregt hatte. Wir zappelten im Kollektiv, flehten, winselten, hechelten. Doch Gabi blieb unentblößt. Stand vom Tisch auf und ging.

Walters Sohn war seitdem untendurch bei uns; und wenn er schon früher nicht mit uns Fußball hatte spielen dürfen, so durfte er es jetzt erst recht nicht. Aber das Eintrittsgeld zurückzufordern haben wir glatt vergessen. Es hatte keine Brüste zu sehen gegeben – aber viel mehr zu ahnen, als wir je hätten sehen können.

42.

Teilweise Wiederholung. Kann überlesen werden

Als meine Mutter meinen Vater während des Krieges heiratete, war er vielleicht gerade in der zweiten Linie hinter der Front und hat für die Kameraden gekocht, oder er hat an der Front gegen die Russen gekämpft oder wurde in Afrika von einem Heuschreckenschwarm oder Sandsturm überfallen. Wer weiß das schon? Briefe, die das klären könnten, sind nicht erhalten. Meine Mutter jedenfalls, zur Ferntrauung als Braut hübsch gemacht, hielt sein Foto in der Hand, lächelte in die Kamera und ließ sich fotografieren, damit er, wo immer er die Feldpost erhalten würde, seine Frau als Foto und sich als Foto auf dem Hochzeitsfoto bei sich tragen könne. Vermutlich hat er es stolz seinen Kameraden gezeigt und es als lebensrettendes Maskottchen in der linken Brusttasche seiner Uniformjacke mit sich herumgetragen. Und hätte ihn ein Schuss getroffen, mitten ins Herz, dann hätte die Kugel zuvor das Foto seiner Frau, die sein Foto in ihren Händen hält, durchlöchern müssen. Wo sein Hochzeitsfoto geblieben ist, weiß ich nicht. Hat er es durch den Krieg gerettet, mitgenommen in die amerikanische Gefangenschaft und es anschließend zurückgebracht in die zerstörte Heimat, aber immerhin Heimat, als einer der wenigen Glücklichen, die zurückgekehrt sind? Oder ging es im Schlamm oder Eis Russlands verloren, verblasste es in der sengenden Hitze Afrikas, oder hat es ihm in einem unachtsamen Augenblick verträumter Seligkeit der Wind aus der Hand geweht, als er, gegen die Reling gestützt, es während der Überfahrt nach Amerika oder während der Rückkehr nach Deutschland betrachtete, erleichtert, dass für ihn der Krieg vorbei sei, das Schlimmste überstanden und er sich nun auf seine Frau und sein neues Leben freuen konnte?

Ob meine Mutter wohl wusste, dass mein Vater, bevor er sie vor dem Krieg kennenlernte, schon Vater war? Oder wurde er

Vater, erst nachdem er meine Mutter kennengelernt hatte? Vater eines unehelichen Sohnes? Hat er es ihr verschwiegen oder es ihr anvertraut? Gezeugt mit der Tochter der Wirtin der Gastwirtschaft *Zur Guste*, gelegen am Münchenbernsdorfer Freibad, dem einzigen Freibad im Ort, dem Freibad, das sein Großvater einst, damals war es ein See, an die Gemeinde verkauft hatte.

Wie schon erwähnt, und auch deswegen heißt das Kapitel so, wie es heißt, beschwerte sich mein Vater gerne und stets wehleidig darüber, dass er als Erbschaft von seiner Mutter nur eine Taschenuhr bekommen hatte. Wahrscheinlich wollte er unser Mitleid erheischen, um von seinem Ausrutscher abzulenken und die Wahrheit verschweigen zu können. Diese rotgoldene Taschenuhr mit den Initialen meines Vaters bewunderte ich als Kind und bewundere ich noch heute. Hin und wieder hole ich sie aus dem Schrank hervor, wo sie, in der Brusttasche eines Anzugjacketts versteckt, ein teilnahmsloses Leben fristet. Vielleicht wartet sie darauf, von mir an meinen Sohn, von ihm an seinen und so von Generation zu Generation weitervererbt zu werden und irgendwann einmal einen Dieb zu erfreuen oder jemanden, dem ein aus der Mode gekommener Anzug geschenkt wird, mit dem zusammen die Taschenuhr, vernachlässigt und vergessen, den Besitzer wechselt. Vermutlich wird sie niemals wieder das Licht und das Lachen rauschender Feste und die erhebenden Worte ehrender Veranstaltungen erleben. Halte ich sie in der Hand und betrachte sie, umweht mich die Aura des Vergangenen, und auf den Zeigern des emaillierten Ziffernblattes, die ich gelegentlich zum Leben erwecke, indem ich das Laufwerk aufziehe, tanzen die Gespenster einst Lebender aus einer Zeit, die ich nur von Fotos, aus Filmen und Büchern kenne.

Das Gasthaus *Hotel Alt-Thüringen*, die Fischteiche, die Äcker, die Wälder und Felder, das einzige Jugendstil-Gartenhaus im Ort – das alles ist längst verkauft oder enteignet, doch die Taschenuhr bleibt erhalten. Wusste seine Mutter dies – seine Mutter, die den Mann und vier Söhne an zwei Weltkriege verloren hatte –, dass Menschen und großer Besitz schneller verloren gehen können als eine Taschenuhr, in deren Gehäuse zwar die Zeiger zum Stillstand kommen können, sich die Zeit aber mit jeder Sekunde erneuert, auch wenn die Zeiger sie nicht mehr umkreisen?

So viel unserem Vater das Familienleben galt, das er wie meine Mutter in der Kindheit als ein unvollständiges erlebt hatte, so wenig galt ihm offenbar ein außereheliches Kind. Dieses Geheimnis trägt die Taschenuhr mit sich herum, und ich wünschte, dass mit jedem Öffnen der Uhr Projektionen auf der Innenseite des goldenen Schnappdeckels aufschienen, welche die Liebesgeschichte zwischen meinem Vater und der attraktiven Wirtshaustochter erzählten und das Leben Peter Biegels von der Wiege bis – sollte er noch leben – ins hohe Alter, oder bis zur Bahre.

Kann man ein uneheliches Kind vergessen, auch wenn man es vor anderen verschweigen kann?

43.

Bitte nicht überblättern. Neu!

Auch das Abortwasser in der Sickergrube ist Wasser, wenngleich zäh, dunkelbraun bis schwarz, stinkig, eklig, giftig. Links zwischen unserem Haus und der Garage gelegen, ist die Sickergrube ein Ort des Todes. Genau wie die Regentonne auf der gegenüberliegenden rechten Hausseite. Ich bräuchte mich nur auf einen Zinkeimer zu stellen, mich am Rand der Regentonne hochzuziehen, um hineinzuschauen, und würde, beugte ich mich zu weit über den Rand, kopfüber in die Tonne fallen. Aus der ich mich ohne fremde Hilfe nie und nimmer würde befreien können. Ich würde mit den Beinen in der Luft strampeln, bekäme, weil ich kopfunter mit dem Oberkörper im Wasser der Tonne steckte, keine Luft und würde jämmerlich ertrinken – so wie die fünf kleinen Kätzchen, die nicht auf meinen Vater haben hören wollen, neugierig waren, zu neugierig, und in die Tonne gefallen sind. Und da liegen sie nun, ruhig und reglos im Regenwasser mit ihren kleinen Köpfchen und ihren weißen Körperchen.

Doch wer wie meine Schwester in die Sickergrube fällt, die, weil sie abgesaugt werden sollte, offen dalag, wird schwarz und muss, bevor er an den giftigen Dämpfen stirbt, die ihr entsteigen, den ekligen Geruch einatmen, wahrscheinlich sogar noch zuvor von dieser Abortbrühe trinken. Und wenn wer wen, der hineingefallen ist, retten will, indem er ihn herauszuziehen versucht, muss er die Luft anhalten und achtgeben, dass er nicht selber durch die Dämpfe ohnmächtig wird, in die Grube fällt und stirbt. Wie meine Schwester.

In einer mehrköpfigen Familie fällt viel dreckige Wäsche an. Und in einer Fleischerei kommt noch viel mehr hinzu. Also hatten meine Eltern die Garage neben unserem Haus zur Waschküche mit Großmangel ausgebaut. War Waschtag, kamen die Frauen aus der Nachbarschaft, um ebenfalls ihre dreckige Wäsche zu waschen, durch den Zusatz von Stärke zu festigen und sie zu plätten, damit sie nicht nur schön aussah, sich frisch anfühlte und länger frisch blieb, sondern auch, damit sie den Schmutz abwies. Gestärkte Wäsche sieht tatsächlich ordentlicher aus als ungestärkte, aber ob sie wirklich länger frisch und schmutzabweisend bleibt oder ob die Frauen die Wäsche aus Gewohnheit so behandelten, weil Wäsche eben zu plätten und zu stärken ist, weiß ich nicht. Wohl aber, dass die glatten, gestärkten Bettbezüge, waren sie gegen die benutzten – die jedoch nie dreckig aussahen – ausgetauscht, angenehm frisch rochen.

Ich genoss die erfrischende Kühle und den sauberen Geruch, der auch von dem frischen Schlafanzug ausstrahlte, oder noch besser vom frischen Nachthemd, das, bevor ich es anzog, gebügelt und gefaltet auf dem Federbett lag und mit seiner hellblauen Farbe das Federbett-Weiß noch heller leuchten ließ.

Doch die frische Bettwäsche gab Rätsel auf: Ihre Festigkeit schmiegte sich nicht der Haut an, sondern ließ meinen Körper zwischen gestärktem Laken, Federbett und Kopfkissen sich fehl im Bett fühlen; ich lag eingesperrt, eingeklemmt in einem weißen Sarg. Aus welchem Frohmut und fröhlichem Frauengesang auch immer dieses Bettkunstwerk entstanden sein mochte, jetzt brachte dieses steife Plumeau, das auf mir lag, angeblich aus weichen Daunenfedern und gestärktem Stoff, zum Vorschein, was es wirklich war: eine Bettdecke aus weißem geschmirgeltem Marmor, die dräuend auf mir lag und, während ich schlief, mich unmerklich und langsam erdrücken würde. Und doch: Eingespannt und reglos zusammengepresst, wie ich war, am nächsten Morgen war das Kunstwerk immer zerknittert, zerbrochen, zerplatzt und in der Perfektion und Schönheit seiner weißen Glätte zerstört.

Der Gebrauch hat seinen Preis, rächt sich, und die Schönheit, das Weiß, einmal gebrochen, wird zerstört, besudelt durch Benutzung, beginnt sich zu verwandeln. Um ihn aufzulösen, diesen Widerspruch zwischen einer möglichst langen Bewunderung der Schönheit und ihrem praktischen Gebrauch, bemühte ich mich, reglos einzuschlafen. Und sollte ich von wem oder von was auch immer herumgedreht oder aufgerichtet werden, würde ich von der Bewegung erwachen und könnte sie stoppen. Denn das steife Bettzeug war ja eine Art Notbremse gegen meine im Schlaf eventuell mich überkommende Willensschwäche. Eltern und Schwester prophezeiten, dass es mir niemals gelingen würde, meinen Willen zu kontrollieren und mich nachts im Schlaf nicht zu bewegen: Jede Bewegung des Sich-Aufrichtens und Sich-auf-die-Seite-Drehens, der der Körper ja schlafbedingt unbewusst ausgeliefert sei und die sich ihm nicht verbieten lasse, würde, wenn sie auch noch so kontrolliert und aufs Nötigste reduziert sei, peu à peu das frisch bezogene Bett in Unordnung bringen. Aber ich dachte, was ihnen nicht gelang, könnte mir mit äußerster Willensanstrengung sehr wohl glücken. Doch auch wenn ich abends mit minimalem Aufwand an Bewegung ins Bett geschlüpft war und es geschafft hatte, reglos einzuschlafen: Wenn ich nachts in meinem Amboss aus weißem Marmor munter wurde – vor Schmerzen oder einfach aus Neugierde, um zu schauen, ob ich es diesmal geschafft hatte –, war es immer schon zu spät. Das Bettgebilde, das Schlafkunstwerk aus weißem Marmorstoff, war durch unaufhaltsamen Faltenbruch ruiniert. Und morgens keine Spur von dem erhofften Gefühl, in einem königlichen Bettpalast aus reinem und unversehrtem Marmor, Sommerleithe 15, zu erwachen. Ich, Fremder und Eindringling, hatte die weiße, saubere und geometrisch angeordnete Perfektion des neu bezogenen Bettes mit dem in meinem Körper pulsierenden Leben, das sich irgendwie dieser disziplinierten kühlen Ordnung nicht unterwerfen wollte und konnte, zerstört.

Offensichtlich war ein mit gestärkter Wäsche bezogenes Bett eben nicht dafür geschaffen, um darin zu schlafen. Nein, es war da, um bewundert zu werden, und meine Mutter hätte gut daran getan, ein Sofa oder eine Liege, selbst eine wie aus dem verhassten Kindergarten, neben mein Bett zu stellen, damit ich eine paar Tage darauf schlief und so das Bettgebilde bewundern und vor dem unkontrollierten Bewegungsvandalismus des Schlafs hätte bewahren können. Und es wäre nur folgerichtig, wenn die ganze Familie mindesten eine Woche lang auf Pritschen neben ihren Betten geschlafen hätte, um die makellose Schönheit in Weiß nicht zu zerstören. Dabei ging es in der Waschküche doch immer so fröhlich zu; eigentlich zu fröhlich, als dass dort von Frauenhand und unter Zuhilfenahme der fest pressenden, doch weich gepolsterten Walzen der Wäschemangel etwas so Kaltes, etwas so Schön-Schreckliches entstehen dürfte. Dort wurde gewässert, geseift, gewaschen, gebürstet, geschrubbt, gerieben, gespült, gespritzt, gestärkt, gemangelt, und die Steine, mit denen die Walzen beschwert sind, holpern und poltern in ihrem Kasten, dichte Nebelschwaden wabern durch den Raum, verwischen die Konturen der Gesichter und Körper, lassen sie aus dichtem Nebel wieder auftauchen, und gefährliche, sich schnell und endlos drehende und ineinander verwobene Treibriemen bewegen Schwungräder, Achsen und Walzen, meine Mutter und die anderen Frauen schwitzen, haben die Frisuren in Kopftüchern versteckt, der Ausschnitt ihrer Kittel zeigt mehr schweißbeperlt glänzende weiße Haut als üblich, und sie singen, singen fröhliche Lieder, Volkslieder, die von der Seele kommen, ihnen die Arbeit erleichtern, Ausdruck ihrer Lebensfreude sind, Arbeit in Vergnügen verwandeln, auch wenn sie Arbeit bleibt, Lieder, die aus einer Welt herüberwehen, zu der nur Frauen Zugang haben und die den Männern für immer fremd, verschlossen, ja verboten bleiben wird, und nur ich darf dabei sein, an der Saale hellem Strande stehen Burgen stolz und kühn, ihre Dächer sind zerfallen, und der Wind streicht durch die Hallen, Wolken ziehen drüber hin, lustig ist das Zigeunerleben, faria, fariaho, brauchen dem Kaiser kein Zins zu geben, faria, fariaho, lustig ist es im grünen Wald, wo des Zigeuners Aufenthalt, faria, faria, faria, faria, faria, fariaho, zwischen Berg und tiefem, tiefem Tal saßen einst zwei Hasen, fraßen ab das grüne, grüne Gras, fraßen ab das grüne, grüne Gras, bis auf den Rasen, langsam verliere ich mich im weißen Nebelraum, einst Garage, dann Waschküche und Heißmangel, jetzt dampfender Lieder-, singender Haut-, Klang- und Maschinenraum, durch den wie zu Weihnachten im Kirchenschiff Melodien schweben und ungesehene Engel, die nur erkennbar werden, wenn das Kerzenlicht ihr Engelshaar entzündet, auflodern lässt, ihr Schreckgesicht zeigt, um es in Sekundenschnelle wieder verschwinden zu lassen, und von Frauenstimmen und Musik getragen, gleite ich durch den

Raum, fort von den fröhlichen Gesichtern, die in Nebelschleier gehüllt in der Unsichtbarkeit sich auflösen, höre ihren Gesang und ihre lachenden Stimmen, höre den unablässig lauter und lauter werdenden Lärm der peitschenden Riemen, der Schwungräder, der Maschine, der hinübergleitet in himmelhochjauchzenden Orgelgesang, bis mich ein Wolke absetzt, wo das Monstrum Wäschemangel am stärksten wütet, poltert, faucht, als sollten es die herumrasenden Riemen zerbersten lassen und als sollten die Stücke und Steine, die ziellos durch den Raum geschleudert werden, jeden im Raum erschlagen, die Frauen, meine Mutter, mich, wenn es nicht bald Frischfleisch zu fressen gibt, und das kann ich nur verhindern, indem ich in die wildgewordenen, entfesselten und sich im Taumel der Besinnungslosigkeit heiß laufenden Riemen greife und sie zerreiße, ich weiß, es gibt nichts Gefährlicheres, vielleicht den roten Fleischwolf, als die Arme der Maschine entgegenzustrecken, die Riemen zu packen und sie mit all meiner Kraft zum Stillstand zu bringen, sie zu bezwingen, zu besiegen, bevor die Maschine zerbirst, auseinanderfliegt und mit ihr die Garage, die Frauen, Mutti und ich, und missglückt der Versuch, werden zuerst meine Arme erfasst und dann der ganze Körper mit Haut und Haar hineingezerrt in das tanzende Labyrinth aus unendlich verschlungenen Rädern und Riemen, unwiederbringlich als frisches Futter für weiteres und umso schlimmeres Wüten, jetzt, ja, jetzt und nur jetzt ist die Gelegenheit gekommen, hineinzufassen, den Dämon zu besiegen, niemand nimmt von mir Notiz, bemerkt, dass ich mich entferne, keine der Frauen vermisst mich, auch meine Mutter nicht, ich bin allein, allein, im Nebel mit der Maschine, unbeobachtet, und die herüberwehenden Gesänge der Frauen erzählen von nichts anderem, als dass ich mir ihre Liebe nur verdienen kann, wenn ich das Verbotene, das Große wage und das Monstrum besiege wie ein Held den Drachen in der Felsenhöhle, es zum Stillstand, zum Erliegen, zum Schweigen bringe, damit Mutti und die Frauen ihre Lieder ungestört und ewig weitersingen können, ihren Heldengesang zur Begleitung meiner Großtat, und schon kann ich dem Sog des unbedingten Willens nicht widerstehen, strecke Arme und Hände aus, um zuzupacken, und das schier

Unglaubliche geschieht, ein Mann stürzt herein und verwandelt dieses grenzenlose Reich der Phantasie, mein Königreich, mein drittes und mein größtes, zu dem, was es in Wirklichkeit ist, zur Waschküche in der Garage, indem er ruft, nein, brüllt: «Renate ist in die Jauchengrube gefallen!»

Doch ganz so gefährlich, wie ich nach den Warnungen unseres Vaters geglaubt hatte, konnte die Grube nicht sein. Denn eine halbe Stunde später stand Renate – gewaschen, die Haare geföhnt, in ihr Sonntagskleid geschlüpft – im Hof und wurde von unserer Mutter mit dem Parfüm eines Flakons bestäubt. Die Waschfrauen versammelten sich um sie, freuten sich, klatschten in die Hände und riefen: «So ein hübsches Mädchen, du bekommst einmal den schönsten Mann auf der ganzen Welt!»

Doch Renate, die kleine, schöne, herausgeputzte Braut, stand ratlos da, hilflos, und wunderte sich – wunderte sich über das, was soeben mit ihr geschehen war. Und wenn sie an eine Hochzeit dachte, dann bestimmt nicht an die mit dem schönsten Mann der Welt. Sie dachte an die Hochzeit mit dem Tod, dem sie, wie auch immer, auf wundersame Weise entronnen war. Und nicht nur das. Sie trug ihr schönstes Kleid, war geschminkt, besprüht mit dem teuersten Parfüm ihrer Mutter, und doch schien es, als läge sie noch immer in der Grube, inmitten der Jauche, und fürchtete, gleich darin ertrinken zu müssen. Ich sah, wie sie die schwarzbraune Brühe trank, als könnte sie die Grube leeren wie ein Limonadenglas; sie trank schneller und schneller, trank um ihr Leben und erstickte daran, versank, auf dem Rücken liegend, fast schwerelos im dickflüssigen Brei. Ich sah ihre Augen. Sie blickten nicht ängstlich, sondern irgendwie ergeben in ihr Schicksal. Der Körper versickerte, das Gesicht, die Augen, die Spitze ihrer Nase. Ihre Haare glitzerten dunkel im Licht und waberten im Abortwasser, bevor auch sie vom Mus der Senkgrube verschluckt wurden. Nur ihre weiße Mädchenhand winkte uns zu. Und bevor auch sie in der trägen und immer langsamer hin und her schwappenden Brühe verschwand, sah ich an ihrem Finger einen golden Hochzeitsring glänzen. Ein leises «Schwabb», und Renate war verschwunden.

Renate wer? – Renate Weise. – Wer ist Renate Weise? – Renate Weise war unsere Tochter, unsere Schwester. – Hat es sie je gegeben? – Renate? – Ja. – Ja.

Wie schön war es dagegen freitagabends, wenn im Keller der Warmwasserkessel angefeuert war und zuerst meine Schwester, dann ich gebadet wurden, im selben Wasser. Renate sitzt in der Zinkwanne, ich stehe nackt daneben und warte darauf, endlich ins warme Wasser steigen zu können. Dann ist es soweit. Meine Schwester, auch sie nackt, aber anders nackt als ich, steigt heraus, wird in ein Frotteetuch gewickelt und abgerubbelt. Ich setze mich in die Wanne und ziehe die Beine an, denn jetzt wird zum Aufwärmen ein Eimer heißes Wasser behutsam am Fußende hinzugeschüttet. Während Renate Nachthemd und Bademantel angezogen werden, sitze ich in der Wanne, lutsche das Badewasser aus dem Schwamm und pinkele, obwohl ich das nicht darf, in die Wanne. Am Wannenrand hat sich ein Oval von schmutzigem Seifenschaum gebildet.

«Mutti, aber nicht die Haare, bitte, bitte!» flehe ich, aber es hilft nichts.

«Augen zu, und den Waschlappen vors Gesicht gehalten!», antwortet sie, und ich gehorche. Mit einer Kelle gießt sie mir Wasser über die Haare und seift sie ein. Ich beginne zu weinen, sicherheitshalber. Um den Waschvorgang, hoffentlich, zu verkürzen. Denn bestimmt läuft mir gleich beißender und brennender Seifenschaum in die Augen. «Wenn du brav bist, lese ich dir eine Gutenachtgeschichte vor.» Widerstand ist zwecklos.

Wie jeden Freitag werden die Haare zweimal gewaschen. Der erste Durchgang dient der Entfernung des groben Schmutzes, der zweite der des feinen, der sich offenbar hinterhältig in die Haarwurzeln und in die Poren der Kopfhaut eingenistete hat. Nachdem mein Körper ebenfalls mit dem Schwamm gesäubert ist und ich aus der Wanne gestiegen bin, werde auch ich trocken gerubbelt und geföhnt. Ich genieße die warme Luft auf meinem Gesicht und meinem nackten Körper. Mein Lullumann richtet sich ein wenig auf, und meine Mutter ermahnt mich, ich solle das lassen.

44.

Zuvor 24.

Auf jeden Fall müsste jetzt etwas geschehen, wenn ich nicht abstürzen sollte. Und es geschah. Das Türschloss wurde aufgeschlossen, die Tür öffnete sich und ließ einen Lichtschimmer herein. Oswald knipste das Licht an und grinste. Auch Vati grinste. Oswald nahm den Stuhl, stellte ihn leicht versetzt unter meine Füße, mein Vater kam auf mich zu, stieg auf den Stuhl, hob mich aus dem Gestänge und umarmte mich. Er pflückte mich aus dem Himmel, in den mich Oswald hineingehängt hatte, und drückte mich an seine rettende und schützende Brust.

Klaus stand noch immer da und schaute nach oben, dorthin, wo ich hing. Doch jetzt konnte er nichts mehr sehen, ich war ja weg. Aber er schaute, als hinge ich noch immer da, als geschähe ausgerechnet dort, wo längst nichts mehr zu sehen war, als geschähe ausgerechnet dort das Ungeheuerliche. Aber was?

Klaus stand – und war nicht wegzubewegen. Und als mein Vater ihn auf den Arm nehmen wollte, spürte er, dass er, stark, wie er war, Klaus nur mit großer Kraftanstrengung ein paar Zentimeter vom Boden hochheben konnte. Wodurch war er plötzlich so schwer geworden? Er stellte ihn ab wie einen vertrauten, doch nun plötzlich unerklärbar zu Blei gewordenen Gegenstand, den er zuvor immer mit der linken Hand leicht hatte heben können, löste die Umarmung und stutzte. Was war geschehen? Jetzt guckten beide; mein Vater guckte Klaus an und wunderte sich, wie es sein könne, dass er plötzlich so schwer geworden war, und Klaus guckte nach oben, dahin, wo ich die ganze Zeit hing und wo jetzt nichts mehr hing, nichts mehr zu sehen war, außer dem, was dort immer hing und immer zu sehen war – an Spießen aufgehängte Würste und Schinken –, und wunderte sich auch.

Ich dachte, was gucken die beiden so komisch, es ist doch alles wie immer. Ich wusste zwar, dass man sich durch die Anstrengung des Willens schwerer machen konnte, als man in Wirklichkeit war, dass sich aber Klaus so schwer machen konnte, dass Vati, der doch ganze Schweinehälften und, wenn auch nicht gern, das Schwerste von allem, Rinderhinterviertel tragen konnte, ihn kaum hochzuheben vermochte, verwunderte mich sehr. Es konnte nur eine Erklärung geben: Die Angst davor, so wie ich in den Himmel gehängt zu werden, verwandelte seinen Körper in Blei, damit keiner ihn je – wie mich – dorthin hochhieven könne.

Wie Oswald schaute, weiß ich nicht – und sollte ich es gewusst haben, habe ich es vergessen. Oder ich habe ihm keine Beachtung geschenkt. Wie soll schon jemand, dessen Gesicht immer lächelt, anders gucken als lächelnd? Er packte den Stuhl an der Lehne und stellte ihn zurück an den Tisch. Das war, was sich damals ereignete. Ich war gerettet. Doch bei aller Freude: Eine geheimnisvolle Spannung, etwas Unerklärliches blieb zurück. Damals, im Herbst 1957 in einer kleinen Metzgerei in Gera-Lusan – und würde Folgen haben, die wir damals nicht im Geringsten ahnen konnten.

Ein paar Fleischhappen aus der Erinnerungssuppe

Sie besaß eine wunderschöne grüne Strickjacke. Die liebte ich sehr. Noch mehr liebte ich es, wenn sie diese trug, und es ist nicht übertrieben zu sagen, dass sie erst mit dieser grünen Strickjacke zu meiner richtigen Mutter wurde. Und wäre ich nicht ihr Sohn gewesen, dann vermutlich ein Knopf an dieser grünen Strickjacke. Sie trug sie nicht gegen die Kälte, sondern allein für mich – zumindest bildete ich mir das ein, damals –, und sollten wir einmal getrennt werden oder ich mich verlaufen, an ihrer grünen Jacke würde ich sie unter Tausenden anderer Mütter sofort erkennen. Nie wieder habe ich eine Mutter mit einer so schönen grünen Strickjacke gesehen.

Eines Vormittags – mein Vater war längst im Geschäft, denn Metzger ist ein Frühaufsteherberuf, meine Schwester vermutlich in der Schule – bedrängte ich meine Mutter, mich nicht allein zu lassen, nicht mit dem Rad zur Arbeit zu fahren, sondern bei mir zu bleiben, mich nicht zu verlassen, denn das wäre ich ohne sie: verlassen, egal wer bei mir war. Nein, das gehe nicht, sie müsse Klaus jetzt in den Kindergarten fahren und dann arbeiten.

Außerdem komme ja bald Tante Karla. Die dicke Tante Karla war mir aber noch nie geheuer, denn sie hatte zwar einen Sohn namens Victor, was für ein Name, Victor, aber keinen Mann. Also musste irgendetwas mit ihr nicht stimmen, ebenso wie bei Tante Marie, der Leipziger Schwester meines Vaters, denn die hatte zwar einen Mann, und einen reichen dazu, aber keine Kinder. So etwas war mir verdächtig, denn zu einer richtigen Familie gehörten zweifellos Kinder, so wie bei uns. Eine Mutter, ein Vater, mindestens zwei Kinder, ein Junge, ein Mädchen, besser noch ein zweiter Junge.

Doch so sehr ich bat und bettelte, ich konnte meine Mutter nicht erweichen, bei mir zu bleiben. Schließlich gab sie mir einen Kuss, setzte Klaus auf den Kindersitz ihres Fahrrads und fuhr davon; immer weiter und weiter, doch ihre grüne Strickjacke war deutlich sichtbar, und vielleicht hätte ich meine Mutter aus der Ferne schon gar nicht mehr erkannt, wenn sie nicht diese grüne Jacke getragen hätte als Zeichen, dass sie es ist, meine Mutter. Auch wenn sie entschwindet und ich sie kaum mehr sehe, weil sie so winzig ist, sehe ich doch noch immer das Grün der Jacke und weiß, sie ist es, Mutti.

Bis mit der grünen Jacke auch sie verschwand – und Tante Karla kam. Sie hob mich hoch, stellte mich auf den Küchentisch und zog mich an. Das heißt, zuerst zog sie mich aus, um mir die von meiner Mutter zurechtgelegten Kleider für den Tag anzuziehen. Doch bevor sie das tat, setzte sie mich, nackt, wie ich war, auf den Küchentisch, drückte mich zurück, sodass ich mit dem Rücken auf der mit einer weichen Decke bedeckten Platte des Tisches lag, holte ihre schweren, großen Brüste aus dem Kleid und bedeckte mit ihnen mein Gesicht. Abwechselnd rieb sie die Brustwarzen an meinem Mund und sagte immer wieder, du musst lutschen, hörst du, lutschen. Das ging so eine Weile. Ich fürchtete zu ersticken, und statt zu lutschen versuchte ich, die Fleischmassen wegzuprusten. Doch sie hörte nicht auf, ihre Brüste an meinem Mund zu reiben und mir mal die eine, dann die andere Brustwarze wieder und wieder in den Mund zu stecken. Es ging um mein Überleben. Ich habe überlebt. Denn plötzlich hörte sie auf. Offenbar verspürte sie keine Lust mehr, mich zu quälen, steckte ihre Brüste wieder ins Kleid und zog mich an, als sei nichts gewesen.

Dass mein Vater ihr später, als hätte er von ihren Spielen mit mir nichts gewusst, zu Unrecht den Pelzmantel meiner verstorbenen Mutter geschenkt und sie ihn, zu Unrecht, angenommen und getragen hat, habe ich ihm nie verziehen. Ihr auch nicht. Aber die grüne Strickjacke hat Tante Karla nicht bekommen.

Es kann eigentlich nicht sein, dass ich mich so weit zurückerinnere, aber ich weiß genau, dass sie mir schon Jahre zuvor, als ich noch gefüttert wurde – einmal, nachdem sie mich aus der Windel gewickelt hatte – ihre Brust gab, damit ich daran zutschelte. Vielleicht wollte sie die Zeit wiederaufleben lassen, in der sie ihren Sohn mit dem Namen, den auszusprechen ich immer zu umschiffen versuchte, was mir auch meist gelungen ist, denn ich frug nie nach ihm, gestillt hat. Aber was weiß ich, was in einer Frau vorgeht, die deutlich älter ist als meine Mutter? Außerdem spielte sie öfter an meinem Lullumann herum. Wahrscheinlich wollte sie sehen, ob er sich aufrichtet. So etwas hat sie öfter getan, immer in der Küche auf dem Tisch. Es schien ihr Spaß zu machen. Mir machte es keinen.

Jungs in meinem Alter trugen damals auch im Winter kurze Hosen. Lange Hosen zu tragen war, wie mein Vater erzählte, erst nach der Konfirmation erlaubt, und wenn es bei ihm so war, musste es bei mir ja wohl genauso sein. Ich bekam einen Gurt mit Gummistrippen, Hartgummistöpseln und metallenen Ösen umgeschnallt, in die braune lange Strümpfe eingeklemmt wurden. Ich schrie. Denn Strümpfe und Strapse waren was für Frauen. Bei meiner Mutter und meiner Schwester hatte ich oft beobachtet, dass der Strumpf herausgerutscht war aus der Halterung. Dann wurde der Rocksaum gelüpft, mit dem Mund festgehalten, der Oberschenkel mit Strumpfende, Haut und Strapsen wurde sichtbar, und mit flinken Fingern, in null Komma nix, wurde der Strumpf, zack, wieder eingespannt – und schon senkte sich der Rocksaum über den Oberschenkel wie ein Bühnenvorhang, der sich irrtümlich geöffnet hatte und sofort wieder geschlossen wurde. Dagegen gab es keinen Einwand. Bei Frauen. Aber dass ich mit Strümpfen und Strapsen zu einer Frau gemacht werden sollte, war nicht hinzunehmen. Auf keinen Fall. Ich schrie, so laut ich konnte. In höchster Not und Verzweiflung. Aber vergebens.

Die braunen Strümpfe juckten und kratzten nicht nur fürchterlich, sondern sie sind auch ständig aus der Halterung herausgerutscht. Dann musste ich schnell die kurze Hose öffnen, bis auf die Knie herunterlassen, das lose Strumpfende einspannen und die Hose wieder hochziehen, denn tat man es nicht rechtzeitig, rutschte bald der ganze Strumpf aus allen Ösen – und am Bein hinunter. Und ich stand da mit einem Strumpf, der im Hosenbein verschwand und einem anderen, der heraus- und bis zur Kniescheibe heruntergerutscht war. Ich weiß nicht, wie oft am Tag ich diese Strümpfe vergeblich versucht habe zu befestigen, aber es müssen unzählige Male gewesen sein, denn zu der Scham, überhaupt als Junge Strümpfe tragen zu müssen wie ein Mädchen, kam die Scham, andernfalls mit heruntergerutschten Strümpfen herumzurennen, und das wäre noch peinlicher gewesen. Doch die Geschwindigkeit der flinken Finger von Mutti und Renate erreichte ich nie; obwohl ich doch allen Grund hatte, das Strumpfmalheur schneller zu beheben als sie. Ich musste mich fügen – und fügte mich. Immerhin ist es mir, anders als meinem Vater, sommers erspart geblieben, barfuß herumzulaufen. Ich hatte Schuhe. Und Sandalen. Und im Winter Skischuhe.

In den 50er Jahren schneite es noch im Winter. Hinter unserem Garten gab es einen kleinen Abhang, und eines Sonntagsvormittags lautete die Ansage meines Vaters: «Heute gehen wir Skifahren!» Ich fand das keine gute Idee, nicht etwa, weil ich keinen Schnee mochte, im Gegenteil, ich liebte die Weltverzauberung durch den Schnee, die Klarheit, auch im Geruch, mit der er alles in hellem Weiß erleuchten ließ, die gedämpften Geräusche, die Verlangsamung der Bewegungen und das komisch unbeholfene Herumtapern der Erwachsenen auf dem glatten Untergrund, hatte meinen Spaß daran, wenn sie ausrutschten, hilflos mit den Armen umherruderten und, um nicht das Gleichgewicht zu verlieren, zu Verdrehungen von Körper und Beinen fähig waren, die ich ihnen nie im Leben zugetraut hätte, um dann doch, plumps, zu Boden zu fallen, als hätten unsichtbare Hände ihnen die Füße weggezogen. Die Erwachsenen mit ihrem tonangebenden Gehabe: Das fand ich lustig, dass ausgerechnet sie sich nicht beherrschen konnten und hilflos wie betrunkene Küken waren, dass sie, die Eltern und die Älteren, eben diejenigen, die immer wussten, was zu tun und was zu lassen sei, sich bei Schnee und Eis nicht im Zaum halten und ihrem eigenen Körper nicht befehlen konnten: «Tu das nicht, lass das bleiben, fall nicht um!» Denn die Körper hatten ihren eigenen Willen. Sie fielen reihenweise um. Und jeder auf seine eigene Art. Ich liebte es, einen Fuß vor den anderen zu setzen und meine Spuren im Schnee zu hinterlassen, wie ich es auch wenn die Sonne schien, liebte, mich unerwartet umzudrehen, um zu prüfen, ob mir mein Schatten noch immer folgte oder ob ich ihn in einem Augenblich der Unaufmerksamkeit dabei ertappen konnte, irgendwo anders stehen geblieben zu sein, um mit einem anderen Schatten ein Schwätzchen zu halten. Diesen Gefallen tat er mir leider nie. So habe ich akzeptiert, dass er feige ist, wenn er mich nur bei gutem Wetter begleitet, bei Regen nie. Ein Luxusschatten. Die Spuren im Schnee blieben erhalten, ja, vermehrten sich, und jeder würde mich, auch bei nebligem Wetter, verfolgen können, außer sie würden von Neuschnee überdeckt. Dann konnten mich nur noch richtige Indianer verfolgen und finden. Denn sie beherrschen die spezielle Sprache des Spurenlesens, die für uns Nichtindianer eine, wenn überhaupt, nur schwer zu erlernende Fremdsprache bleiben wird. Nicht so für die Indianer. Tiere und Menschen verfolgen zu können, selbst wenn sie ihre Spuren verwischen, war für uns Jungen einer der Gründe, warum wir gern Indianer spielten. Außerdem: Wo sonst gab es in unseren Spielen Marterpfahl, Skalpiermesser, Pferde, die man ohne Sattel reiten konnte, Blutsbrüderschaft, Friedenspfeife, braunrötliche Querstreifen im Gesicht und die ewigen Jagdgründe? Die sonntäglichen Ansagen meines Vaters am Frühstückstisch, darin waren meine Schwester und ich uns einig wie in wenig anderem, waren zu fürchten. Denn sie mussten unbedingt erfüllt werden. Es sei denn, uns fiel auf die gefürchtet harmlos daherkommende Frage: «Und was macht ihr denn so heute Vormittag?» sofort eine für ihn plausible Antwort ein, mit der sich, in meinem Fall, der Zwang umgehen ließ, am Sonntagvormittag alle Lederschuhe unserer Familie inklusive der Arbeitsstiefel des Vaters, insgesamt etwa zwanzig Paare, zu putzen, oder, in Renates Fall, Mutti bei liegengebliebenen Haushaltsarbeiten und den Vorbereitungen für den Sonntagsbraten behilflich zu sein. Heute waren wir zu langsam, und noch bevor wir antworten konnten, erging die Ansage: Ski fahren! Nur konnte ich nicht Ski fahren – im Gegensatz zu Renate, die es konnte und sich darauf freute. Der Abhang hinter unserem Haus erschien mir gefährlich steil, machte mir Angst. Die Skier wurden ohne mein Zutun schneller und schneller und taten, was sie wollten, nicht, was ich wollte. Sie liefen v-förmig auseinander oder überschnitten sich x-förmig, in beiden Fällen fiel ich in den Schnee, raffte mich auf und versuchte erneut, den Abhang hinunterzufahren, ohne zu stürzen, was mir – da konnte mein Vater mir erklären, so viel er wollte – kein einziges Mal gelang, bis ich irgendwann nicht mehr konnte und, mittlerweile durchnässt, einfach im Schnee liegen blieb.

Das war eines Jungen unwürdig, besonders wenn es sich um den Sohn meines Vaters handelte, und gefiel diesem überhaupt nicht. Ich solle mich gefälligst zusammenreißen, aufstehen, damit ich mich nicht erkälte, und weiterhin versuchen, den Hang ohne umzufallen hinunterzufahren. Doch ich blieb liegen. Er ärgerte sich, und unter den triumphierenden Blicken meiner Schwester, die mir nicht nur die Fähigkeit des Skifahrens voraushatte, sondern die mir in meiner entkräfteten Rückenlage möglicherweise in diesem Augenblick unbewusst den Traum von ihrem nächtlichen Überfall einpflanzte, packte mein Vater mich am Schlafittchen, schüttelte mich, musste sich beherrschen, um mir keine zu donnern, sagte, ich solle Skier und Skistöcke einpacken, und schickte mich zu meiner Mutter.

45.

Erinnerungssuppe 2

Im Sommer wurde in der Sommerleithe ein Sommerfest gefeiert, Anlass und Ort einer weiteren der Niederlagen und Enttäuschungen, die ich meinem Vater zugefügt habe. Die Straße war bunt geschmückt, Fahnen und Fähnchen wehten im Wind, die Sonne schien, die Musik spielte, Bier und Limonade wurden getrunken und Bratwürste wurden gebraten, die weltberühmten Thüringer Rostbratwürste. Ich hatte einen neuen Tretroller, den neuesten und schönsten Tretroller ganz Geras, mit einem gepolsterten Sitz über dem Schutzblech des Hinterrads, mit Fußbremse, einem Chromlenker und einer durch den Wind und die Bewegungen der Fahrt hin und her wippenden Fahnenstange aus Draht, die von einem Wimpel geziert wurde. Zeit für das Rollerrennen. Ich bekam ein weißes Leibchen mit einer schwarzen Nummer umgeschnallt, das Startkommando wurde gegeben, wir traten los – und die anderen fuhren mir davon. Ich hatte keine Chance, sie einzuholen, geschweige denn zu überholen. Aber da ich zweifellos den schönsten Roller hatte, hatte ich auch die Pflicht, das Rennen zu gewinnen. Also dachte ich mir, wenn ich jetzt den Kopf ganz flach über den Lenker lege, so wie bei einem Rennrad, könnte ich mich unter dem Wind wegducken, schneller fahren, nicht der Letzte bleiben, sondern als Erster über die Ziellinie fahren. Gesagt, getan und Gas gegeben! Doch leider fuhr ich durch ein Schlagloch, schlug mit der Stirn gegen die Schraube in der Mitte des Lenkers und hatte ein Loch im Kopf. Schraube schlägt Stirn. Wie sich herausstellte nichts Ernstes, der Schädelknochen war nicht verletzt, nur eine kleine Platzwunde auf der Stirn. Es blieb eine Narbe, die sich im Laufe der Jahre verwachsen hat. Doch noch heute, wenn ich den Zeigefinger zwischen Nasenwurzel und Braue des linken Auges lege, fühle ich eine Einkerbung im Knochen zwischen Stirn und Auge, unsichtbar für andere, spürbar für mich: das ewige

Stigma meiner Unzulänglichkeit, der lebenslangen väterlichen Enttäuschung, nicht zu sein, wie ich gewünscht war.

Noch als Achtzehnjährigem – ich hatte gerade erst den größten Erfolg in meinem bisherigen Leben hinter mir, die Zulassung fürs Studium an der Hochschule für Fernsehen und Film in München, nur hier konnte ich schon mit achtzehn Jahren studieren – hat mein Vater mir *eine runtergehauen* – im Kühlhaus der Metzgerei, schallgeschützt und wo es keiner sehen konnte. Ich weiß bis heute nicht, wofür, außer für alles – dafür, dass ich lebte, und dafür, dass ich bin, wie ich bin, sein Sohn, ein langhaariger Kriegsdienstverweigerer, über dessen Schwächlichkeit sich die ganze Metzgerei lustig machte, der sich nicht wehren konnte gegen den dicken Harald, unseren Lehrling, dem ich Nachhilfe erteilen musste und der mich zum Dank mit einem dümmlich-feisten Lachen im Gesicht im trockenen und gut riechenden Gewürzkeller auseinandernahm, mich zum Gespött der Gesellen machte, wenn ich nach den Schmerzen von Schwitzkasten und verdrehten Arm- und Handgelenken und, so clever war er immerhin, ohne sichtbare Spuren von Gewalt meinem Vater die Gewürze brachte, damit dieser sie nach seiner Geheimrezeptur, die nur der Erste Geselle, also Rudi, kennen durfte, mischen konnte, und jeder wusste, dass er, Harald, mir mal wieder gezeigt hatte, worauf es wirklich ankommt im Leben: nicht auf meinen Volkshochschulkurs «Mit leichtem Pinsel aquarellieren», nicht auf die Bilder gemalter Tulpen, die ich mit nach Hause genommen und gesammelt habe und die irgendwann verschwunden waren, nicht auf ein Studium, von dem keiner wusste, wie damit später mal Geld zu verdienen sei und überhaupt, was ist das, ein Regisseur? Keiner meiner Verächter kannte die Filme von Hitchcock, Truffaut, Godard, Kubrick, Fellini, den Italowestern, den neuen Deutschen Film, das osteuropäische Kino, die Oberhausener Kurzfilmtage, keiner kannte Leni Peikert, las Benn, Brecht, Trakl, Gryphius, Dostojewskij, keiner die *Frankfurter Rundschau*, die *Frankfurter Allgemeine Zeitung*, den *Monat*, Sartre, Camus, den *Abschied von den Eltern*, hörte die Platte *That's Underground*, Big Brother & the Holding Company, *«Piece of my Heart»*, Janis Joplin, Julie Driscolls *«Vauxhall to Lambeth Bridge»*, Dylans *«It's Alright*

Ma (I'm Only Bleeding)», Donovans *«Universal Soldier»*, Françoise Hardys *«Ein Fenster wird hell (und eines dunkel sein)»*, keiner war gegen den Vietnamkrieg, der mit Bildern und Tönen, ausgestrahlt vom Ersten und Zweiten Programm des Deutschen Fernsehens, Einzug hielt in unser bürgerliches Wohnzimmer und heftigste Debatten mit meinem Vater auslöste, den ich durch Bemerkungen zum richtigen Zeitpunkt, inhaltlich und polemisch gut platziert, zum Kochen bringen konnte. Völlig klar, mein Vater war nur ein kapitalistischer Ausbeuter, schuldig an der Vernichtung der Juden, war ein Kommunismus- und Kommunistenhasser und Feind der 68er, die ihm zu Recht wegnehmen wollten, was er den von ihm Ausgebeuteten vorenthielt. Keiner bestellte sich den Gedichtband *Beautiful Losers* von Leonard Cohen aus den USA, keiner wollte in den Pausen zwischen Tischfußball und Tipp-Kick das Grundgesetz neu schreiben, keiner wollte die Revolution und keiner erfreute sich am wunderbaren Busen seiner ersten Freundin so wie ich. Und keiner war so schockiert wie ich, als ich das erste Mal in ihr drin war, denn jetzt war sie bestimmt schwanger, und ich doch erst fünfzehn Jahre alt. Ich, der mit siebzehn in den Ferien bei Mannesmann durch Röhren für Russland kroch, anstatt in der elterlichen Metzgerei zu arbeiten, der die Stahlarbeiter zum Kommunismus bekehren wollte, dem allerdings nach kurzer Zeit vom Schleifen der Schweißnähte die Arme schlapp wurden – da lachte das Proletariat, und mit Pudding in den Armen ließ sich nicht überzeugend für Enteignung argumentieren. Ich, der samstags den neuen metallicblauen VW-Variant des Vorarbeiters wusch statt zu Hause zuerst den dunkelblauen, später den weißen Mercedes S meines Vaters.

Da schlug er zu, der Herr Vater. «Große Pratzen hat er.» Vielleicht liefen die Geschäfte nicht mehr so gut, oder das Finanzamt verlangte zu viel Geld zurück, Krach mit seiner Ehefrau, die zu mir stand, aber auch hilflos war. Vielleicht wusste mein Vater auch, dass er die Frage «Was macht denn so dein Sohn, der Dieter?» lange, möglicherweise nie, zu seiner und der Zufriedenheit des Fragenden würde beantworten können, hatte der Sohn doch auch Jahre nach dem Studium noch kein Geld für eine Eigentumswohnung, kein Geld für ein eigenes Haus, ja, noch nicht einmal für ein neues Auto, und der gebrauchte taubenblaue Volvo mit stumpfem Lack und Berliner Nummernschild war ein gesellschaftliches Todesurteil! Was gab es Schlimmeres, als dass ich, der einzige Sohn des Metzgermeisters Hans Weise, der, so würde er sich ausdrücken, es «nicht immer leicht gehabt hat in seinem Leben und der sich so manches Mal durchbeißen musste», gesellschaftlich nicht vorzeigbar war?

Da schlug er zu, und ich – schlug nicht zurück. Ein großer Fehler. Ich überlegte kurz, ob ich zurückschlagen sollte, und hätte es tun sollen. Doch wer überlegt, zögert. Und nach einer Überlegung, nicht reflexhaft zurückzuschlagen, wäre ausgeartet in eine Schlägerei, das wollte ich nicht, denn ich war ja ohnehin bald weg von zu Hause. Trotzdem hätte ich zurückschlagen sollen, ja, müssen. Aber ich konnte den eigenen Vater nicht schlagen. Das gute alte System der repressiven Gewalt, es funktionierte noch immer. Aber vielleicht war ich einfach nur zu feige. Oder ich dachte, es – er – würde sich von selbst erledigen, wie ich später im Beruf dachte, dass manche überflüssigen und überfälligen Positionsbesetzer durch ihre Unfähigkeit selber vom Thron rutschen oder fallen würden, auch ohne mein Zutun, ohne dass ich den Hebel zum Sturz hätte ansetzen müssen. Irrtum. Irrtum. Da hätte es mehr Mut, mehr Kampfgeist, mehr aggressives Testosteron gebraucht.

Wie sich herausstellte, ließ sich mit meinem Tun gutes Geld verdienen, und mein Vater war es zufrieden. Ich hatte einen Beruf, den er nicht nur benennen konnte, sondern der auch noch «was abwarf». Der Sinn meiner Arbeit blieb ihm fremd; doch dass ich – wenn auch nur am Theater – *Chef* über viele Menschen wurde, über mehr, als er je auf der Lohnliste hatte, erfüllte ihn mit Stolz, und wir sind versöhnt geschieden.

Aber wieso ich langhaariger Affe etwas für den Vater völlig Artfremdes in München studieren, aber dann nicht wenigstens in den nahen Alpen Ski fahren wollte («Das bezahle ich dir!»), wieso ich keine Lebensversicherung bei der *Allianz* und keinen Bausparvertrag bei *Wüstenrot* («… macht Menschen tot!») annehmen wollte, wieso ich, der ihn beschimpfte als Ausbeuter und sein Erbe denen zukommen lassen wollte, die er ausgebeutet hatte und denen in Wahrheit sein Mercedes, sein Haus, das Geschäft und sein Geld gehörten, der Sohn, der kein Hobby hatte, ein Kriegsdienstverweigerer, ihm, dem Vater, der seinen eigenen Vater nie gesehen, nie gesprochen und im Zweiten Weltkrieg drei Brüder verloren hatte, vorwarf, dass die Deutschen es nicht geschafft hätten, die Welt zu erobern, die alten Drückeberger, obwohl sie zwei Chancen hatten – das hat er zeitlebens so wenig verstanden, wie ich verstand, dass er mein Studium in München nicht bezahlen wollte, wohl aber das Skifahren in den Alpen. Aber woher sollte er auch wissen, dass ich, einst ein Herrscher über drei Königreiche, noch immer König war über ein ihm fremdes Reich, in dem diese Kleinigkeiten kaum oder überhaupt nicht von Bedeutung sind?

Dabei hatte alles so vielversprechend angefangen. Nach der Mittleren Reife, damals auch Einjähriges genannt, wollte ich das neusprachlich-humanistische Gymnasium, das ich mit Latein, nicht mit Englisch begonnen hatte, verlassen. In pubertärer Verwirrung wollte ich Metzger werden – den Initiationsritus hatte ich ja exzellent bestanden – und nach Chicago auswandern. In die großen Schlachthöfe. Um Pierpont Mauler zu werden. So was in der Art. Sowieso – Brecht war damals mein Lieblingsdichter – träumte ich davon, dass die gesamte Menschheit und alle Tiere ausgestorben sind und ich der einzige Mensch bin, der überlebt hat, und nun die Ödnis dieser Welt durchstreife, mit nackten Füßen durch den knöchelhohen Samensaft, mit dem ich die gesamte Erdoberfläche geschwängert hatte. Mein Vater riet ab. Metzger könne ich immer noch werden, auch mit Abitur. Also kein Abenteuer in Amerika. Sondern weiterhin Gymnasium in Mülheim an der Ruhr.

Doch kurze Zeit später war der Weg zurück versperrt. Das musste sich auch mein Vater eingestehen. Keine Zukunft für die Metzgerei; keine Zukunft für sein Lebenswerk im Westen, das seine Frau und er unter Einsatz ihres Lebens und mit Mut, Sparsamkeit, Verzicht und Fleiß erwirtschaftet hatten. Alles, wirklich alles, was ihnen gehörte, hatten sie in der DDR zurückgelassen, um drüben, im Westen, neu anzufangen, er, mein Vater mit vierundvierzig, sie, meine Mutter mit neununddreißig Jahren – also beide nicht mehr wirklich jung. Welch eine Leistung, denke ich heute.

46.

Domsingschule

Domsingschule war das erste West-Fremdwort, das mir begegnete und über das ich prompt stolperte. Domsingschule. Was für ein Wort! Ein bescheuertes Wort. Auch wenn ich noch nicht eingeschult war – das wurde man im Osten erst im Herbst, im Westen bereits zu Ostern, sodass meine künftigen Klassenkameraden schon ein paar Monate Schule hinter sich haben würden, wenn ich nach den Sommerferien dazukam, aber nicht in der Domsingschule, sondern in der Volksschule in Eilendorf – war mir von diesem Aachener Wortungetüm nur das Wort Schule vertraut. Aber was sollte «Domsing» bedeuten? Ein wirklich blödes Wort, behämmert und bekloppt, aber vermutlich nur der erste Vorbote einer schrecklichen Sprache jenseits der Zonengrenze meiner Vertrautheit. Wäre dieses unsägliche Wort ein Auto, dann eines mit Achsbruch, verursacht durch die Schlaglöcher zwischen den Silben Dom-Sing-Schule – wohingegen mein Lieblingswort Sommerleithe luftgefedert über alle Holprigkeiten der Sprache hinwegglitt. Ich konnte die Domsingschule weder herleiten noch mit sinnhafter Bedeutung füllen. «Sing, Dom!» – sollte das ein Befehl sein, dass der Dom gefälligst zu singen und dies in der Schule zu lernen habe? Wo waren wir nur gelandet? Auf jeden Fall nicht in der gemütlichen Geschmeidigkeit der Thüringer Mundart, sondern inmitten der Straßenschäden eines Dialekts, der aus einem fernen Land zu stammen schien, das früher einmal zu Afrika gehörte, aber niemals aus Deutschland, nicht einmal aus dem geteilten. In langen Gesprächen stellte sich heraus, dass «Domsing» etwas mit dem Chorsingen beziehungsweise Lernchorsingen der Söhne der Familie Ostlender im Dom zu Aachen zu tun hatte, bei der wir seit Kurzem Unterschlupf hatten. Damit war zwar die Bedeutung des Wortes geklärt, doch seine Hässlichkeit minderte das nicht im Geringsten. Domsingschule. Wie doch ein Wort eine ganze Stadt in den Abgrund reißen kann!

So etwas hatte es in ganz Gera nicht gegeben. Sommerleithe ja. Domsingschule nein. In Gera kannte ich die protestantische Kirche, aber kein Geraer wäre auf die Idee gekommen, die Kirche zu beleidigen, indem er sie als Dom bezeichnete, und selbst wenn überhaupt so etwas wie ein Dom in Gera existiert hätte, so bin ich der festen Überzeugung, dass jedes Wort mit «Domsing» von der *Partei* mit Sicherheit verboten worden wäre – und das zu Recht. Aber selbst bei einem Wort wie Kirchsingschule hätte ich Zweifel der Zuordnung gehabt, denn in der Schule wird gelernt, in der Kirche gebetet und an Gott geglaubt, und im Männergesangverein wird gesungen. Halt! Auch in der Kirche wurde gesungen. Stimmt. Aber nur einmal im Jahr. Denn unsere Familie ging nur einmal im Jahr zur Kirche, nämlich an Weihnachten. Sonst gingen wir nie in die Kirche. Selbst dann nicht, wenn ihre Glocken läuteten, denn soweit ich wusste, blieben die Kirchtüren das ganze Jahr über verschlossen und öffneten sich nur zu Weihnachten. Aber aufs Singen kam es in der Kirche zu Weihnachten auch nicht so sehr an. Mein Vater beherrschte es nicht, das war selbst für mich hörbar, und da er mein Vorbild war, ich auch nicht. Worauf es ankam, war, dass Vati da war, denn er war, wie sich herausstellte, zu Höherem berufen, ein Held, und Helden müssen nicht singen können, sie werden besungen. Denn einmal, als sich die mit Perücken aus Engelshaar und langen weißen Umhängen als Engel kenntlich gemachten Mädchen durch den engen Gang der Kirche zum Altar zwängten und brennende Kerzen in der Hand hielten, fing eine der Perücken Feuer und entflammte nahezu mit der Geschwindigkeit einer Explosion. Die Engel stoben auseinander, ein im Hals stecken bleibendes Atemholen durchzuckte die Gemeinde, der Gesang zerbrach, die Orgel verstummte, der Pfarrer stand hilflos am Altar, und die schnell auflodernde Flamme hätte nicht nur das Gesicht des Mädchens verbrannt, sondern auch das Mädchen selbst und wahrscheinlich alle anderen Mädchen mit ihm, hätte nicht mein Vater blitzschnell das Jackett seines schwarzen Ausgehanzugs ausgezogen, es über den Flammenkopf geworfen und mit beiden Händen auf Jackett, Haare und Flammen eingeschlagen, um den brennenden Engel und all die anderen Engel von Gera-Lusan, ihre Geschwister, Eltern, Großeltern, Onkel und Tanten, ja, den Pfarrer selbst, seine Gemeinde und die ganze Kirche zu retten. Als das Haarfeuer gelöscht war, warf mein Vater das Jackett seines vermutlich teuersten Anzugs zu Boden, trat wie auf einen am Boden liegenden Feind darauf ein, um die Glut zu löschen, die sich ins ehemals seidenglänzende Innenfutter und den feinen Zwirn eingebrannt hatte, um einem erneuten Feuer vorzubeugen. Die Turbulenzen, mit denen ein irdisches Feuer die Heiligkeit des Gottesdienstes unterbrochen hatte, und die Gemüter der Engel, des Pfarrers und der Gemeinde beruhigten sich langsam, sodass mit der Verlesung der Weihnachtsgeschichte alles seinen gewohnten, doch durch den Zwischenfall umso bedeutsamer gewordenen Gang im Glauben an Gott nehmen konnte, der uns an diesem Abend seinen Sohn als Erlöser und meinen Vater als Feuerwehrmann geschickt hatte – wenn nicht sogar als eigentlichen Erlöser an diesem Heiligen Abend.

Ungerechterweise wurde Vatis Heldentat mit keinem Wort erwähnt, ja, im routinemäßigen Verlauf der Liturgie wurde sie zu meiner großen, auf die Tränendrüsen drückenden Empörung gleichsam übergangen, während mein Vater sich weiterhin selbstlos für den reibungslosen Ablauf des Abends und das Wohl der hier versammelten Geraer einsetzte. Denn das zusammengeknäuelte und angekohlte Jackett zu seinen Füßen schmauchte noch immer bedrohlich vor sich hin, und er versuchte, die kleinen Brandherde möglichst unbemerkt auszutreten, damit die Andacht durch den aufsteigenden und unangenehmen Rauch oder gar durch erneutes Auflodern nicht ein weiteres Mal gestört werde. Wie gesagt, singen konnte Vati nicht, aber ich war mächtig stolz auf ihn, und was mich anbelangte, galten alle Lieder, die an diesem Heiligen Abend in der Kirche noch gesungen wurden, ihm. Nicht dem lieben Gott.

Viel später einmal, auf dem Gymnasium, als der Musiklehrer den Unterricht unterbrach, um jeden Schüler, der im Schulchor singen wollte, einzeln aufstehen und ihn vor der ganzen Klasse die Tonleiter hoch und runter singen zu lassen, sich Notizen in ein Büchlein machte und dann dem Probanden befahl, sich wieder hinzusetzen, überlegte ich, ob ich vorsingen solle oder, an meinen Vater denkend, besser nicht. Während sich vor mir ein Schüler nach dem anderen erhob, vorsang und wieder setzte, hatte ich viel Zeit nachzudenken – der Ordnung halber saßen wir alphabetisch sortiert in den Schulbänken, die ihrem Aussehen und Zustand nach schon Generationen von Schülern vor uns geärgert haben mussten. Ich hätte gerne vorgesungen, aber ich tat es nicht. Ich habe mich nicht getraut. Und mich sehr darüber geärgert, und ich ärgere mich noch immer, noch heute, über meinen lebenslangen Verbleib auf der Nichtsingschule. Wie schön wäre es gewesen, singen zu können! Allein und mit anderen.

Im nicht sehr großen Wohnzimmer der Familie Ostlender, das erstaunlicherweise sonntags dreizehn Personen fasste – wir nur noch zu viert, die Ostlenders zu sechst und die Familie von Tante Marias Bruder Matthes, der mit Frau und Tochter ebenfalls dort wohnte, zu dritt –, stand ein Klavier, auf dem ich liebend gern herumklimperte. Oft. Es bereitete mir Freude. Auch wenn es nicht gut klang: Mir gefiel, was ich zu Gehör brachte, da ich es war, der spielte. Deswegen bat ich meine Eltern, Klavierunterricht nehmen zu dürfen. Aber sie hatten kein Geld. Mein Vater fuhr jeden Tag frühmorgens fünfzehn Kilometer auf dem Rad in eine Fleischfabrik, abends fünfzehn Kilometer zurück, verdiente wenig und von dem Wenigen wurde ein Weniges gespart, da blieb kein Geld für Klavierunterricht. Der einzige Luxus, der meiner Schwester und mir zukam, war die Flasche Milch in der großen Pause zu jedem Schultag, wenn auch nur die mit der Silber-, nicht die mit der Goldkappe als Zeichen höheren Fettgehalts. Und selbst die Milch wurde von der Gemeinde oder von Ostlenders bezahlt, nicht von unseren Eltern.

Doch noch waren Sommerferien, und damit ich aufholen konnte, was die anderen Schüler mir voraushatten, brachte mir Mutti Rechnen, Schreiben und Lesen bei. Das fiel uns beiden nicht schwer. Ihr nicht, weil sie es schon konnte, und mir auch nicht, denn einiges konnte ich schon, anderes lernte ich schnell, sodass der Einstieg in die Schule ohne große Probleme vonstattenging. Doch um etwas, und das konnte ich meinen Eltern nie verzeihen, wurde ich betrogen: um die Zuckertüte, die jedem Schüler zur Einschulung zusteht. Dieses Versäumnis war und bleibt eine himmelschreiende Ungerechtigkeit. Wären wir in der DDR geblieben, dessen war ich mir sicher, hätte ich bestimmt die größte und schönste Zuckertüte aller Erstklässler nicht nur der Sommerleithe, nicht nur Lusans, sondern ganz Geras bekommen.

Weitere Ungerechtigkeit kam hinzu. Einmal hatte ich mit meinem Freund Johannes, dem ältesten und mir gleichaltrigen Sohn der Ostlenders, den grauen breiten Streifen, der von etwa einem halben Meter unter den Fenstern des Erdgeschosses bis zum Erdboden reichte und das neu gebaute Haus einfasste, mit breiten Pinseln vollständig angestrichen. Auch wenn der Anstrich nur mit Leitungswasser erfolgt war, hatte er das graue Band, das den Haussockel umschloss, schön dunkel gefärbt – zumindest für einige Zeit. Noch vor ein paar Wochen, in der DDR, hätten uns meine Eltern gelobt und jedem von uns eine Münze gegeben. Hier aber bekamen wir von Mutti noch nicht einmal zehn Pfennig zur Belohnung.

Meine Mutter weinte oft und viel, damals. Anders als mein Vater, der überzeugt war, dass bald bessere Zeiten für uns kommen würden, und bis dahin müsse man sich eben «zusammenreißen und durchbeißen», konnte sie es nur schwer, vielleicht auch gar nicht ertragen, kein Geld zu haben, keine Kleider, keine Möbel, kein eigenes Haus, nicht einmal eine eigene Mietwohnung, keinen Besitz, keine Zukunft, keine Freunde, keine Verwandten, nichts, nichts … außer Entbehrungen.

Doch, eines hatten meine Eltern: offizielle Briefe aus Gera. In diesen wurde meinen Eltern von Amts wegen versprochen und bescheinigt, dass sie im Fall einer Rückkehr der Familie keine Strafmaßnahmen zu befürchten hätten. Und nicht nur das! Sie dürften auch all ihren Besitz behalten, das Geschäft, das Haus, das Geld auf dem Konto, und mein Vater könne das Geschäft weiterhin als Selbstständiger führen und ohne Angst vor zukünftiger

Enteignung. Er brauche nicht zu befürchten, jemals im *Konsum*, im städtischen Schlachthof oder wo immer auch sonst arbeiten zu müssen. Wieder und wieder weinte meine Mutter, flehte: «Hans, lass uns zurückgehen!» Aber mein Vater blieb stur. Er meinte nur: «Die lügen, die Halunken. Die lügen das Gedruckte vom Himmel herunter! Und wenn wir zurück sind, verhaften sie uns. Charlotte, wir werden enteignet und verlieren unsere Kinder. Wir kommen ins Gefängnis, und Renate und Dieter kommen ins Waisenhaus. Mach dir nichts vor! Die Kommunisten waren und bleiben, was sie sind: Halunken! Als Kriegsgefangener in Amerika habe ich im Lager die Luft der Demokratie geatmet, und die werde ich nie wieder eintauschen gegen das Asthma der DDR.» Selten, dass mein Vater so viele Sätze hintereinander sprach. Bei diesen und ähnlichen Szenen waren Renate und ich oft dabei, und seine Worte waren immer die gleichen. Und die Reaktionen unserer Mutter auch. Sie weinte und weinte, und ihre Versuche zu widersprechen wurden niedergemacht.

Onkel Willi fuhr ein schickes Fahrrad mit dünnen Reifen, Kettenschaltung, zwei Handbremsen, einer kleinen Aluminiumschale als Kindersitz auf der Fahrradstange und ausklappbaren Fußhalterungen an der Gabel. Samstags oder sonntags mit ihm mitfahren zu dürfen, war etwas Besonderes. Er konnte sehr schnell fahren, und die Landschaft zischte an uns vorüber. Wenn er auf dem Feld Lerchen sah, hielt er an, zeigte mir, wie sie in der Luft stehend am Himmel flatterten, und imitierte ihren Gesang: «Zizipi, zizipi, zizipi!» Und ich wiederholte: «Zizipi, zizipi, zizipi!» Solche Dinge tat er. Um mir eine Freude zu machen. Oder um mich von den Spannungen zwischen meinen Eltern abzulenken? Um ihnen die Möglichkeit der Aussprache ohne Kinder zu geben? Oder vielleicht aus all diesen Gründen und noch anderen, die ich allerdings nicht kenne?

Wie sich meine Schwester in dieser schweren Zeit gefühlt hat, weiß ich nicht. Sie durfte sich einmal Rollschuhe ausleihen, mit lauten Eisenrädern, und hat sich beim Sturz ein Bein gebrochen, das in Gips gelegt wurde. Sie musste für mehrere Tage im Krankenhaus liegen. Meine Mutter und ich haben sie dort besucht, und Mutti hat ihr eine Tüte mit Weintrauben mitgebracht. Die waren etwas ganz Besonderes. Und teuer, sodass ich keine davon essen durfte, denn ich war ja gesund. Das war ein weiteres Anzeichen dafür, dass wir damals arm waren, ein Zustand, den wir in der DDR nicht kannten.

Besondere Freude konnte uns allen Onkel Willi bereiten, wenn er im Aachener Dialekt sprach. Wir verstanden kein Wort und mussten immer und immer wieder lachen über die komische Sprache in diesem neuen Land, das für uns bei Weitem nicht so komisch war, wie seine Sprache komisch klang, von der wir noch nicht einmal mit Sicherheit annehmen konnten, dass Onkel Willi selbst, obwohl er sie sprach, sie auch verstand. Unsere Sprache fand niemand komisch. Eher peinlich. Jeder wusste sofort, dass wir von *drüben* kamen, Flüchtlinge waren. Und von denen gab es schon genug. Gutmütige Menschen bemitleideten uns, bösartige verachteten uns, wieder andere machten sich lustig über uns und lachten uns aus. Woher sollten sie auch wissen, was zum Beispiel ein Senker ist, eine Bemme, oder worin der Unterschied besteht zwischen einem Nischel und einem Däts? Den kannten wir ja selber nicht so genau, und deswegen haben wir mal Däts gesagt, mal Nischel – und immer war es richtig.

Ich kann gar nicht anders, es kommt mir aus vollem Herzen, als mich bei Willi und Maria Ostlender zu bedanken. Zu bedanken dafür, dass sie uns, eine vierköpfige mittellose Flüchtlingsfamilie aus der DDR, bei sich zu Hause aufgenommen haben; sie, mit Kindern gesegnet und mit Schulden belastet, haben uns einen Platz angeboten in ihrem neuen Haus, ihrem Zuhause, dessen Platz sie doch selber benötigt hätten für die eigene große und immer größer werdende Familie. Danke, Onkel Willi. Danke, Tante Maria. Für alles, was ihr uns Gutes getan habt. Es war sehr viel.

Lange durften wir bei Ostlenders nicht bleiben. Die Bundesrepublik Deutschland verbot es und schickte uns ins Aachener Flüchtlingslager. So wollte es das Gesetz. Und Gesetz ist Gesetz. Da konnte selbst Onkel Willi nichts ändern, obwohl oder gerade weil er in Eilendorf als Beamter bei der Gemeinde arbeitete.

Die Zwangsunterkunft, das Lager, die Baracke. Wir mussten umziehen und hatten nichts bei uns als uns selber und zwei Persilkartons, in denen unsere Habseligkeiten – mit einem schöneren Begriff konnte man das Wenige, das wir besaßen, kaum schmücken – verstaut waren. Und wenn meine Mutter geglaubt hatte, dass es uns nicht schlimmer gehen könne als in den ersten Wochen in Aachen beim Kriegsfreund ihres Mannes und seiner Familie – bei all der Freundlichkeit und Unterstützung, die wir dort erfuhren –, so hatte sie sich geirrt. Es ging schlimmer. Denn schlimmer geht immer. Abgesehen von Klaus' Tod, steuerten wir auf den tiefsten Punkt unseres Lebens zu, auf eine uns allen unvertraute Welt, an die sich zu gewöhnen ich niemandem wünschen möchte.

Das Flüchtlingsheim war eine große alte Halle mit gemeinsamen Duschen und Toiletten für die getrennten Geschlechter. Wir bezogen unser neues Zimmer. Was heißt bezogen? Was heißt Zimmer? Wir bekamen eine der winzigen Zellen zugewiesen, in die die Halle unterteilt war, mit zwei Meter fünfzig hohen Wänden aus Pappmaché und drei Meter Luft darüber, je einem doppelstöckigen Eisenbett links und rechts und Platz für zwei Persilkartons und zwei Stühle. Hier sollten wir jetzt leben. Wie kann man hier leben? Kann man hier leben? Nein, kann man nicht. Hier kann man nur hausen – und so hausten wir. Wie viele andere auch. Wir hatten nichts – und hatten zu Hause so viel gehabt.

Die Atmosphäre war gereizt, aggressiv, und unsere Eltern bestimmten genau, mit wem wir spielen durften. Es waren wenige. All die Geräusche und Gerüche, die Menschen erzeugen können, und all die Beschimpfungen und Zankereien, zu denen sie fähig sind, drangen Tag für Tag und Nacht für Nacht aus der ganzen Halle und den vielen einzelnen Zellen an unser Ohr. Es gab keinen Schutz. Außerdem wurde gestohlen. Wir waren entsetzt. Und selbst Vati, der vermutlich aus dem Krieg einiges gewohnt war, verschlug es die Sprache. Wie würde er seine Familie retten und aus dieser Hölle befreien können? Wie? «Hans, lass uns zurückgehen! Lass uns bitte, bitte zurückgehen! Ich kann nicht mehr.» Die stereotype Antwort unseres Vaters: «Charlotte, wenn wir das tun, die sperren uns alle ein. Dann sind wir erst recht verloren.»

Es gab ein Problem. Ein neues. Eines mehr. Die Eltern schliefen unten in den Stockbetten, wir Kinder über ihnen. Renate war alt genug, sie würde nachts im Schlaf nicht aus dem Bett fallen. Aber ich? Vati spannte eine Kordel zwischen Kopf- und Fußende. Das sei nicht notwendig, sagte ich, denn wenn ich aus dem Bett herausfiele, entstünde durch den schnellen Fall ein pfeifendes oder zischendes Windgeräusch, das Vati wecken würde, er würde aus dem Bett springen und mich auffangen. Meine Eltern schmunzelten. Vielleicht haben sie auch gelacht. Ich hatte inmitten der Trostlosigkeit für ein wenig gute Laune gesorgt. Zumindest für ein paar Augenblicke. Kann sein, dass sie mir über den Kopf streichelten.

Die Notzeit im Lager dauerte nicht ewig. Schon bald, nach ein paar Wochen, vermutlich dank Onkel Willis Einfluss bei der Gemeindeverwaltung, bekamen wir eine Wohnung in einem Neubau für Republikflüchtlinge zugewiesen. Wir atmeten auf. Es ging spürbar nach vorne, aufwärts. Alles war neu: die lichtdurchflutete Wohnung, frisch gestrichene Wände, ein Badezimmer mit eigenem Klo, eine kleine Küche. Mehr zu erwarten, wäre in unserer Situation überheblich gewesen. Wir waren dankbar für das neue Glück, das wir als Paradies empfanden, die neue Wohnung war der Wink einer glücklicheren Zukunft.

Ob sich Mutti schon abgefunden hatte mit dem Gedanken, nie mehr zurückzukehren in unsere Heimat, und sich langsam mit den Chancen anfreundete, die sich im Westen böten – ob sie begann, den Glauben an eine neue, lebenswerte Perspektive aufkeimen zu lassen, der alten Heimat Ade zu sagen und die junge zu begrüßen, oder ob sie einfach vor der Starrköpfigkeit ihres Mannes resigniert hatte, ich weiß es nicht. Ich weiß nur, Mutti weinte nicht mehr. Nicht mehr so oft. Aber vielleicht weinte sie ja auch allein. Vielleicht wollte sie ihren Schmerz nach innen richten, keiner sollte ihn sehen oder bemerken, nur sie ihn und er sie. Kann man sich mit seinem Schmerz anfreunden? Sodass man nicht mehr alleine ist, sondern jemanden hat, selbst wenn es der Schmerz ist?

Eines Tages gab mir Mutti Geld zum Einkaufen. Dies war ein Zeichen großen Vertrauens und vor allem ein Zeichen meines Fast-erwachsen-Seins. Ich ging in Begleitung eines neu gewonnenen Freundes zum Lebensmittelhändler und besorgte, was auf dem Einkaufszettel stand, bezahlte an der Kasse und bekam vom Ladenbesitzer das Wechselgeld und, darauf achtete ich besonders, die Sammelmarken, die ich zu Hause in ein kleines Sammelheftchen klebte. War dies voll, gab es Rabatt beim nächsten Einkauf, eine Mark fünfzig, glaube ich. Mein Einkauf war mit Aushändigung der Marken erfolgreich abgeschlossen, da erschütterte etwas Unglaubliches, etwas nie Dagewesenes mein Weltbild: Mein Freund kam nach mir an die Kasse, der Ladenbesitzer schaute die Waren durch, dann packte mein Freund die Sachen in die Tasche und ging. Er zahlte nicht. Ja, er ging, ohne zu zahlen. Ich war entsetzt. Er war ein Dieb! Aber keiner hielt ihn auf. Wieso ließ der Mann hinter der Kasse ihn laufen, ohne ihn festzuhalten und ihm wegzunehmen, was er gestohlen hatte? Mein Freund meinte nur, er müsse nicht zahlen. Ich lief davon. Die Tasche in der Hand, rannte ich, so schnell ich konnte, nach Hause, stürzte die Treppe hinauf und sagte ganz außer Atem zu meiner Mutter, sie müsse sofort in den Lebensmittelladen, sie müsse sich beeilen, bevor es alle anderen wüssten und auch hinrannten, denn dort bekäme man alles geschenkt, und ich schilderte ihr, was vorgefallen war. Mutti lachte. Sie kannte die Kandidaten, die anschreiben ließen, nur allzu gut aus der Fleischerei, die uns einmal gehört hatte. Ich fand die Sache nicht zum Lachen und mied fortan den Kontakt mit dem neuen Freund. Mir war klar, wer anschreiben lässt, ist vielleicht kein Dieb. Aber ein halber Dieb.

Trotz der neuen Wohnung hatte unser Vater beschlossen, sein und unser Glück in Frankfurt am Main zu finden. Er war der Arbeit in der Fabrik überdrüssig, sie bot ihm keine Zukunft, er wollte in die eigene und nicht in anderer Leute Tasche arbeiten, wie er es auch ablehnte, zur Miete und nicht im eigenen Haus zu wohnen. Um dieses Ziel, das er ja in der DDR dank seiner vorausblickenden Vorkriegsplanung längst erreicht hatte, auch im Westen erreichen zu können, beabsichtigte er, sich in eine

Metzgerei, deren Betreiber mangels eigener Kinder keinen Nachfolger hatte, hineinzuarbeiten und sich durch gute Arbeit, Initiative und Erfahrung, durch integren Charakter, eine zupackende Frau und eine vorzeigbare, intakte Familie – damit mussten wohl meine Schwester und ich gemeint sein – als Übernahmekandidaten zu empfehlen. Eine solche Gelegenheit hatte er in der Zeitung der Metzgerinnung gefunden, die er regelmäßig kaufte und las, um sich in seiner Branche auf dem Laufenden zu halten und die für ihn interessanten Annoncen zu finden. Das war seine Lektüre.

Muttis Lektüre war, vermutlich schon damals, ab und an eine der vielen Frauenzeitschriften mit Tipps und Wegen zur Musterfamilie der heraufbrechenden 1960er Jahre. Denn hüben wie drüben, diesseits und jenseits der Zonengrenze waren die Menschen nicht nur mit dem Aufbau einer je neuen Gesellschaft beschäftigt, sondern ebenso mit dem neuen Familienbild, das ein optimistisches Ziel formulierte, um sich mit der verhängnisvollen Rolle der Familie im Nazireich nicht konfrontieren zu müssen. Der Mann trug jetzt manikürte Fingernägel, damit kein Körnchen Dreck und kein verhärtetes und übersehenes Blutströpfchen als stummer, aber vorwurfsvoller Ankläger der Gräueltaten der Vergangenheit die Gegenwart und den Glauben an die Leichtigkeit des neuen Lebens beschmutzen konnte. Die Dame des Hauses hatte sich um die Kinder zu kümmern, den Tisch zu decken, damit, wenn Papi – das ist im Westen der Vati, und Mama ist die Mutti – von der Arbeit nach Hause kommt, mit artigen Kindern und einer lieben Frau zu Abend gegessen werden kann. «Ist der Feierabend da, Hausschuh Marke Romika!» In der Tanzstunde lernten die Paare Samba und Bossa Nova tanzen, denn schuld war nur der Bossa Nova. «War's der Mondenschein? / Na, na, der Bossa Nova / Oder war's der Wein? / Na, na, der Bossa Nova. / Kann das möglich sein? / Yeah yeah, der Bossa Nova / war schuld daran.» Schuld?

47.

Gott und der Garten

In einem Kleintransporter fuhren wir eines Sonntags von Aachen nach Frankfurt am Main. Sachsenhausen. Schweizer Straße, vom Main kommend rechte Straßenseite. Zu den zwei Persilkartons waren zwei Apfelsinenkisten hinzugekommen, zwei Matratzen, zwei zusammensteckbare Eisenbetten und einige Taschen und Koffer. Mehrmals durchquerten wir mit unseren Habseligkeiten den Hinterhof der Metzgerei, in der unser Vater künftig arbeiten sollte. Die Gesellen saßen an einem Tisch, aßen zu Abend und tranken etwas, das sie sich aus einem großen, blau-grauen Tonkrug in genoppte, große Gläser eingossen. Meine Eltern gingen kurz hin und begrüßten sie. Die Gesellen versuchten, unsere Sprache zu imitieren, konnten es aber nicht, lachten darüber, dass sie es nicht konnten, und wären wegen des in ihren Ohren, leider, unmöglichen und scheußlichen Klangs unseres Dialekts wohl auch nie auf die Idee gekommen, ihn lernen zu wollen. Stattdessen machten sie, oder versuchten es zumindest, unsere Sprache lächerlich – und mit ihr uns und unser bisheriges Leben im Osten. Sie verspotteten uns. Eindeutig. Wir waren Flüchtlinge, in ihren Augen ohne Würde, entrechtet und vogelfrei. Und Vati, der sich sonst nichts gefallen ließ, schwieg. Ich fand ihn feige. Dass er Mutti und uns nicht vor dem schmutzigen Gelächter in Schutz nahm. Dabei klang ihre eigene Sprache nicht nur scheußlich und grässlich, sondern irgendwie komisch und lächerlich, wie vom Mond. Vor allem war sie unverständlich. Dass Goethe, wie ich später erfuhr, vor dieser Sprache aus Frankfurt geflohen ist und im gemütlichen thüringischen Dialekt und im schönen Weimar Wort- und Sprachheimat fand, leuchtete mir sofort ein.

Wir stiegen eine verstaubte Betontreppe hinauf und betraten unsere neue Wohnung. Einen Dachboden. Unsere Wohnung war ein offener Dachboden über der Garage. Kein Zimmer weit und breit. Auch keine Toilette, kein Waschbecken. Nichts, was irgendwie an eine Wohnung erinnerte, in der wir uns hätten behaglich einrichten können. Im Flüchtlingsheim in Aachen hatte es zumindest noch Wände gegeben, halbe Wände, nicht aus Mauerwerk, sondern aus Pappmaché, aber Wände, immerhin. Hier herrschte das blanke Entsetzen. Betonfußboden, Dachgebälk und Ziegel über uns, in deren Konstruktion wir von unten hineinschauen konnten, nein, mussten. Keine Möglichkeit einer irgendwie intimen Abgrenzung. Wir zogen trotzdem ein. Die Betten wurden zusammengesteckt, Matratzen und Decken draufgelegt. Dann gingen wir nach unten in den Hof. Der Besitzer der Metzgerei, ein Mann ohne Freundlichkeit, stellte uns vor, und nachdem er Vati als Meister und nicht als Gesellen vorgestellt hatte, sprangen uns von den Gesellen Feindseligkeit, Neid und Eifersucht ins Gesicht. Wir setzten uns ans Ende des Tisches und aßen. Renate und ich mussten trinken, was die Eltern aus dem großen Krug ins Glas schütteten und mit Wasser verdünnten. Es schmeckte nach Essig. Ekelhaft. Oben im Bett schliefen wir sofort ein. Betäubt.

Es folgte die Neueinschulung. Und nachdem ich in der ersten Volksschule in Aachen-Eilendorf die lateinische Schreibschrift gelernt hatte und kurze Zeit später in der zweiten Volksschule in Aachen große Druckbuchstaben, musste ich hier in Frankfurt zusätzlich Sütterlin lernen. Ich fand, diese unübersichtliche Schrift passte auch besser zu dem unverständlichen Dialekt, den man in Frankfurt spricht. Oder umgekehrt. Vielleicht wussten sie gar nicht, was sie sagen wollten, und damit nicht der Anschein entstand, sie könnten weder denken noch sprechen, sprachen sie so, wie das Getränk schmeckte, das sie tranken. Die Schriften bildeten ein regionales Labyrinth. Nicht nur, dass die Leute dort, wohin wir kamen, anders sprachen als wir, sie sprachen auch noch jeweils anders als die vorherigen, und, was die Situation verkomplizierte, sie hatten auch eine andere Art zu schreiben. Und bevor ich, bei meinen Eltern war das ohnehin aussichtslos, den jeweiligen Dialekt oder die jeweilige Mundart annehmen und mich an die jeweils neue Schreibweise der Sprache, die so gar nichts mit dem Gesprochenen zu tun zu haben schien, gewöhnen konnte, waren wir schon wieder umgezogen. Flüchtlinge, ja, aber nicht vertriebene, sondern freiwillige. Und wenn wir auch verspottet wurden, nicht überall, aber doch oft, wenn mitfühlend-verächtlich auf uns herabgeschaut und die Not der Eltern ausgenutzt wurde, lebten wir doch in dem stolzen Bewusstsein, dass unsere Eltern es bereits in der DDR «zu was gebracht hatten» – zu mehr als viele, die uns in der BRD begegnet sind – und dass sie es, selbst wenn Westdeutschland nicht Amerika war, auch hier zu etwas bringen würden.

Amerika wurde nie als Nordamerika oder die Vereinigten Staaten von Amerika bezeichnet, sondern Amerika blieb immer Amerika, weil dieser Name mehr war als eine geografische Bezeichnung oder ein Staatengebilde. Es war der real existierende Sehnsuchtsort, der keiner näheren sprachlichen Differenzierung bedurfte und wo jeder seines eigenen Glückes Schmied war. Jeder ist in diesem Fall man, und man ist Mann. Vati. Unser Vater, der Mann unserer Mutter, auf deren Unterstützung und Arbeitskraft in Familie und Geschäft er zwar immer angewiesen war – was er auch wusste, wenngleich er es selten aussprach –, doch nie im Sinne einer Gleichheit, sondern einer Nachrangigkeit, mit ihm auf dem Thron an der Spitze der Pyramide. Das erste und oberste Gebot, dem das Privatleben, das Vergnügen und alles andere unterzuordnen war, hieß Arbeit, und die konnte nur von schwerer Krankheit oder Tod unterbrochen oder beendet werden.

Der Name «Amerika» bedurfte im Sprachgebrauch meines Vaters keiner genaueren Bestimmung. Das hätte, wofür er steht, nur klein gemacht. Und eigentlich lässt sich der Name nur singen, nicht sprechen: A-me-ri-ka. Mit langen Vokalen. Weil aber mein Vater nicht singen konnte, durfte er dieses Land auch nur als Kriegsgefangener betreten. Und was für ihn Amerika, war für mich Gott – auch wenn ich noch nie im Reich Gottes gewesen bin, noch nicht einmal als Gefangener. Deswegen betete ich allabendlich vor dem Einschlafen: «Lieber Gott, mach mich fromm, dass ich in den Himmel komm!» Die Bilderbuchvorstellung von Gott als gütigem altem Mann mit weißem Bart, der auf seinem Thron sitzt, gefiel mir zwar, doch wusste ich auch, dass Gott alles sieht, alles hört, alles weiß und sogar meine geheimsten Gedanken und Träume kennt. Und da er immer und überall gleichzeitig alle Menschen auf der ganzen Welt beobachtet, ohne dass wir ihn je zu Gesicht bekommen, muss er unsichtbar anwesend sein, vielleicht mit einer Tarnkappe auf dem Kopf, und kann nicht aussehen wie im Bilderbuch. Wie soll ein alter Mann mit weißen Bart überall sein können, wenn er die ganze Zeit nur herumsitzt und vermutlich kaum mehr gehen kann?

Was «Amerika» und «Gott» bezeichneten, erschien mir dermaßen übermächtig, dass nichts auf der Welt diese Fülle hätte benennen können. Und selbst wenn diese Namen nicht von Menschen geschaffen, sondern aus ihrer Bedeutung hervorgequollen sein sollten wie Harz aus der Baumrinde, sind sie doch nur magerer Abklatsch ihres Inhalts. Wir können sie umrätseln und in sie hineindeuteln, aber in ihre Tiefe einzutauchen und von ihrem Überschuss an Inhalt verschluckt zu werden wie von einem Hochmoor im Abendwind – schwabb –, davor schützen sie uns.

Die Namen von Kontinent und Kosmos sind Schutzräume: Wie die Mauer den Menschen in der DDR Schutz vor der Unzumutbarkeit des amerikanisierten Westens bieten sollte, so sollten Amerika und Gott uns im Jenseits der Zonengrenze vor der Knappheit und dem Mangel des Ostens schützen. Und vor Gottlosigkeit und der Flut von sozialistischem Sprachschutt.

Mir war mulmig zumute. Ich stand in einem Garten, dessen kriegsschuttiger Abfall überwuchert war von hohem Gras, Brennnesseln und Brombeergestrüpp. Hauptsächlich Brennnesseln. Hier sollte ich spielen. Allein. Aber um mich herum spielten schon andere, nämlich die Ratten, die sich an den Abfällen der Metzgerei bestens bedienten. Der Garten lag hinter dem Garagengebäude der Metzgerei in Sachsenhausen, in dessen Dachgeschoss wir hausten, und war eingeschlossen von einer brüchigen Mauer aus Ziegelsteinen. Mein Vater musste in der Fleischerei arbeiten. Er hatte keine Zeit, sich um mich zu kümmern. Was ich tun oder wohin ich gehen sollte, könne er mir auch nicht sagen. Ich solle ihn in Ruhe lassen und nicht bei der Arbeit stören. Die Schule war beendet, und die Hausaufgaben hatte ich erledigt, also stellte sich die Frage, was tun? Meine Mutter arbeitete als Verkäuferin im tiefer als die Straße gelegenen Erdgeschoss des neu erbauten Kaufhofs auf der Frankfurter Zeil, den Gucker und Käufer betreten konnten über die schicken flachen und breiten Stufen einer geschwungenen Treppe, die den leichten und luftigen Stil der 50er Jahre bediente. Ich besuchte Mutti gelegentlich, weil ich in Frankfurt keine Freunde hatte und die Tage nach der Schule endlos lang waren. Meine Besuche waren ihr peinlich. In unserem Geschäft zu Hause waren sie das nie. Im Gegenteil. Sie freute sich über meinen Besuch. Irgendwie passte ich immer in die Arbeit hinein. Hier nicht. Hier durfte sie keine Zeit für mich haben. Privater Besuch während der Arbeitszeit war strikt verboten. Ich fühlte mich abgelehnt und kam mir überflüssig vor. Renates Unterricht dauerte meist länger als meiner, und so kam es nicht infrage, mit ihr Frankfurt zu erkunden und die Zeit zu überbrücken.

Da stand ich nun allein im Garten aus Gestrüpp, Gräsern, Bauschutt und Brennnesseln, und um mich herum tanzten die Ratten. Ich wagte nicht, mich zu bewegen, aus Angst, diese Viecher auf mich aufmerksam zu machen und sie auf Gedanken zu bringen, die, eben weil ich selbst sie mir nicht machen wollte, bildhaft vor meinem inneren Auge aufleuchteten: dass sie im Schwarm über mich herfallen und mich lebendigen Leibs abnagen könnten. Und wer weiß, vielleicht gab es in dem wuchernden Wildwuchs ja auch Schlangen, die ebenfalls nur darauf warteten, mich zu beißen, sobald ich mich bewegte. Vielleicht hatten sie mich bereits entdeckt und schlängelten sich leise, ja, unhörbar – ihre schnell aus dem tödlichen Maul hervorzüngelnde gespaltene Zunge wies ihnen schmeckend, riechend und tastend den Weg zu ihrem nächsten Opfer – zu mir. Nur keine Bewegung, dachte ich, nur nicht auf mich aufmerksam machen, am besten gar nicht oder nur ganz vorsichtig atmen. Mein Gefühl war schreckliche Angst, und den Gedanken, wie ich mich retten könne, konnte ich nicht denken. Ich konnte überhaupt nicht mehr denken. Aber dem Drang, einfach wegzurennen, so schnell ich nur konnte in diesem Trümmergarten, durfte ich auch nicht nachgeben, denn dann würden mich alle Schlangen gleichzeitig beißen und alle Ratten mir das Fleisch vom giftgelähmten Körper reißen. Es gab keinen Ausweg. Denn auch wenn ich langsam und fast unmerklich davonzuschleichen versuchte, würde ich mit Glück vielleicht den Schlangen entkommen können oder den Ratten, aber mit Sicherheit, mit tödlicher Sicherheit nicht beiden. Also verharrte ich in Starre, wurde bleich und stellte mich leblos. Wie Mutti und Vati in der U-Bahn. Dort unten in der U-Bahn fühlte ich mich weniger bedroht als meine Eltern. Meine Angst war zwar ein Reflex, ein Spiegelbild ihrer Angst, doch solange ich sie und ihre Angst beobachtete, konnte ich sie an mir abgleiten lassen wie ein Blitzableiter den Blitz. Ich war aber nicht in der U-Bahn, sondern angeblich in der westlichen Welt der Geretteten. Hier, in der Welt voller Versprechen, in der alles besser werde, ausgerechnet hier begegnete ich der schlimmsten Erfahrung meiner Kindheit, einer Angst, die mich zu einem Stein erstarren ließ und die selbst ich, der aussichtslos im Fleischhimmel am schwarzen Räucherspieß gehangen hatte, nicht kannte. Ich war verlassen, allein, und einem schrecklichen Schicksal ausgeliefert.

In Gera war ich zu Hause. Hier war ich in einer Fremde, die mich fremd machte. Die Augen der Schlangen und Ratten waren auf mich gerichtet. Sie warteten auf den richtigen Augenblick, um zuzubeißen und über mich herzufallen. Das Band zu meinen beschäftigten Eltern war zerschnitten. Klaus tot. Renate irgendwo. Ich erfuhr, wie es ist, allein zu sein auf der Welt – schutzlos und ausgeliefert, von irgendeinem kosmischen Schubkarren wie Abfall ausgeschüttet, auf die Erde gekippt, und zwar ausgerechnet in diesem Frankfurt-Sachsenhausener Nachkriegsmetzgereihinterhofmüllhaldengarten, gelandet inmitten von Schutt, Knochenabfall, Dornen, Maden, Schlangen, Ratten und Brennnesseln. Und mit diesem Schrecknis befiel mich die erschreckend schreckliche Erkenntnis: Dies ist des Menschen Schicksal auf Erden und in der Welt. Da glänzt selbst das Aachener Flüchtlingsheim, Ort sämtlicher menschlicher Albträume, wie ein Zuhause.

Wie ich mich aus meiner Starre befreit habe, weiß ich nicht. Und sollte mir von außen Erlösung widerfahren sein, weiß ich noch weniger, wie und woher sie kam. Ich bin aus dem Garten gegangen. Einfach weggegangen. Doch das Gefühl des Verstoßenseins habe ich mitgenommen. Dass es mich ein Leben lang begleiten wird, weiß ich seit diesem Nachmittag. Ich spürte es. Die Erfahrung war gemacht. Sie schlummert in mir, manchmal schläft sie, und ich vergesse sie, und manchmal wacht sie auf. Sie führt ihr eigenes Leben.

48.

Zu neuen Ufern

Auf der Beerdigung weinten fast alle, die dabei waren. Nur ich nicht, denn ich ahnte, dass sich noch etwas ereignen würde. Auf dem Weg von der Kapelle zum Grab hatte es zu regnen begonnen. Es goss in Strömen, und mir schien, als wollte der Regen all seine Tränen über uns, die wir Klaus in seiner Not verlassen hatten, ergießen.

Als der kleine Sarg in das Grab gesenkt war und der Pfarrer mit dem Totensegen begann, rutschte Mutti in das Erdloch oder warf sich hinein, der Sarg verlor das Gleichgewicht, der Deckel öffnete sich, und Klaus fiel heraus. Mutti lag unter ihm. Sie war ohnmächtig, bewegte sich nicht. War sie tot? Mein Vater sprang ins Grab und nahm Klaus in die Arme, als wollte er ihn vor weiterer Verletzung beschützen. Mutti kam zu sich und schaute um sich. Sie wusste nicht, wo sie war. Alle waren stumm vor Schreck und Entsetzen. Nur der Regen ließ sich nicht beeindrucken. Es regnete, was vom Himmel herunter wollte. Das gleichmäßige Rauschen hatte etwas Beruhigendes, etwas Zeitzerdehnendes, wie ich es Jahre später erlebt habe, als mein Vater und ich im Mercedes auf regennasser Autobahn, vor uns war ein Unfall passiert, ins Schlingern gerieten, uns überschlugen und die Böschung hinunterstürzten. Der Wagen muss sich wohl noch einmal überschlagen haben, bevor er schließlich auf dem Dach liegenblieb wie ein Käfer auf dem Rücken, nur dass es ein Mercedes der S-Klasse war. Nach all den unkontrollierbaren Pirouetten, nach den Drehungen und Gegendrehungen, die nicht mehr vom Lenkrad und den Bremsen gesteuert wurden, sondern von irgendeiner entfesselten, unberechenbaren Gewalt, nach dem dumpfen Poltern des sich die Böschung hinunter überschlagenden Wagens und dem Aufprall auf festem Grund herrscht abrupt Stille – die Pause orientierungslosen Betäubtseins. Wo bin ich? Bin ich jetzt tot? Ich versuche mich zu spüren, es scheint auch zu gelingen, aber ich entdecke keine Schmerzen. Ich liege auf der Innenseite des Wagendachs, berappele mich und schaue nach meinem Vater. Ist er noch da? Und mein Vater schaut mich an, als wäre ich tot. Bin ich aber nicht. Er fragt: «Is was passiert?» Ich schüttele den Kopf. «Und du?» – «Auch nicht.»

Ist das der große Schmerz, der uns noch verschont, aber jeden Moment mit der gewaltigen Stärke eines zerbrechenden Staudamms über uns herfallen und uns hinwegraffen wird? Doch nichts dergleichen geschieht. Wir stützen uns auf Knie und Hände. Wo sind die gebrochenen Knochen, wo die sichtbaren Wunden, aus denen das Blut herausströmt, und wo die unsichtbaren, aus denen es träge von der Schädeldecke durch die Haare hervorsickert oder unsere Kleider langsam rot färbt? Nichts. Nichts Auffälliges war zu sehen. Kein Knochen, der die Haut zerrissen hätte und nun hervorstak wie ein gebrochener Ast. Auch kein Schmerzenslaut oder Schrei war zu hören, der, wie ich dachte, zu solch einem Unfall dazugehört. Wie durch ein Wunder waren wir unverletzt. Nachdem wir durch die Fahrertür aus dem völlig demolierten Wagen herausgekrochen waren, meine Seitentür war verklemmt, und auf ein großes, dampfendes Blechmonstrum mit zersplitterten Scheiben schauten, das vor uns zur Strecke gebracht im Matsch lag, war ich mir noch immer des Lebens nicht gewiss. Ich rechnete damit, dass Vati und ich jeden Augenblick tot umfallen würden. Doch das geschieht nicht. Und noch nicht einmal der Wagen, aus dessen Motorraum es zischelt und dampft, explodiert, fängt Feuer, verbrennt – und mit ihm die, die sich nicht rechtzeitig in sichere Entfernung retten können, so, wie ich das kannte aus den amerikanischen Filmen, die ich mir heimlich nachts im Fernsehen anschaute, wenn die Eltern und Renate am Wochenende ausgegangen waren. Es gab keine Explosion. Keine Toten, keine Flammen, keine Schmerzens- und Verzweiflungsschreie, nichts von alledem. Nur Matsch und Regen. Und doch war es ein schwerer Unfall, und dass wir ihn unverletzt überlebt hatten, konnten wir selber kaum glauben.

Noch immer, seit wie lange schon, weiß ich nicht, stehen Vati und ich perplex im Regen, als Polizisten die Böschung herunter-eilen und rufen: «Wo sind die Verletzten?» Verletzte gab es keine. Die Polizisten wollten das nicht glauben. Sie durchsuchten das Innere des Wagens und fanden – ein leeres Grab, dem Vati und ich unversehrt entstiegen waren.

Zwei Sargträger fassten Mutti an den Händen und zogen sie hinauf. Mein Vater drückte Klaus ein letztes Mal an seine Brust und gab ihm, dem Toten, einen Kuss auf die Stirn. Das werde ich nie vergessen. Er küsste mich auf die Stirn. Dann legte er den Leichnam zurück in den Sarg, legte den Deckel drauf und kletterte aus dem schlammigen Erdloch, rutschte dabei aber aus, fiel zurück und war eingequetscht zwischen Grubenwand und Kindersarg. Ich befürchtete, dass er jetzt da hocken bliebe, neben Klaus, und ebenfalls mit Erde überschüttet würde. Ein Doppelgrab, Vater und Sohn. Doch zwei Männer fassten Vatis Hände, griffen ihm unter die Arme und zogen auch ihn aus dem Erdloch. Der junge Pfarrer, der die Begräbnisfeier unterbrochen hatte, so einen Zwischenfall hatte er vermutlich noch nie erlebt, begann erneut mit dem Totensegen. Mutti und Vati standen nebeneinander und hielten sich bei der Hand. Ihre Gesichter, ihre Hände, ihre Kleider, ihre Schuhe, alles war von Matsch und Dreck beschmutzt. Ob sie den Worten des Pfarrers zuhörten, weiß ich nicht. Aber ich glaubte zu spüren, wie sie den Regen, der sie zusehends rein wusch – sie, die nur zu Weihnachten, zu Hochzeiten und zu Beerdigungen in die Kirche gingen – als göttliches Zeichen empfanden, dass Klaus' Seele nun, dem Gewicht des herunterströmenden Regens zum Trotz, in den Himmel entschwebe. Sie standen, sich noch immer bei der Hand haltend, da, mit geschlossenen Augen. Am Grab. Der Regen hatte den Schmutz inzwischen abgespült, doch die Tränen flossen weiter, kullerten aus den geschlossenen Augenlidern über die Wangen und vermischten sich mit den Tropfen des Regens. Und obwohl unsere Eltern lebten, denn sonst hätten sie ja nicht weinen können, wirkten sie wie Tote, die man gemeinsam mit Klaus im Familiengrab zu beerdigen vergessen hatte.

Die Trauergemeinde war längst gegangen. Wir standen noch immer da, Renate an der Hand unseres Vaters, ich an der Hand unserer Mutter. Wir schauten die Eltern an und hatten das Gefühl, wir müssten uns um sie kümmern: ein Körper, ein Gedanke, eine Empfindung. Klaus war in uns. Er durchströmte uns. Er durchströmte uns, um sich einen Körper auszusuchen, in dem er, der von nun an Körperlose, weiterleben konnte. Er konnte sich nicht entscheiden. So blieben wir im Regen stehen, der unsere Kleider längst völlig durchnässt hatte. Das war egal. Solange sich Klaus nicht entschieden hätte, würden wir stehen bleiben, auch bis in die Nacht hinein. Da entschied er sich. Für mich. Ich bemerkte es zuerst gar nicht. Aber als Renate und meine Eltern irgendwann vom Grab weggingen und ich noch immer stehen blieb, wusste ich, er will in mir leben. Weiterleben. Ich bin jetzt er. Und ich. Nein. Ich war es schon, seit er tot ist.

Als ich mir dessen gewiss war, verließ auch ich das Grab und folgte den anderen zum Leichenschmaus. Ich hatte Hunger und wusste, dass es dort mit Wurst, Schinken, frischem Mett und Käse belegte Brote und Kuchen gab. Würde ich von nun an auch für zwei essen, für Klaus und für mich?

So früh, im Alter von kaum sechs Jahren, fand ich die Bestimmung meines Lebens. Ohne sie zu suchen. Sie fiel mir zu. Bei allem, was mir geschieht, bei allen Plänen meines Willens, meinen Wünschen und Bedürfnissen lasse ich Klaus den Vortritt. Er lebt als ich. Er ist mein Schatten, der mich lenkt und leitet wie ein Kutscher das Pferd, das vor ihm trabt. Jeder Schatten, sagt man, ist ein toter Schatten. Das stimmt nicht. Bei Klaus und mir ist es umgekehrt. Er ist mein lebendiger Schatten, und mein willenloser Körper führt aus und erfüllt, was er zu tun mich beauftragt. Für mich ist es bedeutungslos geworden, dass und wann er gestorben ist, denn er ist ich und ich bin er. Er ist nicht gestorben. Er hat seinen Körper verlassen, ist in meinen geschlüpft und war plötzlich zwei Jahre älter. Vom Augenblick seines Todes an, ohne dass ich es gemerkt hatte. Auch spürte ich es noch nicht im Schock des Anblicks seines Leichnams, auch die Tage später nicht, sondern erst auf dem Friedhof. Da war er da. War in mir. Ich spürte, dass er fortan mein Leben für sich beanspruchte. Und um ihn nicht endgültig sterben zu lassen, erfülle ich mit meinem Leben seinen Wunsch. Nur manchmal wird mir ein wenig schwindelig dabei: wenn mein Körper, mein Geist und meine Gefühle den seinen um zwei Jahre voraus sind. Ich arbeite daran, diese zwei Jahre Distanz verschwinden zu machen – entweder indem ich ihn zu mir herüberziehe und um zwei Jahre beschleunige oder indem ich mich in ihn zurückzuziehe und mich um zwei Jahre verlangsame. Doch bisher ist mir beides nicht gelungen. Ich lebe und träume mit zwei Hirn- und Körperhälften unterschiedlicher Personen. Die eine ist meine, die andere gehört ihm.

Wie lange ich noch auf dem Friedhof stand, nachdem Renate, Mutti und Vati sich vom Grab gelöst und den Friedhof verlassen hatten – eine halbe Ewigkeit, einen verzögerten Augenblick? –, wusste ich damals nicht und weiß ich auch heute nicht – und eigentlich ist es egal. Es regnete weiterhin. Und der Regen hielt alles irgendwie zusammen.

49.

Nicht hart – und auch nicht Schluss

Es, es, es und es, es ist ein harter Schluss, weil, weil, weil und weil, weil ich aus Frankfurt muss! Drum schlag ich Frankfu-u-rt aus dem Sinn und wende mich, Gott wei-ei-ß, wo-ho-hin. Ich will mein Glück probie-ie-ren, marschie-ie-ren. Schlimmer sogar als der Lageraufenthalt in Aachen war Frankfurt: abgesehen von Klaus' tragischem Tod der bisherige Tiefpunkt unseres Lebens. Doch was heißt schon tragisch? So haben die Leute über das Unglück gesprochen, und wie anders hätte man es auch benennen können? Ein Knirps will die Welt kennenlernen – und sei es im Metzgerhimmel –, will stark und mutig sein wie sein von ihm bewunderter großer Bruder, und eine Überschätzung seiner Fähigkeiten, ein abgegriffener Treppenleiterausrutschwitz und meine Unachtsamkeit kosten ihn das Leben. Sinnlos, dass es geschieht. Unfassbar für den Verstand. Ein Stich ins Herz, so ganz gegen das Leben gerichtet, das sich entfalten will, und das von dem Zufall, dass es lebt, ein Recht meint ableiten zu können auf ein Recht zu leben.

Vielleicht ist auch die Entstehung der Welt so ein unbeabsichtigter kosmischer Tritt in die Pfütze des Urschlamms – und siehe da, schon stieben leuchtende Sterne und andere Planeten in das unendliche Nichts, das sich, verdammt zur Unendlichkeit, an sich selber langweilt und für die Dauer eines Wimpernschlags das bunte Karussell des Lebens anschiebt. Und so zufällig-launenhaft, wie Leben entsteht, so plötzlich und unvorhersehbar verschwindet es wieder unter göttlichem Gelächter. Aber das Leben hat seinen eigenen Witz entwickelt, seine eigene Intelligenz: Leben lässt sich übertragen. Ich stelle mich, mein Leben, mein nicht mehr vorhandenes Leben, meinem Bruder zur Verfügung, indem ich mein Ich in den Kosmos schicke, hoffend, irgendwer oder irgendwas wird es herausfischen, annehmen, und ich werde zugreifen und sagen: Okay, leg los, für mich zu leben. Mein toter Bruder war schnell, hat zugegriffen, wir haben uns die Hand gegeben, und die Sache war abgemacht. Und irgendwann werde ich mein Leben zur Verfügung stellen in der Hoffnung, irgendjemand nimmt meine Hand und sagt: Okay, du lebst weiter durch mich und in mir.

Also Frankfurt. Unser neues Leben im Westen hatte einen absoluten Tiefpunkt erreicht, und der hieß Frankfurt. Ein weiterer Absturz würde unsere Familie zerreißen, das wussten unsere Eltern, und wir Kinder spürten es. Die eine Heimat war weg, und eine neue gab es nicht. Ich trudelte haltlos in mir herum, bis ich – ausgerechnet in diesem Drecksloch, das Frankfurt noch viele, viele Jahre lang blieb – auf einem verstaubten Weg im Zoo eine wunderbar schöne, bunte und große Pfauenfeder fand. Ich sah sie, rannte hin, damit sie mir keiner wegnahm, hob sie auf und war glücklich. Ich hielt sie in der Hand. Und durfte sie behalten. Die Sonne ließ die Farben erstrahlen, der Wind blies in den Flaum, und das Pfauenauge blinzelte mich an und schenkte mir Zuversicht und Freude. Ein lauer Wind hatte mir das Schönste, was ich seit Langem gesehen hatte, als Geschenk aus einer anderen, einer glückversprechenden Welt vor die Füße geweht, und ich hatte es nur aufheben und seine Schönheit erkennen müssen. Und ich habe sie erkannt. Und mich über alle Maßen daran erfreut. Zum Zeichen meines Dankes winkte ich, die Feder langsam hin und her schwenkend, dem Himmel zu. Jetzt können die Ratten und Schlangen über mich herfallen und alle Bedrohnisse der Welt auf mich einstürzen. Ich bleibe unversehrt, denn ich halte das Symbol der Schönheit als Zeichen meiner inneren Unverwundbarkeit in der Hand – ich, ein glückliches Kind.

Im Karussell eines anderen Glücks, dem Anzeigenteil der Metzgerinnungszeitung, fand unser Vater, er war nicht untätig, eine kleine Filiale in Wuppertal, für die ein neuer Leiter gesucht wurde. Er bekam die Stelle. Endlich wieder, fast, sein eigener Chef. Das Leben ging weiter und lockte mit neuen Versprechungen. Diesmal mussten sie Wirklichkeit werden. Seinem Chef tischte Vati irgendeine Lüge auf – ich glaube, dass wir umziehen würden außerhalb Frankfurts in eine neue Wohnung –, sodass er ihm für den Transport seiner Familie samt Habseligkeiten einen Kleintransporter und einen Gesellen als Fahrer zur Verfügung stellte. Mit Geld konnte Vati den Fahrer überzeugen, uns bis nach Wuppertal zu bringen, und obendrauf, auf unseren Habseligkeiten, lag und lachte die bunte Pfauenfeder. Meine Pfauenfeder. Ein Wegweiser in eine glücklichere Zukunft.

Das Geschäft in der Hügelstraße war klein und hatte eine Arbeitsküche, die gleichzeitig nicht nur als Privatküche, sondern auch als Wohnzimmer diente. Über den Gang gab es ein Schlafzimmer für uns vier, die Toilette war, wie es uns aus dem Lager nicht unbekannt war, eine Gemeinschaftstoilette. Nur hatte diese Toilette einen wesentlichen Vorteil: Sie besaß ein kleines Fenster. Und wenn ich dieses öffnete und mich hinauslehnte, konnte ich hinunterschauen auf einen Abhang, wie ich ihn noch nie gesehen hatte. Er war derart abschüssig, dass ich befürchtete, das Haus könne jederzeit abrutschen und den Hang hinabstürzen. Doch dieser gefährliche Hang besaß einen unschätzbaren Reiz. Zwischen Steinen und Sträuchern ließen sich Bajonette, Pistolen und Patronen entdecken, die wir Jungs gut zum Spielen gebrauchen konnten. Vermutlich hatten besiegte und heimgekehrte Soldaten sie am Ende des Zweiten Weltkrieges aus dem Fenster geworfen, um sich von ihrem Soldatentum und dem Verdacht auf Kriegsverbrechen reinzuwaschen. Doch was Waffen anging, ließ Vati nicht mit sich spaßen. In jeder der Waffen könne noch Munition stecken und sich jederzeit ungewollt ein Schuss lösen. Ebenfalls könne eine Patrone, die nicht verschossen ist, durch Erschütterung explodieren, wenn man auf sie drauftrete oder einen Stein auf sie fallen lasse. Am gefährlichsten seien allerdings Handgranaten. Die sollten wir auf keinen Fall berühren oder gar in die Hand nehmen. Die verzögerte Zündung kann defekt sein, und wenn sie hochgeht, reißt sie einem die Hand samt dem Arm ab, die Splitter schießen in Kopf und Körper, verbrennen die Augen, und wenn man Glück hat und nicht auf der Stelle tot umfällt, ist und bleibt man sein Leben lang ein Krüppel. Er konnte warnen und warnen, der Krieg und seine Überbleibsel hatten in Friedenszeiten eine unwiderstehliche Faszination. Krieg. Nichts anderes symbolisierten diese Waffen für uns. Und wir waren die Soldaten. Fanden wir diese Relikte einer Zeit, die wir uns in der Phantasie aus dem, was die Erwachsenen erzählten und verschwiegenen, zusammenbastelten, und versteckten wir sie an geheimen Orten, die nur wir kannten, dann waren wir, wenn wir uns mit ihnen bestückten, keine harmlos spielenden Kinder mehr, sondern Erwachsene, angekommen in der Welt des blutigen Ernstes.

Obwohl grundsätzlich positiv und optimistisch gestimmt, hatte mein Vater neuerdings auffällig oft gute Laune, denn das Geschäft lief gut. So bekamen jeder meiner Freunde und ich ein Stück Fleischwurst, das wir auf einen dünnen Ast spießten und über den Flammen eines Lagerfeuers am Bahndamm grillten, bis es braun-schwärzlich schimmerte. Sodann verzehrten wir es als Soldatenproviant. Fiel so ein Fleischwurststück ins Feuer, scherte uns das nicht weiter, wir spießten es erneut auf, hielten es über die Flammen, bis es durch, also heiß war, und aßen es mit der Asche. Nur wenn die Fleischwurst am Rand völlig verkohlt war, schnitten wir mit unserem Taschenmesser, das obligatorisch war in unserer Bande, dieses tiefschwarze und zu trockener Kohle verbrannte Stück Fleisch ab. Zimperlichkeit war unsere Sache nicht. Unser Versorgungslager befand sich in einem Erdloch unterhalb des erhöhten Bahndamms. Wir waren die Soldaten, die sich in Feindesland vorgetraut hatten, um den Feind auszuspionieren, und die Züge, die mit beträchtlichem Lärm über uns vorbeidonnerten mit ihrem tam – ta-ta-ta-tam – tam – ta-ta-ta-tam – tam – ta ta-ta-tam, das die Eisenräder auf den Nahtstellen der Schienen erzeugten, waren Versorgungszüge, die die feindlichen Truppen an der Front versorgten und die wir folglich zu sabotieren hatten. Mal legten wir kleine Steine auf die Schienen, mal ein dünnes Stück Eisen oder Kupferpfennige, aber einen Zug wirklich entgleisen zu lassen, haben wir uns nicht getraut.

Das Etagenklo mit dem Fenster zu den Kriegsrelikten wurde außer von unserer Familie noch von einem alten Mann benutzt, der ein Zimmer im Erdgeschoss bewohnte und der mir zu meinem Geburtstag im Dezember rote Weintrauben schenkte, deren schwarz-violette Farbe mich aber eher an die mit stinkigem alten Blut gefüllten Blasen eines Blutergusses erinnerte. Doch in diese Auswüchse eines Geschwürs musste ich hineinbeißen – ob ich wollte oder nicht. Denn der alte Mann vom Zimmer über den Flur meinte es mit mir offensichtlich gut und wollte dem Flüchtlingskind *von drüben* ein ganz besonderes Geschenk zukommen lassen, das es vermutlich noch nie gesehen, geschweige denn gegessen hatte. Das ist ihm gelungen. Dazu noch ein exotisches, denn vermutlich hatte ich ihm stolz meine Pfauenfeder gezeigt, und er verstand meinen Traum von anderen, von fremden Welten. Trotzdem. Ich konnte die roten Weintrauben nicht essen – und musste es dennoch tun. Es ließ sich nicht verhindern. Ich musste sie probieren, das gebot die Höflichkeit. Meine Eltern bedankten sich bei dem alten Mann für dieses außergewöhnliche Geschenk, das bestimmt fünf DM gekostet hatte, und erwarteten von mir, dass ich bei der Verkostung in Gegenwart des alten Mannes ein zufriedenes Gesicht machte. Ich biss in eine Traube – und sie schmeckte, wie ich es erwartet hatte: scheußlich. Und nur unter äußerster Überwindung meines Ekels ist es mir gelungen, sie zu durchbeißen. Wie eine bittere Medizin betäubte die Schale Lippen und Zunge. Sie war stumpf und pelzig, außerdem war sie hart. Wie konnte es möglich sein, dass die Hülle einer Paradiesesfrucht derart abstoßend war? In Gera, ja, in der ganzen DDR hätte so etwas kein Mensch je gegessen!

Die beiden Geburtstage mit den neuen Freunden Reiner, Frank, Werner und anderen, deren Namen ich vergessen habe, außer Peter Masur – dessen Familienname erinnerte mich an die masurische Seenplatte, von der mein Vater gelegentlich erzählt hatte, welch schön klingender und sehnsuchtsvoller Name, Masuren, fast so schön wie Sommerleithe – waren neben Weihnachten die Höhepunkte meines Wuppertaler Lebens. Es gab reichlich zu essen – ein Metzger lässt sich nicht lumpen –, und die Freunde aßen, als wären sie ausgehungert und ausgemergelt aus russischer Kriegsgefangenschaft zurückgekehrt. Frikadellen, panierte Koteletts, Kartoffelsalat, mit Wurst und Käse belegte Brote und von Mutti gebackener Kuchen. Kopfstand, Handstand, frei im Raum, und wer das nicht konnte, nahm die Zimmertür zu Hilfe, Ratespiele, die Reise nach Jerusalem, ein Bonbon, der an ein Wurstseil gebunden wurde, dessen beide Zipfelenden die Kontrahenten in den Mund nehmen mussten, um auf Kommando meines Vaters mit Zunge und Lippen das Seil im Mund verschwinden zu lassen, und wer das am schnellsten konnte, vor dessen Mund landete der Bonbon zuerst, und er durfte ihn als Sieger lutschen. So was halt in der Art, wie es vermutlich den Kindern weltweit Spaß macht.

Doch das Einzigartige, das Besondere, das Geheimnisvolle und auf keinem anderen Geburtstag jemals zu Erlebende kam zuletzt. Wir saßen alle um den Tisch. Die Hände befanden sich unterhalb, die Köpfe oberhalb der Tischplatte. Dann musste das Kinn auf die Tischdecke gelegt werden, und, wichtig, der Kinnkontakt mit dem Tisch durfte während des ganzen Spieles nie unterbrochen werden. Lagen die Kinderköpfe wie Kugeln mit erwartungsvollen Gesichtern auf dem Tischrand, schaltete Vati das Licht aus. Während des ganzen Spiels war es strengstens verboten zu reden. Nur Geräusche durften gemacht werden, denn die würden sich nicht vermeiden lassen. Wer redete, würde disqualifiziert. Mucksmäuschenstille. Die Spannung war riesig. Dann legte, mit entsprechender Vorankündigung des Gruseligen, dessen Schauder sich keiner entziehen konnte, selbst nicht der Abgebrühteste unter uns – und abgebrüht waren wir alle –, meine Mutter ein unbekanntes Objekt in die Hände des Jungen, der neben ihr saß. Dieser musste es befühlen und weiterreichen. So machte untertischs eine mit hölzernen Zahnstochern gespickte rohe Kartoffel die Runde, Wackelpudding von Dr. Oetker, ein Wattebausch, der als Kopfhaar eines bei der Geburt verstorbenen Albino-Gorillas herhalten musste, das Gebiss einer Hexe, die Kinder verzaubern kann, eine Kokosnuss, die als Schrumpfschädel eines australischen Menschenfressers angekündigt wurde, der Rinderbackenzahn eines Kinder fressenden Riesen, ein gefrorener Eisbrocken, eine stachelige Strohblume, eine warme Schweinezunge, die scharfkantige Drahtbürste für den Hackklotz, ein Schweineohr, eine Wärmflasche, die als mit frischem und heißem Blut eines geschlachteten Schweins gefüllt angekündigt wurde, und zuletzt der rechte Fuß des Teufels, der in Wirklichkeit ein linker Schweinefuß war. All diese Phantasiebeschleuniger machten die Runde durch unsere Kinderhände. Nur schade, dass es damals, zumindest für uns, nicht die Möglichkeit gab, die magischen Ankündigungen meiner Mutter und die Symphonie der kindlich-unfreiwilligen Geräusche und Lautäußerungen aufzuzeichnen, die die Berührung dieser geheimnisumwobenen, Neugierde erweckenden, Angst und Ekel einflößenden Objekte unseren kindlichen Kehlen und Körpern entlockten. Dieses entflammte Quietschen und schauervoll-schaurige Stöhnen, das Bibbern und Entsetzen, die ängstliche Freude und die erwartungsfrohe Furcht, der Bammel und die Beklemmung, das panische Hecheln und die glühende Höllenangst, der fiebrig-freudige Rausch der Sinne, das entsetzliche Grauen und das schauerliche Zähneklappern, kurzum, das glühende Glück tobender Kinderherzen – nein, genug, aufhören, nicht mehr, nein, nicht, nicht aufhören, weiter, weiter, immer weiter –, diese Kindergeburtstagszuckerwatte versponnener Fäden verrücktspielender Gefühlsaufwallungen im kindlichen Neuronenkrieg von Glück und Angst: Erstaunlich, wie unendlich vielfältig sich all dies mit menschlichen Geräuschen weit vor der Erfindung der Sprache ausdrücken lässt, reichhaltiger, als es Worte jemals könnten.

Diese Kindergeburtstage verwandelten die Hügelstraße 24 einmal im Jahr in eine gruselige Geisterbahn und unsere Privat- und Arbeitsküche ins Zentrum lustvoller und atemberaubender Wahnvorstellungen.

50.

Zu noch neueren Ufern

Einmal die Woche, am späten Samstagnachmittag, gingen wir baden. Nicht ins Hallenbad, das lag zu weit entfernt, vielleicht war es auch geschlossen oder zu teuer, sondern ins öffentliche Wannenbad. Meine Schwester und meine Mutter teilten sich eine Wanne, Vati und ich eine andere. Als er einmal nackt vor mir stand und sich einseifte, fiel mir auf, wie groß sein Lullumann war. Manchmal lagen unsere Kabinen nebeneinander und wir konnten uns etwas zurufen. «Mutti, der Vati hat aber einen großen Lullumann!» Ich erinnere mich nicht genau, aber ich glaube, ich bekam keine Antwort. Vatis Hodensack hing weit herunter, und überall klebten in Schlieren und Wirbeln schwarze Haare auf der weißen Haut. Sein Körper, den ich ja nicht so oft nackt sah und dem ich keine besondere Bedeutung beigemessen hatte – so sehen Männer eben aus –, erinnerte mich diesmal an Gorillababys: So stellte ich sie mir vor, wenn sie in einem Baumnest liegen und vom tropischen Regen völlig durchnässt sind, nur eben ohne Seifenschaum.

Nach dem Bad schlenderten wir durch die Stadt und bestaunten die Auslagen in den Schaufenstern. Wir blickten in eine Welt, von der wir durch Glas ausgesperrt blieben und deren Anblick – verlockend beleuchtet und im Glanz ihrer Unerreichbarkeit noch anziehender – uns in ihren Bann zog. Mäntel, Kleider, Hüte, Kostüme, Handtaschen und Stöckelschuhe für die Dame, Mäntel, Anzüge, Jacken, Hemden, Krawatten, mit Edelsteinen verzierte Manschettenknöpfe und herrschaftlich wirkende Lederschuhe für den Herrn und das Ganze, als Probelauf fürs Erwachsenenleben, ein paar Nummern kleiner für den Herrn Sohn und die Frau Tochter. In anderen Schaufenstern, an denen wir vorüberflanierten, waren Schallplattenspieler, Kofferradios und glänzende Fernsehtruhen zu bestaunen … und schließlich die Auslage für

Modelleisenbahnen, die höchste Sehnsuchtsstufe auf meiner damaligen Wunschliste, von der ich mir sicher war, dass Klaus sie, wenn er noch lebte, mit mir teilen würde. Aber – auch darin hielten wir wie von Pattex vereint zusammen – Märklin müsste es sein, nicht Trix. Und als wir auf unserem abendlichen Schaufensterspaziergang an einer Hähnchenbraterei vorbeikamen, hielten wir an und wurden hungrig: An Spießen drehten sich saftige goldknusprige und von herabtriefendem Fett glänzende Hähnchen. Unser Vater – sein Gesichtsausdruck wurde prophetisch und seine Stimme bereitete sich auf eine große Offenbarung vor – hub an zu spendabler Generosität: «Wenn wir wieder Geld haben, spendiere ich uns allen ein halbes Hähnchen!» Und er meinte nicht ein halbes Hähnchen für uns alle zusammen, sondern eines für jeden von uns! Wir alle hatten Träume, aber der Gedanke, dass so ein Traum wahr werden könnte, trieb uns die Tränen in die Augen. Im Westen hatten wir uns daran gewöhnt, Dinge, die wir mit den Augen sehen konnten, ohne uns jemals daran satt sehen zu können, als unsere inneren Träume zu begreifen, die begleitet wurden von inneren Tränen der Unerreichbarkeit. Aber hier, heute Abend, da Vati schamlos und unverschämt die Möglichkeit eines für jeden von uns erreichbaren halben Hähnchens ausgesprochen hatte, hegten wir Hoffnung. Mit dem Aussprechen unseres Hähnchentraums und dem Versprechen seiner Erfüllung waren die ersten und wichtigsten Schritte vom Traum in die Wirklichkeit der Erfüllung getan, denn wer Vati kannte, wusste: Vati hält Wort.

Mit diesem Versprechen unseres Vaters, gegeben im Jahre 1959 in Wuppertal-Oberbarmen auf dunkler Straße nahe der Schwebebahnendhaltestelle, wuchs in uns der feste Glaube an die Möglichkeit, ja, die Gewissheit, dass die Zeit der materiellen Not schon bald vorüber sein werde. Allen Besitz zurückgelassen und verloren zu haben, die Mühsal von Flucht und Umherirren, die Tränen von Kummer, Verzicht, Not und Mangel waren mit diesem einfachen Versprechen hinweggewischt, und trotz Schaufensterscheibe und geschlossener Eingangstür wehte uns aus dem Hähnchengrill der Duft, endlich, einer blühenden Zukunft in

Wohlstand entgegen. Oft war unser Glaube, dass *drüben* alles besser werde, auf die Probe gestellt worden, doch nun befreite uns die väterliche Prophezeiung aus dem Jammertal des Zweifels, des Leids und der Entbehrungen, war Seelenbalsam für unsere Familie und führte uns ins Gelobte Land.

Sonntagnachmittags gingen wir, wenn das Wetter schön war, spazieren. Zu einer Autobahnbrücke. Dort blieben wir stehen, legten die Hände auf das Geländer und sehnten uns danach, einmal mit einem dieser schicken Autos, die unter unseren Füßen hindurch brausten, in den Urlaub fahren zu können. In die Berge. In die richtigen Berge. In die Alpen. Denn die Berge des Bergischen Landes waren keine Berge, sondern Hügel, wie die in Thüringen, nur nicht so schön. Doch solange wir nicht nach München oder an den Königssee fahren konnten, blieben wir auf der Autobahnbrücke stehen und zählten die Autos unseres Fernwehs. Ich durfte die VWs zählen und gewann. Jedes Mal. Weil gegen den Käfer kein Mercedes, kein Opel und kein Ford ankam.

Das für meine Mutter vermutlich traurigste Erlebnis der beiden Wuppertaler Jahre erschloss sich mir erst später. Eines nachts erwachte ich, der ich aus Platzmangel im Bett der Eltern schlafen musste und, von der Schwerkraft angezogen, meist in der Besucherritze landete, von mir nicht vertrauten nächtlichen Bewegungen. Diesmal lag mein Vater in der Besucherritze, und mit dem Rücken zu ihm und dem Gesicht zu mir lag Frau Wernicke, unsere Fleisch- und Wurstverkäuferin aus Schwelm. Sie war eine derart ordentliche Frau, dass in der Erde eines der Blumentöpfe in ihrer Wohnung ein winziger Spaten und Rechen aus Messing steckten, mit denen das Unkraut gejätet und die Blumenerde umgegraben und gerecht werden konnten, und jedes Mal, wenn wir sie sonntagnachmittags besuchten, übernahm ich die Rolle des Gärtners in ihrem Blumentopf-Garten. Es war nicht das erste Mal, dass sie bei uns im Bett schlief, denn wenn es im Geschäft spät geworden war und es am nächsten Tag wieder viel zu tun gab, konnte sie sich so die lange Zugfahrt nach Schwelm und morgens von Schwelm zurück nach Wuppertal sparen. Ungewöhnlich war, dass mein Vater und sie von einer irgendwie unkontrollierten Unruhe ergriffen waren, vergleichbar jener, welche ich ein paar Jahre später im Urlaub in Mittenwald eines Nachmittags an meiner Mutter beobachten sollte. Ich rutschte an den äußeren Bettrand, kuschelte mich ins Kopfkissen und musste achtgeben, nicht aus dem Bett zu fallen. Ob Mutti schlief oder, wie ich, von den merkwürdigen Bewegungen, unter denen die Matratzen und das Bett wackelten, wach geworden war, kann ich nicht sagen. Auch nicht, ob meine Schwester, die ein eigenes Bett in unserem gemeinsamen Schlafzimmer für sich beanspruchen durfte, von diesem Geschehen Kenntnis hatte. Auch weiß ich nicht, ob Frau Wernicke, die stets eine toupierte Hochfrisur trug, diese bei diesem nächtlichen Ereignis beibehalten konnte. Irgendwann hörte Frau Wernicke auf, bei uns zu arbeiten, und im Bett kehrte wieder Ruhe ein.

Das für mich traurigste Erlebnis in dieser Zeit bestand darin, dass mir am Abend des Martinstages meine vom herumziehenden Singen und Sammeln fast prall gefüllte Plastiktüte entrissen wurde und ich mit leeren Händen und den Augen voller Tränen über die Ungerechtigkeit, die mir widerfahren war, nach Hause gehen musste, anstatt stolz die süße Beute dieses Nachmittags präsentieren und mit meiner Familie teilen zu können. Ob meinen Vater der 5:3-Sieg der Frankfurter Eintracht über Kickers Offenbach, der Frankfurt an diesem Tag die Deutsche Meisterschaft bescherte, wegen unserer schlechten Zeit dort geärgert oder trotz ihrer gefreut hat, ist unbekannt. Als einem Freund des Sports dürfte ihm dieses zentrale Ereignis nicht entgangen sein. Während dies ein innerdeutsches Ereignis war, bezeugten Erfolge im Sport der Welt, dass mit uns, mit Deutschland und den Deutschen, nach der totalen Niederlage wieder zu rechnen sei. Wir waren wieder wer.

Wie es Betten den Erwachsenen angetan haben, so hatte es mir damals in Wuppertal das Klo auf dem Flur mit Blick auf den steilen Abhang hinter dem Haus und ins Tal hinein angetan. Es war mein Lieblingsort. Dorthin konnte ich mich zurückziehen, ich konnte allein sein, lesen, einen Katalog durchblättern oder mir ungestört Gedanken machen. Außerdem hing dort ein Spiegel, in den ich oft und gern hineinschaute.

Das also bin ich, was ich da sehe. Ob mich die anderen auch so sehen wie ich mich jetzt? Wieso kann mich der Spiegel aufspalten? Ich schaue aus mir heraus und sehe statt anderer Menschen und der Welt: mich. Wer bin ich? Einmal habe ich in meinem Gesicht die vielen Leberflecke entdeckt und gezählt und habe geweint, weil ich mir sicher war, dass ich mit so vielen Flecken im Gesicht später bestimmt keine Frau finden würde. Mutti hat mich getröstet. Sie habe auch viele Leberflecke im Gesicht, die hätte ich von ihr geerbt, und sie habe schließlich auch jemanden gefunden, trotz der vielen Flecken, und ich dachte, wenn die Flecken von ihr kommen, dann ist es nicht so schlimm. Aber etwas anderes beunruhigte mich zusehends. Je länger ich mein Gesicht im Spiegel betrachtete, umso mehr veränderte es sich und damit mich. Anfangs wusste ich: Das bin ich. Dieter. Doch je länger ich hinschaute, umso weiter entfernte sich das Gesicht von mir. Wer ist das, der mich da anschaut? Was ist das, das zurückguckt? Meine Identität, mein Ich-bin-Ich, löste sich auf, und nach einiger Zeit kannte ich den nicht mehr, der zurückschaute: Er betrachtete mich, nicht ich ihn. Es war ein Namenloser, jemand, den ich nicht kannte, ein Fremder, der von irgendwoher gekommen war, um mich für immer anzuschauen. Wie werde ich den wieder los? Wie finde ich zu mir zurück? In mich hinein? Oder finde ich mich überhaupt nicht wieder? Bin ich in einer anderen Welt? Wohne ich in einem mir Unbekannten? Und wer, wenn ich das sein sollte, der da schaut, wer ist dieses Ich? Ist es Klaus, der mich anguckt, um mal zu sehen, wie ich aussehe und ob wir uns noch ähneln oder schon eins geworden sind? Ich hatte mich verloren und keine Ahnung, wie ich der magischen Kraft des Spiegels oder der mir fremden Person entkommen, mich ihr entreißen sollte. Ich war gefangen in einem mir unbekannten Zustand der Selbstauflösung. Wie kann ich, Dieter, der einfach nur auf dem Klo in den Spiegel guckt und vor einiger Zeit sein Geschäft erledigt hat, mich wiederfinden?

Da pochte es an der Tür. Mein Vater sagte, ich solle endlich herauskommen, und was ich immer so lange auf dem Klo treiben würde, das Abendessen stehe auf Tisch. Ich öffnete die Tür, trat auf den Flur, schloss die Tür hinter mir, sperrte den Spuk ein, und weg war er. Und der, den ich nicht kannte, auch. Aus und vorbei. Ich war wieder ich.

Beim Abendessen erzählte mein Vater von seinem neuesten Fund im Anzeigenteil der Fleischerzeitung: Er plane, für eine Woche zum Probearbeiten in eine große Metzgerei in Mülheim an der Ruhr zu fahren. Der Besitzer habe keinen Sohn, der die Metzgerei weiterführen könne, nur eine Tochter, deswegen werde ein Nachfolger gesucht, der die Metzgerei nach einer Phase der Einarbeitung zunächst pachten, später erwerben solle. Und als er ein paar Wochen später zurückkehrte, stand sein Entschluss fest: «Charlotte, das machen wir! Wir übernehmen diese Metzgerei, das ist unsere große Chance.» Und so sind unsere Eltern schon bald von einem Samstagnachmittag bis Sonntagnachmittag ins Ruhrgebiet gefahren, damit der Besitzer und seine Frau sich auch von meiner Mutter einen Eindruck verschaffen konnten. Renate und ich blieben in Wuppertal und wurden in der Wirtschaft schräg gegenüber unserer Filiale abgegeben, damit wir dort, wie von den Eltern mit dem verwitweten Wirt besprochen, übernachteten. Abends gab es gut zu essen und Sinalco für mich und Sinalco-Cola für meine dreizehnjährige Schwester. Wir hörten die Musik aus der Musikbox, durften am Glücksautomaten spielen und gewannen ein paar Groschen. Irgendwann wurden wir ins Bett geschickt. Es bestand aus mächtig viel dunklem Holz und stand in einer Gruft statt in einem freundlichen Schlafzimmer. Die Federbetten und die Kopfkissen waren auch hier dick und gestärkt. Von Mutti wusste ich, dass die Stärke im Westen Hoffmanns Stärke heißt. In Gera hieß sie einfach nur Wäschestärke, denn in der DDR herrschte ja Mangelwirtschaft, und da wurde auch schon mal beim Namen gespart. Wir zogen unsere Nachtwäsche an und legten uns ins Bett.

In dieser Zeit hatte ich in der Volksschule einen flüchtlingsfreundlichen Lehrer namens Bach, und wenn die Klasse und er gemeinsam sangen, schmunzelten wir an der immer gleichen Stelle: «Die Bächlein von den Bergen springen, / die Lerchen schwirren auf vor Lust …» Und eine Freundin hatte ich auch, namens Elke. Sie kam aus besserem Hause. Das war daran zu erkennen, dass ihre Eltern ein eigenes Haus bewohnten, ein Auto fuhren und zwei Straßen oberhalb der Hügelstraße wohnten – und das lag nicht nur räumlich, sondern auch vom sozialen Status her deutlich über uns. Elke trug glatte, halb lange blonde Haare, war schlank, ihr Körper hatte etwas Baumeliges und war überhaupt nicht geprägt von den Rundungen meiner Mutter und meiner Schwester. Das gefiel mir. Es war neu für mich. Denn bisher dachte ich, alle Mädchen müssten aussehen wie Renate und Mutti, und ich bin ja auch nicht gerade der schlaksige Typ. Elkes Haut war sehr hell, was den Charakter ihrer Vornehmheit betonte. Außerdem unterstrichen die wenigen Sommersprossen auf ihrem hübschen Gesicht die Gabe des Besonderen. Zu Hause spielte sie vermutlich Klavier, wenn nicht sogar Geige. In der Volksschule, die meine Schwester und ich und eben auch Elke besuchten, gab es eine Musiklehrerin mit einer großen Vorliebe für Geige, sodass Renate eines Tages mit einem Geigenkasten aus der Schule kam, in dem sich, leider für uns und unsere Ohren, nicht nur die Geige, sondern auch noch ein Geigenbogen befand. Wenn Renate übte, produzierte sie Geräusche, mit denen man alle Tiere des Wuppertaler Zoos vertreiben und das Stahlgerüst der Schwebebahn zum Einsturz hätte bringen können. Doch das blieb Theorie, denn in der Hügelstraße wohnten wir zu weit sowohl vom Zoo als auch von der Schwebebahn entfernt.

Mit Elke zu sprechen war schwierig, denn ich war schüchtern – und aus der DDR. Das wussten alle. Und ließen es mich spüren. Na ja, nicht alle. Mit meinen Freunden lief es ja ziemlich gut, nicht nur wegen der Fleischwurststückchen, die mein Vater uns zukommen ließ. Aber was immer ich anzustellen hatte, um Elke anzusprechen und beeindrucken zu können, eines wusste ich genau. Ich konnte sie nicht in unsere feuchte Erdhöhle unter dem Bahndamm einladen, um über dem Lagerfeuer eine Fleischwurst mit ihr zu grillen. Und was erst, wenn sie jetzt da läge, wo Renate liegt, und was müsste ich tun? Im Freibad Mählersbeck sind wir ja getaucht und haben versucht, den Mädchen zwischen die Beine zu fassen, ohne genau zu wissen, was wir da finden wollten oder sollten, und wenn man die Größeren fragte, gab es unverständliche Antworten oder dumme Sprüche wie: «In der Nacht, in der Nacht, wenn der Büstenhalter kracht, wenn der Bauch explodiert und das Baby rausmarschiert.» Ich wusste, dass diese Sprücheklopferei nicht geeignet sein würde, Elke zu beindrucken. Für diese Grobheiten war sie zu fein. Aber das klärte noch lange nicht das Problem, was ich sagen oder tun sollte, läge sie jetzt neben mir. Sie küssen? Und nach den Küssen? Ich meine, man kann ja nicht die ganze Zeit küssen. Da würde ja irgendwann der Mund wund und begänne zu brennen. Aber was erwartet Elke von mir? Was ist zu tun nach dem Küssen?

Diese schwerwiegenden Probleme konnte ich nicht mehr lösen, denn ich muss eingeschlafen sein – wie sonst hätte ich erwachen können vom einfallenden Licht aus dem Flur, den Geräuschen aus der Wirtschaft und dem Getuschel der Männer, die dichtgedrängt im Türspalt standen und grinsten. Manche ihrer Gesichter sahen aus, als wären sie übertrieben geschminkt, andere schienen sich hinter bunten Masken zu verbergen. Vielleicht war es ja tatsächlich Karnevalszeit? Oder meine übermüdete Wahrnehmung verzerrte die Gesichter? Vielleicht auch beides? Einer der Männer kam langsam ins Zimmer. Renate und ich hatten Angst. «Was sollen wir tun?» – «Weiß auch nicht!», zischelten wir. «Wegrennen können wir nicht.» Und der Wirt, dem wir anvertraut waren, wollte uns offensichtlich auch nicht helfen, denn auch er stand in der Tür und grinste. Es waren die Gesichter, nicht die Körper, die mir auffielen, erhitzt, rot und aufgedunsen, mit gierig-gläsernen Augen, und selbst wenn sie hinter Masken verborgen lagen, spürte ich die stechenden Blicke aus den Augenlöchern … Galten sie Renate, mir, uns beiden? Etwa drei Jahre später, als Herr Nolens auf den Knien über die Matratze des französischen Bettes angekrochen kam und seine Frau mich anlächelte, begegnete ich den gleichen Blicken erneut. Aber immerhin war das Zimmer dort hell und weiß und freundlich, während es hier in der

Schlafzimmergruft im Haus am Hügel, dem dunklen alten Bett mit den hohen Kopf- und Fußenden, den dicken gestärkten Plumeaus und Kopfkissen, in dem wir wie eingesargt lagen, einfach nur bedrohlich war, schlimmer als der Schuttgarten in Frankfurt, schlimmer als das schlimmste Märchen, als Hänsel und Gretel bei der Hexe im Wald. Ich will das nicht. Weg mit der Erinnerung, weg aus dem Gefängnis mit dem blinden und sprachlosen Fenster, weg aus dem Bettkäfig und der von Maskenmonstern verstellten Tür, durch die wir nie hätten fliehen können.

Am Sonntagnachmittag holten uns die Eltern ab. Sie erzählten von der Metzgerei und ihrem Besitzer Robert Schäferdieck. Er fährt einen Mercedes, hat eine Frau und eine Tochter namens Gerda, komischer Name, dachte ich, denn lässt man das d weg, heißt sie Gera. Außerdem gibt es die beiden Schäferhunde Axel und Pluto, fünf Gesellen und einen Vorgesellen, einen VW-Bulli und einen Ford-Transit zum Transport der Tiere vom Schlachthof in die Fleischerei und zur Auslieferung der Ware an die Kunden. Das Schlachtvieh liefert ein Viehhändler aus Leer in Ostfriesland, der ein Auge auf Gerda geworfen hat und Eltern, die, obwohl sie ganz nah an der Küste wohnen, die Nordsee noch nie im Leben gesehen haben. Täglich, außer samstags und sonntags, werden 1000 bis 1200 Portionen Kasseler, Kotelett, Schnitzel, Schweinebauch, Eisbein oder Mettwürste für die Arbeiter in die Werkskantinen von Thyssen und Mannesmann geliefert, außerdem hochwertige Ware für das Mannesmann-Casino, in dem die Besserverdienenden mittags zum Essen schon Wein trinken und von Kellnerinnen bedient werden. Außerdem das Hotel Noy, in dem sich die Hautevolee, die bessere Gesellschaft der Stadt, zum Essen trifft. Hier sei auf 1a-Qualität zu achten und penibelste Angaben über das Gewicht der gelieferten Ware zu machen, also ohne großzügige Aufrundung. Wer anliefere, müsse saubere Arbeitskleider tragen, höflich sein und gute Manieren an den Tag legen. Als Gegenleistung für die teure Ware gehe Herr Schäferdieck mit Frau und Tochter jeden vierten Sonntag ins Restaurant des Hotels. Hier sei es geboten, Flaschenwein und nicht Bier zu trinken und gutes Trinkgeld zu geben. Es gab keinen Zweifel:

Unser Vater war entschlossen, die Gelegenheit beim Schopf zu packen und die Metzgerei baldestmöglich zu übernehmen. Mutti fand das Ganze eine Nummer zu groß; auch wollte sie nicht, dass wir Kinder schon wieder umziehen und neu eingeschult werden müssten. Hinzu kämen die Schulden, die meine Eltern im Falle des Kaufes aufzunehmen hätten, viele Schulden, und: «Hans, wir sind nicht mehr die Jüngsten.» Aber sie kannte ihren Mann und wusste, Widerstand ist zwecklos. Der Umzug nach Mülheim an der Ruhr war beschlossene Sache – beschlossen von unserem Vater allein und zu unser aller Bestem. Also wieder einmal Koffer packen, aber immerhin Koffer und keine Persilkartons und Apfelsinenkisten. Inzwischen hatten meine Eltern eine Wohnung im Obergeschoss des Hauses, in dem die Filiale war, gemietet und schöne neue Wohnzimmermöbel gekauft: Sessel, Stühle und einen Tisch, den man hoch- und herunterkurbeln konnte, und einen Schrank aus Kirschbaumholz, der mir besonders gut gefiel und mich an den Kirschbaum in unserem Garten in der Sommerleithe erinnerte. Besonders wichtig und vorsichtig zu behandeln beim Umzug war die Märklin-Eisenbahn, die ich endlich zu Weihnachten geschenkt bekommen hatte. Damit es während der Reise in die wieder einmal neue Heimat keinen Streit darüber gab, wer wem die meisten Erdnussflips weggegessen hat, bekamen Renate und ich je eine eigene Tüte Erdnussflips in die Hand gedrückt, und los ging es.

51.

Die Erinnerung

Die Erinnerung, das Gedächtnis der Zeit, ist ein Dämon und Puderzucker zugleich. Sie kann uns quälen und beglücken, foltern und verzaubern. Mal, wenn wir sie rufen, will sie ruhen und schlafen. Und schlafen wir, reißt sie uns jäh aus dem Schlaf und setzt uns hartnäckig zu. Sie redet mit uns – auch ohne Worte – in Empfindungen, Stimmungen und Bildern und hat die Gabe, Gewesenes im Licht ihrer Launen erstrahlen zu lassen. Sie ist der Gast, der in uns wohnt und, mal gebeten, mal ungebeten, unsere Vergangenheit in die Gegenwart spiegelt. Oft bringt sie weitere Gäste mit, die zu beherbergen unser kleiner Kopf erstaunlicherweise groß genug ist. Sicher, für alle Erinnerungsgäste ist der Tisch nicht gedeckt, aber an einem Tisch von zehn oder mehr Kilometern Länge finden viele Platz: die, die man gerne sieht, und die, die man am liebsten vergessen hätte, für immer.

Sie begleitet uns durch die Gegenwart, spaziert in uns herum und durch uns hindurch, wächst an der Vergangenheit und schrumpft in die Zukunft hinein. Glauben wir, jetzt sind wir sie los, vielleicht für immer, existiert sie noch. Nur weit weg. Weit vielleicht für uns, aber nah für andere. Und plötzlich schlägt sie zu wie Blitz und Donner, schaut uns an mit anklagenden Augen und lässt uns rasen – und wir rasen, rennen vor uns davon, ohne aus uns heraus zu können. Dann wieder narkotisiert, verführt sie uns mit dem süßen Gift der Verklärung, lässt den Puderzucker schneien, das Holz im Ofen knistern und bietet uns mit mildem Blick zärtlich Vergebung an, ohne sie gewähren zu können. Das können nur wir selber oder ein anderer für uns. «Und vergib uns unsere Schuld, wie auch wir vergeben unsern Schuldigern.»

Ganz anders die Zeit. Sie schläft nie. Ist launisch und eitel: Sie verändert sich ständig. Kaum ist sie da, ist sie schon wieder weg, und wenn sie weg ist, ist sie schon wieder da. Ständig wechselt sie die Kleider. Will vom Kostüm der Zukunft hüpfen ins Kostüm der Gegenwart, doch bevor sie dort ankommt und sich in dieses kleiden kann, steckt sie schon im Kostüm der Vergangenheit, als könnte sie sich selber nur in ständiger Bewegung und Veränderung ertragen, nie bei sich, sondern immer nur außer sich sein, nie bleiben, nie verharren.

Treu ist sie uns nur in ihrer Untreue. Jeder Augenblick, kaum ist er da, wird von ihr verschluckt und verwandelt, um Platz zu machen für das Neue, das schon im Erscheinen zur Vergangenheit wird. Sie ist ein kurzes Blühen und Vergehen, ein kurzes Atemholen in die Zukunft und Ausatmen in die Vergangenheit, eine unbezähmbare Hysterikerin der Hoffnung, die Hure der Mode und der Schnee von gestern. Genau genommen existiert sie nicht, denn wie sollte aus dem Nichts des Noch-nicht und dem Nichts des Nicht-mehr etwas entstehen können wie die Gegenwart, die diesen Zeitstrom vom einen Nichts ins andere verlangsamt wie ein Staudamm das Fließen des Wassers. Doch wäre zwischen dem Nicht-Dasein der Zukunft und dem der Vergangenheit nicht das Etwas der Gegenwart, dann wären ja auch beide Nichts nichts, weil jedes Nichts sich nur denken lässt als Negation eines vorhandenen Etwas. Und wenn dem so ist, dann ist dem auch nicht so. Dann existiert eine Zeitlosigkeit im Aufscheinen des Augenblicks, als Kernschmelze von Gegenwart, Zukunft und Vergangenheit.

52.

Vielleicht war alles auch völlig anders

53.

«Schulen der Sprachlosigkeit»

Nie wieder haben wir in der Familie über den zu früh Verstorbenen gesprochen. Dieses Nicht-Tun, diese Unterlassung, geschah nicht, weil wir ihn vergessen wollten oder vergessen hatten, sondern aus dem Gespür, dass wir ihm näher waren in der Sprachlosigkeit, in der Stille der Empfindung, als in der Sprache, in der Bier bestellt, Sportergebnisse besprochen und über Politik gestritten wird.

Stets spürten wir, wenn einer von uns an ihn dachte – und wir schwiegen mit ihm im Bewusstsein der Unzulänglichkeit der Worte. Unserer Worte. Unsere Andacht blieb stumm. Dichter waren wir nicht. Die hätten unsere Empfindungen vielleicht beschreiben können. Wir konnten es nicht.

Und Gott auch nicht. Der schweigt noch immer. Aus Scham.

54.

Abschied

Auf der letzten Reise meines Vater im Sommer 1989 in seine ehemalige Heimat, an der teilzunehmen ich mich überreden ließ, obwohl meine Frau nicht einmal ein Jahr zuvor unser erstes Kind auf die Welt gebracht hatte und meine Unterstützung gebraucht hätte, besuchten wir als Erstes den Friedhof in Gera, auf dem Klaus begraben lag – und als wir Klaus' Grab suchten und nicht finden konnten, obwohl unser Vater stets die Gebühren für den Erhalt in Westwährung bezahlte, bekamen wir vom Friedhofspersonal die Auskunft, dass es irrtümlicherweise geräumt worden sei, man bitte um Entschuldigung. Da begannen wir plötzlich über Klaus zu sprechen, als hätten wir nie geschwiegen. Mein Vater sprach über ihn in der dritten Person.

Dabei stand ich neben ihm.

Fine ohne Ende

Hier ist die Geschichte, die ich erzählen wollte, erzählt. Und zu Ende. Dachte ich. Doch ich habe gelogen. Ja, ich habe gelogen.

Ich bin, nachdem ich mich an jenem Abend ins Bett gelegt hatte, nicht eingeschlafen, sondern habe wach im Bett gelegen und bin nachts, als die anderen schliefen, noch einmal aufgestanden. Ich schlich aus dem Zimmer, bemüht, meine Schwester nicht zu wecken, schlich die Treppe hinauf ins Wohnzimmer und habe lange neben dem Sarg gestanden. Ich betrachtete meinen Bruder in dem Licht, das von der Kerze auf dem Wohnzimmertisch leuchtete. War es ein Totenlicht? Oder ein Licht, das mir, falls ich aus dem Totenreich ins Leben zurückkehrte, Orientierung gäbe, wo ich mich befände, und mir, sollte ich nach dem Tod mein vorheriges Leben vergessen haben, den Weg in ein neues leuchtete?

Ich sah schön aus. Meine Mutter hatte mich zurechtgemacht, wie sie mich beerdigt sehen wollte. Ich trug den braunen Sommeranzug mit kurzer Hose, weißem Hemd, dunkelroter Kinderkrawatte und weißen Socken, die wie weiße Blütenblätter aus den schwarzen Sandalenschuhen langsam herauswuchsen und an den Beinen emporrankten, um meinen ganzen Körper mit einer schonenden und schützenden Manschette zu umschließen. Doch bevor dies geschehen konnte, trat Mutti aus dem Dunkel ins Licht der Kerze, hielt einen Kamm in der Hand und scheitelte noch einmal meine Frisur, obwohl sie in ihrer Vollkommenheit nicht zu verbessern war. Sie streicht mir zärtlich über den Kopf, benetzt die Fingerspitzen ihrer rechten Hand mit Speichel und dreht aus dem Haar, das akkurat in diagonaler Linie über meine Stirne gekämmt ist, eine Locke und drückt sie mir, ihrem kleinen Gernegroß, mit traumverlorenem Blick auf die Stirn. So behalte ich Mutti bei mir. Mit dieser Locke. Mit der zärtlichen Berührung ihrer Finger auf meiner Stirn. Dann tritt sie vom Sarg zurück und verschwindet in der Dunkelheit.

Neben mir stehend betrachtete ich mich im Sarg. Ich finde, dass Mutti mich verschönert hat. Aber etwas fehlt. Also hebe ich mich, steif wie ich bin, ich glaube, das ist die berühmte Leichenstarre, aus dem Sarg, trage mich ins Kinderzimmer und lege mich ins Bett. Dann hole ich leise, leise, denn niemand soll mich hören und munter werden, meine Sonntagskleider aus dem Schrank, ziehe sie an, die gleichen, wie sie Klaus trägt, kämme mir die Haare, schleiche mich zurück ins Wohnzimmer und lege mich in das samtige Dunkel des Sarges, das dem behutsamen Licht der Kerze verborgen bleibt.

Ich bin jetzt ausgetauscht, verdoppelt, denn ich liege gleichzeitig hier im Sarg und im Bett, oder ich habe Klaus und mich vereinfacht, aus zwei Körpern einen gemacht. Und über beide Möglichkeiten wundere ich mich gleichermaßen, wundere mich, dass so etwas möglich ist im Leben. Zwei Leichen verschmelzen zu einem toten Ich, oder ein Lebender wird aus zwei Toten geboren. Ich liege im Sarg und hoffe, dass Mutti heute Nacht noch einmal kommt, zu mir kommt und schaut, ob ich noch so hübsch bin, wie sie mich gemacht hat – und sie würde staunen. Denn die Locke, die sie so zärtlich auf Klaus' Stirn drapiert hat, wäre verschwunden. Und jetzt würde sie ihre Fingerkuppen erneut mit Spucke anfeuchten und meine Stirn mit einer ebenso schönen Locke schmücken wie Klaus' ... und auch mich in Erinnerung behalten wie ihn. Mein Bruder liegt im Kinderzimmer in meinem Bett. Er schläft ja schon die ganze Zeit. Um ihn brauche ich mir keine Sorgen zu machen. Aber wie wird es mit mir weitergehen? Wer wird wohl beerdigt werden, Klaus oder ich oder wir beide? Im Hin und Her dieser Gedanken konnte ich mich nicht entscheiden und muss wohl irgendwann eingeschlafen sein.

Geweckt wurde ich von einem Schrei. Meine Mutter hatte mich im fahlen Licht der Morgendämmerung im Sarg liegend gefunden. Ob sie glaubte, auch ich sei tot, weil ich mich nicht bewegte, und daraufhin losschrie, oder ob sie glaubte, mein toter Bruder habe sich in mich verwandelt und sei, da ich mich vielleicht bewegt hatte im Schlaf, in mir wieder lebendig geworden, und sie daraufhin geschrien hat, oder ob sie glaubte, ich hätte meinen kleinen Bruder irgendwo versteckt, vielleicht vergraben im Garten hinter dem Haus, weil ich an seiner statt so hübsch im Sarg liegen wollte wie er zuvor – ich weiß es nicht. Auf jeden Fall stürzte sie aus dem Wohnzimmer.

Mein Vater kommt, gefolgt von seiner Frau, und weiß auch nicht, was er von dem zu halten hat, was er jetzt sieht. Es scheint, als sei er plötzlich auf dem Mond erwacht, ohne zu wissen, wie er dort hingekommen ist. Dabei steht er doch in seinem eigenen Wohnzimmer, nur dass ich jetzt im Sarg liege statt Klaus. Es ist ein Blick, als habe er zum ersten Mal in seinem Leben, zum ersten Mal seit vierundvierzig Jahren, die Augen geöffnet. Noch nie habe ich ihn so gesehen und nie sah ich ihn so wieder. Ich schließe die Augen, um diesen Blick unter meinen Augenlidern zu bewahren.

Dann kommt Renate hinzu, ganz aufgelöst, sie schluchzt, kann kaum sprechen, stammelt nur wirres Zeug, als sei sie plemplem, und nur langsam wird ihr klar, dass im gemeinsamen Kinderzimmer der tote Klaus in meinem Bett liegt und nicht mehr ich. Denn sie habe mich wecken wollen, und da ich nicht erwachte, habe sie mich gerüttelt – und da ist Klaus aus dem Bett gefallen, nicht ich, und liegt nun als Toter auf dem Fußboden. Meine Eltern rennen aus dem Wohnzimmer, doch Renate bleibt. Ich öffne langsam die Augen, was auch nach dieser kurzen Zeit nicht so einfach ist, wie ich dachte, denn das linke Auge öffnet sich vor dem rechten, seine Augenlider sind ein wenig verklebt, und richte mich im Sarg auf, sehe Renate mit großen Augen an, und sie, sie weiß nicht mehr, wer ich bin. Klaus oder Dieter? Oder ein Geist? Gar ein Toter, der lebendig wird? Vielleicht wusste sie auch nicht mehr, wer sie selbst war? Auf jeden Fall hat sie losgeschrien. Zuerst ganz allgemein, aus sich heraus, für sich, dann gegen mich, als könnte sie mich mit ihrem Schreien wegschreien, mich verschwinden lassen, und als ihr dies nicht gelang, denn ich blieb weiterhin im Sarg sitzen, war verwundert von der Schrille ihrer Schreie und fürchtete nur, sie könne Vatis Kachel aus Amerika zum Bersten bringen, rannte sie, immer noch schreiend, aus dem Wohnzimmer.

Ich legte mich zurück in den Sarg, und da ich jetzt alleine war, schloss ich die Augen und wartete, was geschehen würde. Auf der dunklen Leinwand meiner Lider sah ich, wie die kleinen Würste und Schinken, die mein Vater liebevoll zur Weihnachtszeit für die Kaufläden der Kinder herstellte, im Wurst- und Schinkenhimmel schwebten, wo einst auch ich, dann Klaus, bei ihren Eltern baumelten. Doch sie sind nicht mit Bindfadenschlaufen an kleine schwarze Spieße gebunden, um verkauft und gegessen zu werden. Nein, auf zarten Füßen und im Tutu tanzen sie schwerelos zu zartem Glockenklang. Sie freuen sich, denn einer, der sie bestimmt auch dieses Jahr wieder gegessen hätte, liegt tot im Sarg. Jetzt können sie tanzen und fliegen, wohin sie wollen.

Wohingegen mein Leben ein Zug ist, der auf beiden Schienen mit unterschiedlichen Geschwindigkeiten dahinrollt.

Klaus Weise, Theater- und Filmregisseur, Theaterintendant, Dramatiker und Drehbuchautor, geboren 1951 in Gera. 1958 flieht die Familie aus der DDR und gelangt über Aachen, Frankfurt am Main und Wuppertal schließlich nach Mülheim an der Ruhr. Nach dem Abitur Studium an der Hochschule für Fernsehen und Film in München. Von 1975 bis 1978 Regieassistent am Deutschen Schauspielhaus Hamburg, u. a. bei Luc Bondy und Peter Zadek. Nach einer Station am Staatstheater Karlsruhe und Regiearbeiten in München und Mannheim wird Klaus Weise 1986 Leitender Regisseur am Düsseldorfer Schauspielhaus, 1989 Schauspieldirektor am Staatstheater Darmstadt, 1991 Intendant und Regisseur am Theater Oberhausen; von 2003 bis 2013 leitet er das Theater Bonn als Generalintendant und Regisseur für Oper und Schauspiel. Gastinszenierungen führten ihn u. a. ans Theater Basel, ans Schauspielhaus Zürich, das Wiener Burgtheater, das Staatstheater Dresden, das Théâtre National du Luxembourg und zu den Schwetzinger Schlossfestspielen.

Ludger Tolksdorf, geboren 1974 im westfälischen Heessen, studierte in Bonn und Leeds (UK) Anglistik, Amerikanistik und Geschichte und lebt als Lektor und Übersetzer in Bonn. Seine Übersetzungen der Romane von Anthony Burgess erscheinen im Elsinor Verlag.